DEHO ESTHER A JONA

CYFROL O
ASTUDIAETHAU BEIBLAIDD
AR LYFRAU ESTHER A JONA

GAN

GARETH LLOYD JONES

CYHOEDDIADAU'R
GAIR

Cyflwynedig
i Siân

℗ Cyhoeddiadau'r Gair 2021

Testun gwreiddiol: Gareth Lloyd Jones

Dymuna'r cyhoeddwyr gydnabod cymorth
Adran Grantiau Cyngor Llyfrau Cymru.

Golygydd Testun: John Pritchard
Golygydd Cyffredinol: Aled Davies
Cynllun y clawr: Rhys Llwyd

Argraffwyd oddi fewn i'r Undeb Ewropeaidd

**Cyhoeddwyd gan
Cyhoeddiadau'r Gair, Cyngor Ysgolion Sul Cymru,
Ael y Bryn, Chwilog, Pwllheli, Gwynedd LL53 6SH.
www.ysgolsul.com**

CYNNWYS

RHAGAIR

Fel yn achos *Dehongli Bywyd Abraham: Y Patriarch Ecwmenaidd*, deilliodd y gyfrol hon o gyfres o astudiaethau ar gyfer dosbarth oedolion ym Mangor. Y maes llafur y tro hwn yw dau lyfr sydd mewn rhai ffyrdd yn eithaf tebyg i'w gilydd, ac yn perthyn i'r un cyfnod yn hanes Israel: llyfrau Esther a Jona. Mae amryw o gwestiynau'n berthnasol i'r ddau. Ai hanes ffeithiol ynteu gynnyrch dychymyg yr awduron yw'r cynnwys? Ai bwriad yr awduron yw dylanwadu ar eu cyfoedion? A oes gwirioneddau diwinyddol yn gyffredin i'r ddau? Beth fu agwedd y Synagog a'r Eglwys tuag atynt dros y canrifoedd, a pha ddefnydd a wneir ohonynt mewn addoliad?

Mae stori Jona yn un o'r mwyaf cyfarwydd yn hanes llên. Treiddiodd i ymron pob diwylliant, a chafodd ddylanwad ymhell y tu hwnt i'r cyd-destun gwreiddiol. Ac eithrio stori Noa, mae'n anodd meddwl am stori Feiblaidd sy'n fwy cyfarwydd na stori Jona. Mae hefyd yn stori anghyffredin. Er mai'r elfen chwedlonol sydd wedi goroesi, nid profiad Jona ym mol y pysgodyn yw craidd y llyfr.

Fel stori Jona, mae stori Esther yn mynd â ni y tu hwnt i ffiniau Iddewiaeth. Treiddiodd hithau i'r byd seciwlar trwy gyfrwng y llenor a'r arlunydd a'r cerddor. Ond er gwaethaf ei phoblogrwydd, trwy groen ei dannedd y cafodd le yn y Beibl. Ar un cyfnod, fe'i condemniwyd gan y rabiniaid am resymau diwinyddol. Er iddi gael derbyniad maes o law gan Iddewon Uniongred, mae'r garfan Ryddfrydol erioed wedi bod yn wrthwynebus iddi am fod ei naws cenedlaethol yn hybu erledigaeth. Ei hysbryd Iddewig hefyd sydd i gyfrif i raddau am agwedd ddigroeso Cristnogion tuag ati ar hyd y canrifoedd. Ac yn sicr ni wnaeth stori yn mawrygu llwyddiant ysgubol merch ddim i ennill ffafr Eglwys batriarchaidd.

Fy ngobaith yw y bydd y sylwadau ar y ddau lyfr, a'r sylw a roddir i esboniadaeth draddodiadol Iddewon a Christnogion arnynt, o help i werthfawrogi eu neges ac i ddeall meddwl yr awduron. Bwriedir i'r gyfrol hon fod yn adnodd i grŵp trafod sy'n dewis astudio'r Hen Destament. Sylfaenir yr esboniad o'r testun ar y *Beibl Cymraeg Newydd Diwygiedig,* 2004 *(BCND).* Ond pan fo cymal neu air Hebraeg yn amwys, rwyf wedi troi am gymorth at *Feibl William Morgan (WM)* a chyfieithiadau Saesneg megis *Authorized Version (AV), New Revised Standard Version (NRSV), New International Version (NIV), Revised English Bible (REV), Good News Bible (GNB), New American Bible (NAB).*

Unwaith eto, mae fy nyled yn fawr i aelodau'r dosbarth am eu cyfraniad ac i olygyddion y gyfres, John Pritchard ac Aled Davies, Cyhoeddiadau'r Gair, am eu gofal a'u caredigrwydd yn paratoi'r llawysgrif ar gyfer y wasg. Diolch hefyd i Rhys Leighton am dynnu llun ei daid ar gyfer y clawr.

Gareth Lloyd Jones

Llyfr Esther: Stori'r Sgrôl
Rhagarweiniad

Mae mwy o lawysgrifau canoloesol o Lyfr Esther wedi goroesi nag o unrhyw lyfr arall yn yr Hen Destament. Tystia'r nifer i'w boblogrwydd a'i bwysigrwydd. Yn ôl Maimonedes, un o Iddewon blaenllaw Sbaen yn y ddeuddegfed ganrif, dylid ei ystyried yn ail mewn pwysigrwydd i'r Tora, sef Pumllyfr Moses, cynsail Iddewiaeth. Y Tora a stori Esther yw'r unig rannau o'r Ysgrythur a gaiff eu darllen yn gyhoeddus o sgrôl yng ngwasanaeth y synagog; darllenir gweddill y Beibl o lyfr. Oherwydd ei safle breintiedig yn y traddodiad, dymuniad pob teulu Iddewig ers cyn cof fu cael copi o stori Esther yn ei ffurf wreiddiol, sef sgrôl. Am fod y stori mor arwyddocaol, caiff y llyfr ei adnabod yn syml fel *Y Sgrôl*; nid oes angen manylu. Yn ddieithriad, mae pob sgrôl yn enghraifft wych o allu a chrefft yr ysgrifennydd a'r arlunydd. Mae iddi le anrhydeddus ar yr aelwyd.

Aiff poblogrwydd y llyfr â ni y tu hwnt i ffiniau Iddewiaeth. Treiddiodd stori Esther i'r byd seciwlar trwy gyfrwng y llenor a'r arlunydd a'r cerddor. Roedd y ferch fach Iddewig a ddaeth yn Frenhines Persia, ac a achubodd ei chyd-Iddewon rhag hil-laddiad a'u hysgogi i'w hamddiffyn eu hunain, yn gymeriad poblogaidd yng ngwyrthchwaraeon Cristnogol yr Oesoedd Canol. Mae'r oratorio *Esther* ymysg gweithiau Handel. Erbyn diwedd y bedwaredd ganrif ar bymtheg, roedd nofelwyr yn defnyddio ac addasu themâu a syniadau o'r llyfr, megis rhagluniaeth, caethglud, gwasgariad, cenedlaetholdeb a gwladgarwch. Parhaodd y diddordeb yn y stori yn yr ugeinfed ganrif. Ceir adlais ohoni mewn cyfres o dair nofel gan Margaret Drabble: *The Radiant Way* (1987), *A Natural Curiosity* (1989) a *Gates of Ivory* (1993). Mae amryw o ddramâu yn seiliedig arni, yn cynnwys *Esther* Saunders Lewis.

Ond er bod Llyfr Esther mor boblogaidd, wynebodd sarhad, a hyd yn oed gasineb, o du esbonwyr. Cafodd le yn y Beibl Iddewig pan benderfynwyd oddeutu 160 CC pa lyfrau a fyddai, o hyn ymlaen, yn awdurdodol i'r Iddew o safbwynt moes a chred, ac felly'n addas i'w cynnwys yn y Beibl. Serch hynny, bu ei statws breintiedig yn destun trafodaeth frwd am ganrifoedd ymysg Iddewon. Fe'i collfarnwyd gan rai rabiniaid am ei ddiffyg diwinyddiaeth, a chan eraill am gyfiawnhau trais, yn y gobaith, efallai, y byddai'n cael ei dynnu o'r Beibl. Ond ofer fu pob ymgais. Roedd stori am gymuned Iddewig yn goroesi yn wyneb hil-laddiad trwy drechu eu gelynion yn rhy werthfawr yng ngolwg y werin i gael ei hanwybyddu, beth bynnag fo barn y diwinyddion.

Erbyn heddiw, mae Iddewon Uniongred yn derbyn y llyfr fel rhan o'r Ysgrythur, ond mae'r garfan ryddfrydol yn wrthwynebus am fod ei genedlaetholdeb, yn eu barn hwy, yn hybu erledigaeth. *'A book of bad taste and mean feelings'*, yw dyfarniad un rabi rhyddfrydol enwog o'r bedwaredd ganrif ar bymtheg. Llugoer fu'r croeso gan Gristnogion hefyd. Yn ôl rhai esbonwyr, dyma lyfr mwyaf di-fudd a diystyr yr Hen Destament; ac ni welant ynddo unrhyw rinwedd. Iddynt hwy, mae'n llyfr mileinig, anwaraidd a pheryglus; llyfr cwbl amddifad o grefydd a moes, na ddylai, ar unrhyw gyfrif, gael lle rhwng cloriau'r Beibl.

Mae'r ffaith fod stori Esther wedi achosi'r fath gynnen yn dangos fod yna stori y tu cefn i'r sgrôl sy'n werth ei dweud. Mae'n llyfr unigryw sy'n adrodd am ddarddiad gŵyl Iddewig i ddathlu buddugoliaeth, ac yn gwneud hynny mewn dull medrus a llawn hiwmor. O'i gymharu â llawer o lyfrau eraill megis Tobit, Judith a Doethineb Solomon, a adawyd allan o'r Beibl gan yr awdurdodau rabinaidd, roedd iddo le arbennig o fewn Iddewiaeth am iddo gael ei gydnabod yn ysgrythur ysbrydoledig.

Fy amcan yn y penodau sy'n dilyn fydd olrhain peth o hanes dehongli Llyfr Esther, yn ogystal ag esbonio'i gynnwys. Wedi ymgyfarwyddo â'r stori trwy ei darllen, a chynnig esboniad pan fo angen, rhoddir sylw i bynciau penodol: yr ŵyl sy'n seiliedig ar y stori; patrwm llenyddol y llyfr; dadleuon Iddewig o blaid ac yn erbyn cynnwys y llyfr yn y Beibl; agwedd diwinyddion Cristnogol tuag at y stori, a thrwy hynny ei harwyddocâd i ni. Ond cyn troi at y testun, buddiol fydd gosod y llyfr yn ei gefndir hanesyddol a nodi'r ffynonellau llenyddol sy'n berthnasol i'n dehongliad ohono.

Cefndir hanesyddol

Cyd-destun Llyfr Esther yw hanes a diwylliant y Dwyrain Canol yn ystod y canrifoedd olaf CC. Pan goncrodd Cyrus brenin Persia ymerodraeth

Babilon yn 538 CC, daeth y Gaethglud i ben. Hanner canrif cyn hynny, roedd Nebuchadnesar wedi caethgludo hufen poblogaeth Jwda i Fabilon, am fod yr Iddewon yn bygwth sefydlogrwydd ei deyrnas. Dyma ddechrau'r cyfnod a adnabyddir yn hanes y genedl Iddewig fel 'Y Gwasgariad', cyfnod a barhaodd nes sefydlu Gwladwriaeth Israel ym 1948.

Ond roedd dull Persia o drin lleiafrifoedd, cenhedloedd bychain a oedd yn byw dan ormes pwerau mawr, yn dra gwahanol i ddull Babilon. Cyn belled ag y bo'i ddeiliaid newydd yn ymwrthod â gwrthryfel, *laissez-faire* oedd agwedd Cyrus. Caniataodd i'r Iddewon ddychwelyd i Jwda gan fynd â thrysorau'r Deml, a ysbeiliwyd gan Nebuchadnesar, adref gyda hwy. Ond o ganlyniad i bolisi goddefol Persia, datblygodd dwy garfan ymysg yr Iddewon ar wasgar: cenedlaetholwyr a chyfanfydwyr.

Roedd bryd y *cenedlaetholwyr* ar ailsefydlu'r wladwriaeth Iddewig yn Jwda, ac felly roeddent hwy'n barod iawn i fynd adref pan gafwyd caniatâd. Er i furiau Jerwsalem barhau'n adfeilion am flynyddoedd, cwblhawyd y gwaith o ailadeiladu'r Deml dan arweiniad Haggai a Sechareia yn 516 CC. Yn ystod y bumed ganrif CC, daeth ton arall o ddychweledigion o Fabilon gyda Nehemeia ac Esra, dau o Iddewon blaenllaw'r Gwasgariad (gweler Neh. 1:1–4; 2:1–6). Dyma'r Seioniaid cyntaf. Yn eu tyb hwy, cosb am bechod oedd y Gaethglud ym Mabilon. Ond os oedd y genedl wedi 'cwblhau ei thymor gwasanaeth' a'i 'chosb wedi ei thalu', fel y dywed y proffwyd Eseia (Es. 40:1–2), yr unig lwybr derbyniol i'w ddilyn oedd yr un a arweiniai'n ôl i Seion, lle'r oedd Duw yn aros am ei bobl. Gan fod yr amgylchiadau wedi newid, roedd parhau i fyw yn y Gwasgariad yn anathema i'r cenedlaetholwyr ymhlith yr Iddewon.

Ond agwedd wahanol iawn oedd gan y *cyfanfydwyr.* Roedd y garfan hon wedi ymgartrefu yn y Gwasgariad. Roeddent yn benderfynol o ddangos fod modd byw fel Iddew mewn gwlad dramor. Er bod erledigaeth a hil-laddiad yn fygythiad parhaus, fel y gwelwn wrth ddarllen y llyfr, byddai'r genedl yn goroesi ond iddi fyw yn unol â gofynion Cyfraith Moses. I'r garfan hon y perthynai awdur Llyfr Esther. Felly, cyfnod cynnar y Gwasgariad Iddewig (500–350 CC) yw cyd-destun hanesyddol, gwleidyddol, cymdeithasol a diwinyddol y stori.

Ffynonellau llenyddol

Mae ffynonellau llenyddol, seciwlar yn ogystal â chrefyddol, o gymorth i ni ddeall y llyfr. Trwy ddarganfod arysgrifau perthnasol i ddiwylliant yr Hen Ddwyrain Canol, mae archeolegwyr wedi ein goleuo ynglŷn â bywyd llys brenhinol Persia, gorchestion milwrol y brenhinoedd, a'u hagwedd at eu deiliaid.

Cyfraniad pwysig arall yw gwaith yr hanesydd enwog *Herodotus*. Ar daith o ddwy flynedd ar bymtheg trwy'r Dwyrain Canol (tua 480-460 CC), cadwodd y Groegwr enwog hwn ddyddlyfr a oedd yn croniclo hanes ac yn disgrifio arferion pob gwlad a chenedl yr ymwelodd â hwy. Wedi dychwelyd i Athen, ysgrifennodd lyfr naw cyfrol am ei brofiad. Persia gaiff y sylw yn nwy ohonynt. Mae'n enwi ei brenhinoedd, yn disgrifio'i diwylliant, yn ailadrodd ei thraddodiadau llafar, ac yn dweud hanes ei hamryw ryfeloedd. Ni all neb a ddarllenodd y llyfr wadu fod yr awdur yn llenor heb ei ail. Ac er bod anghytundeb ynglŷn â gwerth hanesyddol ei waith, ym marn llawer mae disgrifiad Cicero ohono fel 'Tad Hanes' yn sefyll. A chymryd bod ei sylwadau am ei daith trwy Persia'n gywir, maent yn gosod stori Esther yn ei chyd-destun priodol. Wrth iddo ategu ac esbonio arferion a ddisgrifir ynddi, daw ei hystyr a'i harwyddocâd yn gliriach.

O safbwynt llenyddiaeth grefyddol, un nodwedd arbennig o'r llyfr yw bod mwy nag un fersiwn ohono'n bodoli, ac y mae i bob un ohonynt nodweddion arbennig sy'n eu gwneud yn wahanol iawn i'r lleill.

Hebraeg (450–350 CC)

Dyma'r stori yn ei diwyg gwreiddiol, sef y testun a geir yn y Beibl Iddewig. Mae'r gystrawen a'r eirfa'n dangos dylanwad Aramaeg, *lingua franca*'r Dwyrain Canol cyn i Alexander Fawr wneud Groeg yn iaith swyddogol ei ymerodraeth tua diwedd y bedwaredd ganrif CC. Ceir yn y testun hefyd lawer o eiriau benthyg o'r Berseg, sy'n dystiolaeth fod yr Hebraeg a ddefnyddir yn perthyn i gyfnod diweddar yn hanes yr iaith, sef y ddwy ganrif gyntaf wedi'r Gaethglud (500–330 CC). Cyfieithiad o'r fersiwn hon o'r stori sydd yn y Beiblau Protestannaidd cyfoes.

Groeg (tua 110 CC)

Am fod Iddewon y Gwasgariad yn prysur golli gafael ar yr Hebraeg, cyfieithwyd y Beibl i'r Roeg. Enw swyddogol y cyfieithiad hwn yw 'Septwagint', sy'n tarddu o'r Lladin *septuaginta*, 'saith deg'. Yn ôl hen draddodiad, pwyllgor o saith deg oedd yn gyfrifol am ddechrau'r broses trwy gyfieithu'r Tora o'r Hebraeg i'r Roeg ar gyfer y gymuned Iddewig yn Alecsandria, tua 250 CC. Dyna pam mai'r rhif Rhufeinig LXX yw'r talfyriad arferol a ddefnyddir i adnabod y cyfieithiad. Dyma'r fersiwn o'r Hen Destament a ddyfynnir gan awduron y Testament Newydd. Yr hyn sydd o ddiddordeb i ni yw bod y fersiwn Roeg o Lyfr Esther yn dra gwahanol i'r Hebraeg, a hefyd gryn dipyn yn hirach.

Yn ôl y traddodiad Iddewig, cyfieithwyd Llyfr Esther o'r Hebraeg i'r Roeg gan Iddew o Jerwsalem, oddeutu 110 CC. Ond os mai cyfieithiad ydoedd, tystia'r cynnwys ei fod yn seiliedig ar fersiwn tra gwahanol o'r stori i'r un sydd yn y Beibl Hebraeg. Yn ogystal â gwneud mân newidiadau i'r testun, mae'n helaethu ar y gwreiddiol trwy ychwanegu cant a saith o adnodau a welir mewn chwe rhan wahanol yng nghorff y llyfr. Mae'r ychwanegiadau o bwys am eu bod yn newid natur y stori trwy roi iddi ddimensiwn diwinyddol sy'n gwrthddweud y gwreiddiol. O ystyried y newidiadau a'r ychwanegiadau a'r gwrthddywediadau sydd yn y LXX, y casgliad anochel yw: un ai bod dau destun Hebraeg o Esther yn bodoli ar un cyfnod, a bod awdur yr ail yn anfodlon ar y cyntaf ac wedi ei aralleirio; neu fod y cyfieithydd Groeg wedi ail-bobi'r stori wreiddiol ar ei liwt ei hun.

Sylwodd Jerôm, ysgolhaig Beiblaidd mwyaf blaenllaw ei gyfnod, ar y gwahaniaethau rhwng y testun Groeg a'r testun Hebraeg wrth iddo gyfieithu'r stori o'r Roeg i'r Lladin yn y bedwaredd ganrif OC. Derbyniodd y mân newidiadau, a'u cynnwys yn ei gyfieithiad, ond am ei fod yn dewis rhoi blaenoriaeth i'r Hebraeg symudodd yr adnodau ychwanegol o gorff y llyfr, a'u gosod ar y diwedd yn dilyn pennod 10. Ond er eu bod yn ymddangos fel atodiad, cânt eu hystyried yn rhan gydnabyddedig o'r Beibl Lladin, sef y Fwlgat. Dyma fersiwn awdurdodedig yr Eglwys Gatholig Rufeinig o'r Ysgrythur, a sail pob cyfieithiad Pabyddol cyfoes, megis *The New Jerusalem Bible*. O barch at y Beibl Hebraeg, aeth y Diwygwyr Protestannaidd gam ymhellach na Jerôm wrth gyfieithu'r Beibl i ieithoedd llafar y cyfnod. Tynnwyd y rhannau ychwanegol allan o'r Beibl a'u rhoi yn yr Apocryffa, dan y teitl *Yr Ychwanegiadau at Lyfr Esther.*

Mae'r llyfr yn ymddangos yn dra gwahanol o'i ddarllen yn y Roeg yn hytrach na'r Hebraeg. Mae'r awdur, neu'r cyfieithydd, nid yn unig yn ymateb i chwilfrydedd y darllenwyr sydd am gael mwy o fanylion, ond yn newid cyfeiriad y stori'n sylweddol. O fod yn stori sydd o leiaf yn ymddangos yn gwbl seciwlar, caiff ei thrawsnewid yn stori grefyddol. Yn yr Hebraeg gwreiddiol, nid oes gyfeiriad at Dduw. Ond mae'r syniad fod Duw'n ymyrryd yn fuddugoliaethus yng nghwrs y byd er mwyn amddiffyn a chynorthwyo'i etholedigion yn greiddiol i'r fersiwn Roeg. Ni ddaw unrhyw drybini ar warthaf yr Iddewon heb fod Duw'n gwybod amdano ymlaen llaw, ac yn paratoi cynllun i helpu; Ef sy'n llywio'r digwyddiadau. Er enghraifft, caiff Mordecai ei sicrhau mewn breuddwyd fod Duw wedi trefnu ffordd i achub ei bobl cyn i'r bygythiad o hil-laddiad ddigwydd. Rhoddir pwyslais bwriadol hefyd ar gred a duwioldeb, megis gweddïo a chadw ympryd a deddfau bwyd.

Bwriad y cyfieithydd, mae'n debyg, oedd gwneud stori Esther yn debycach i storïau eraill o'r un math yn y Beibl Hebraeg. Yn ei ddwylo ef, mae'r stori'n cydymffurfio ag egwyddorion llywodraethol llên Iddewig o'r un cyfnod sy'n croniclo hanes y genedl wedi'r Gaethglud; llyfrau megis Esra, Nehemeia a Daniel. Effaith hyn oedd hybu ei phoblogrwydd, sicrhau derbyniad gan yr awdurdodau, a'i gwneud yn fwy defnyddiol i Iddewon y Gwasgariad. O safbwynt y cyfieithydd hwn, roedd yn ofynnol i wneud yn amlwg i'r darllenwyr fod y dwyfol a'r dynol yn cydweithio er sicrhau gwaredigaeth. Nid yw'n ddigon i ragdybio presenoldeb Duw a theyrngarwch ei bobl; rhaid cynnig tystiolaeth. Esiampl i'r gwasgaredigion yw ffyddlondeb Mordecai ac Esther i ofynion y Gyfraith. Y neges yw ei bod yn bosibl byw ymysg paganiaid heb golli gafael ar egwyddorion y grefydd Iddewig.

Joseffws (tua OC 90)

Hanesydd Iddewig oedd hwn a ysgrifennai yn ystod degawdau olaf y ganrif gyntaf OC. Caiff ei lyfrau barch mawr am ddau wahanol reswm gan ddwy garfan nad oes ganddynt o angenrheidrwydd ddim i'w wneud â'i gilydd. I ysgolheigion, dyma un o ffynonellau creiddiol ein gwybodaeth am grefydd, hanes a diwylliant yr Iddewon rhwng 400 CC ac OC 100. Nid bod ei waith yn ddiragfarn a heb ei ffaeleddau, ond mae'n gaffaeliad mawr i'n dealltwriaeth o'r cyfnod rhwng y ddau destament.

Ond nid ysgolheigion yn unig sydd wedi ymddiddori yn Joseffws. Am ei fod yn crybwyll Iesu a rhai o arweinwyr cynnar Cristnogaeth, cafodd ei lyfrau sylw arbennig gan gredinwyr Cristnogol. Yn nhyb y Protestaniaid cynnar, roedd pob un o'i lyfrau'n olynydd agos a theilwng i'r Beibl. Yn ôl un ysgolhaig, os oedd gan y Piwritaniaid cyntaf a gyrhaeddodd America lyfr heblaw'r Beibl yn eu meddiant, *Gweithiau Joseffws* oedd hwnnw fel rheol.

Gwyddom rywbeth am yr awdur am iddo ysgrifennu ei hunangofiant. Fe'i ganwyd i deulu offeiriadol yn Jerwsalem, yn fuan wedi'r Croeshoeliad. Yn blentyn, cafodd ei drwytho yng Nghyfraith Moses a thraddodiadau crefyddol ei genedl. Cyn ymuno â'r Phariseaid, treuliodd beth amser gyda chymuned yr Eseniaid ar lan y Môr Marw, lle cafodd hyfforddiant pellach yn yr Ysgrythurau. Yn OC 66, fe'i gwnaed yn swyddog yn y gwrthryfel Iddewig yn erbyn Rhufain. Yn ystod yr ymladd, fe'i carcharwyd gan y cadfridog Rhufeinig, Vespasian; a bu'r profiad hwnnw'n drobwynt yn ei fywyd. Am ei fod yn deall Groeg ac Aramaeg, roedd o ddefnydd i'r Rhufeiniaid fel cyfieithydd. Pan wireddwyd ei broffwydoliaeth y byddai Vespasian yn cael ei goroni'n ymerawdwr, cafodd ymgartrefu yn Rhufain. Ac am nad oedd iddo bellach groeso yn ei wlad enedigol, treuliodd weddill ei oes yn byw ar bensiwn y wladwriaeth yn Rhufain.

Ei gymwynas fawr oedd adrodd hanes ei genedl i'r byd y tu hwnt i ffiniau Iddewiaeth. Trwy esbonio defodau a diwylliant Iddewig, ei fwriad oedd ennyn ymysg y cenhedloedd fwy o gydymdeimlad ag Iddewiaeth. Golygai hyn, wrth gwrs, fynd trwy'r Beibl yn weddol fanwl. Felly, un o'i lyfrau yw *Hynafiaethau'r Iddewon,* sef hanes ei genedl o Ardd Eden hyd at y gwrthryfel yn erbyn Rhufain yn OC 70. Ei ffynhonnell wrth adrodd yr hanes hyd at oddeutu 400 CC yw'r Beibl, a'i fwriad yw ymateb i chwilfrydedd y Rhufeiniaid am darddiad a hanes y genedl Iddewig. Dyna pam, er mai Iddew ydoedd, yr ysgrifennodd mewn Groeg, iaith bob dydd y cyfnod.

Wrth ymdrin â stori Esther, mae Joseffws yn ei haralleirio'n sylweddol gan ei gwneud yn llai cenedlaethol, yn llai Iddewig, ac felly'n llai bygythiol a mwy derbyniol i'r Rhufeiniaid. Mae'n gwyngalchu cymeriad brenin Persia ac yn creu darlun ohono fel cyfaill i'r Iddewon. Mae hefyd yn lliniaru casineb yr Iddewon at baganiaid er mwyn osgoi'r cyhuddiad fod yr Iddew'n casáu ei gyd-ddyn.

Aramaeg (OC 400–800)

Cyfieithwyd y Beibl Hebraeg i'r Aramaeg yn y canrifoedd cynnar OC, ar gyfer Iddewon Palestina a oedd wedi gwrthod derbyn Y Roeg fel iaith lafar. *Targwm* yw enw swyddogol y cyfieithiad: gair sy'n golygu 'esboniad' neu 'ddehongliad'. Roedd gan bob llyfr Beiblaidd ei Dargwm. Ond yn achos y Tora ac Esther, gwnaed dau Dargwm, y naill ar ddechrau'r cyfnod a'r llall ar ei ddiwedd. Mae Targwm I ar Esther ddwywaith cymaint â'r Hebraeg gwreiddiol, a Targwm II ddwywaith cymaint â Targwm I. Mae'n amlwg, felly, fod y rabiniaid yn barod i ddefnyddio'u dychymyg wrth ailadrodd y stori, ac yn gallu cyfiawnhau helaethu arni fel y mynnent. Mae'r ddau Dargwm o help i ni ddeall agwedd esbonwyr Iddewig yr Oesoedd Canol Cynnar at y llyfr, ac o help i esbonio ambell broblem destunol.

Un ffynhonnell lenyddol arall y dylid ei chrybwyll cyn symud ymlaen at y testun Beiblaidd yw **Midrash**. Gwreiddyn y gair yw'r ferf Hebraeg *darash*, sy'n golygu 'ystyried' neu 'chwilio'. Fe'i defnyddir mewn dwy ffordd. Yn gyntaf, i ddynodi *math* o lenyddiaeth. Dull arbennig ysgolheigion Iddewig rhwng OC 400 a 1200 o drin a thrafod y Beibl sydd dan sylw yma. Bwriad yr esbonwyr oedd arwain yr athro a'r pregethwr i well dealltwriaeth o'r Ysgrythur trwy amlygu perthnasedd stori, cân neu gyfraith, a chymhwyso'u neges i gyfnodau diweddarach. Eu cyfraniad mawr oedd hyrwyddo defnydd buddiol o'r Beibl yn y pulpud a'r dosbarth trwy ddefnyddio dychymyg i lenwi bylchau yn y testun gwreiddiol, a dangos fod iddo ystyr dyfnach na'r arwynebol; ystyr ysbrydol yn ogystal â llythrennol. Mae'r dull midrashig o esbonio'r Beibl yn broses a geir o hyd o fewn Iddewiaeth gyfoes.

Yn ail, defnyddir y gair Midrash i ddynodi *cyfrol*. Casgliad yw hwn o esboniadau midrashig a luniwyd gan rabiniaid yn y canrifoedd cynnar OC er mwyn rhoi ar gof a chadw sylwadau eu rhagflaenwyr am y Beibl, ac ychwanegu atynt. Mae gan bob un o lyfrau Moses (y Pumllyfr neu'r Tora), ac amryw o lyfrau eraill y Beibl gan gynnwys Esther, ei Midrash; ym mhob achos, cyfrol sydd gryn dipyn yn hwy na'r llyfr Beiblaidd ei hun.

Yn yr astudiaeth a ganlyn, fy mwriad yw dilyn y stori fel yr ymddengys yn y Beibl Protestannaidd, sef y fersiwn Hebraeg gwreiddiol. Ond byddaf yn chwilio am help o dro i dro o'r amrywiol ffynonellau llenyddol a nodir uchod, pan fo'r testun Hebraeg yn ddiffygiol ac ystyr ambell adnod yn amwys, a phan fo angen cymorth i werthfawrogi diwylliant yr Hen Ddwyrain Canol a chefndir hanesyddol yr awdur.

1. Llys Brenin Persia
Esther 1:1–22

Cyn dweud dim am Israel, mae Llyfr Esther yn rhoi mwy o sylw i genedl baganaidd nag a wna'r un o lyfrau eraill yr Hen Destament. Bwriad yr awdur yn y bennod gyntaf, a rhan o'r ail, yw gosod stori Esther yn ei chyddestun hanesyddol a diwylliannol trwy ddangos sut a pham y daeth merch fach Iddewig yn frenhines Persia – tipyn o gamp, rhaid cyfaddef. Er mai rhagymadrodd i'r stori a geir yma, mae'n angenrheidiol er mwyn deall yr hyn sy'n dilyn. Rhoddwn ystyriaeth i'r cynnwys dan dri phen.

Tair gwledd (1:1–9)

Mae gŵyl a gwledd yn nodweddion amlwg yn Llyfr Esther. Mae'r gair 'gwledd' yn ymddangos bedair gwaith a deugain yn yr Hen Destament, ugain ohonynt yn y llyfr hwn yn unig – sy'n dangos mor bwysig yw gwleddoedd yn y stori. Cyfeirir at dair ohonynt yn yr adnodau agoriadol. Defnyddir y ddwy gyntaf i gyflwyno un o'r prif gymeriadau, sef y Brenin Ahasferus, a'r drydedd i gyflwyno'i wraig, y Frenhines Fasti.

Os mai enw personol yn hytrach na theitl fel 'Y Pharo' yw Ahasferus, tybir mai Xerxes I, a fu'n teyrnasu ar Persia o 485 i 465 CC, oedd y brenin yn y stori. Roedd Xerxes yn ŵyr i Cyrus, y brenin a ddaeth yn enwog yn y traddodiad Iddewig am ei oddefgarwch wrth iddo ryddhau'r Iddewon o gaethiwed ym Mabilon (gweler Es. 45:1,13). A chymryd mai 'Ahasferus' oedd Xerxes, yna dechrau'r bumed ganrif – oddeutu 480 CC – yw cefndir hanesyddol y stori.

Caiff Xerxes gryn sylw gan Herodotus wrth i hwnnw adrodd am ei daith trwy'r wlad. Mae'n disgrifio'r brenin fel y talaf a'r mwyaf golygus o blith y Persiaid. Ond mae'n gymeriad diamynedd, anllad a phenboeth; a cheir disgrifiad manwl o'r modd y cafodd ei lofruddio gan ei weision a oedd yn ei gasáu. Mae Herodotus hefyd yn cadarnhau maint y deyrnas sydd, yn ôl awdur Esther, yn ymestyn o India yn y dwyrain i Ethiopia yn y gorllewin. Ond gormodedd bwriadol yw dweud ei bod yn cynnwys 'cant dau ddeg a saith o daleithiau' (Esth. 1:1). Yn Daniel 6:1, mae'r rhif yn gostwng rhywfaint i 'gant ac ugain'. Mewn arysgrifau sy'n disgrifio cyfnod cynnar Ymerodraeth Persia, mae'n lleihau'n sylweddol ac yn amrywio rhwng dau ddeg a dau ddeg a naw.

Roedd gan frenhinoedd Persia dair prifddinas: Babilon ar gyfer y gaeaf, Ecbatana ar gyfer yr haf, a Susan ar gyfer y gwanwyn. Yn Susan y cynhelid y gwleddoedd sy'n cyflwyno stori Esther. Ni roddir unrhyw reswm dros eu cynnal, ond parhaodd y ddwy wledd gyntaf am dros chwe mis. Mae'n anodd credu nad gorliwio'r achlysur yn fwriadol er mwyn tynnu sylw at fawredd a golud y brenin a wna'r awdur wrth nodi cyfnod mor hir. Er y byddai'r gwanwyn yn oddefadwy yn Susan, ni fyddai neb am dreulio'r haf yno pe bai ganddo ddewis. Dywed Strabo, y daearyddwr cynnar, fod gwres yr haul yn Susan mor danbaid nes bod nadroedd yn cael eu llosgi'n golsyn wrth adael eu lloches i groesi'r briffordd, a'r haidd yn y maes yn troi'n 'bopcorn' ohono'i hun!

Ond gwres neu beidio, mae Ahasferus yn ymfalchïo yn ei olud, ac y mae am i bawb ei weld. I'r diben hwn, mae'n gwneud gwledd 'i'w holl dywysogion a'i weinidogion' er mwyn 'dangos iddynt gyfoeth ei deyrnas odidog' (1:3 a 4). Mae'n anodd credu y byddai 'holl' swyddogion teyrnas mor eang yn cael gwahoddiad i ddod i Susan ar yr un pryd. Onid gofyn am drwbl fyddai amddifadu'r ymerodraeth gyfan o'i phrif swyddogion am hanner blwyddyn? A oedd y deyrnas mor gadarn fel nad oedd angen poeni am wrthryfel? Efallai mai cyfeiriad sydd yma at wahoddiad i lywodraethwyr un rhanbarth ar y tro i ddod i'r wledd.

Pan ddaeth y chwe mis i ben, cynhaliwyd ail wledd. Y tro hwn, gwahoddwyd y werin i ymuno â'r pendefigion ac i fanteisio ar y cyfle prin o gael mynediad i dŷ'r brenin a rhyfeddu at ei ysblander. Er bod y gwahoddiad yn cynnwys pawb, 'o'r lleiaf hyd y mwyaf, oedd yn byw yn Susan' (1:5), mae'n bur debyg mai dynion yn unig a olygir. Digwyddiad cryn dipyn llai mentrus na'r cyntaf oedd hwn; am wythnos yn unig y parhaodd. Ond mae'n gyfle i'r awdur ehangu ar natur yr ysblander. Sidan, porffor, aur, arian, marmor, alabaster a glasfaen yw'r geiriau a ddefnyddia i ddisgrifio palas Ahasferus, er na ellir bod yn hollol sicr o'r cyfieithiad cywir o'r testun Hebraeg ym mhob achos. Yn ôl y traddodiad Iddewig, y 'cwpanau aur o wahanol fathau' (1:8) oedd y rhai a ddygodd Nebuchadnesar, brenin Babilon, o'r Deml pan ddinistriodd Jerwsalem yn 587 CC. Cadarnheir y darlun o gyfoeth a golud gan Herodotus yn ei ddisgrifiad manwl o lys brenhinol Persia.

Rhoddir lle amlwg i win yn y stori. Ond nid eithriad mo hyn yn yr Hen Destament; dim ond un o lyfrau'r Hen Destament sydd heb unrhyw gyfeiriad at win, sef Llyfr Jona. Gwreiddyn y gair Hebraeg am 'wledd', *mishte*, yw 'yfed'. Felly, hyd yn oed yn y gair a ddefnyddir am wledd, nid ar y bwyd ond ar y gwin y mae'r pwyslais. Yn ôl Herodotus, medd-dod a diota oedd prif nodwedd gwleddoedd brenhinol Persia.

Ond mae'r cymal cyntaf yn 1:8 yn annelwig. 'Ynglŷn â'r yfed, nid oedd gorfodaeth ar neb' yw cyfieithiad y *BCND*. Er bod y testun Hebraeg yn gywir, mae'r ystyr yn amwys, fel y mae'r gwahanol fersiynau'n tystio:

WM   Yr yfed hefyd oedd wrth ddefod; nid oedd neb yn cymell.
AV   *And the drinking was according to the law, none did compell.*
NEB   *And the law of the drinking was that there should be no compulsion.*
NAB   *By ordinance of the king, the drinking was unstinted.*
GNB   *There were no limits on the drinks.*

Un awgrym o ran ystyr y cyfieithiad llythrennol a geir ym Meibl William Morgan a'r *AV*, yw bod disgwyl i bawb yfed pan oedd y brenin yn yfed, arferiad a ddisgrifir gan Herodotus. Ond mae'r ail gymal yn yr adnod yn gwrthddweud hyn; nid oedd gorfodaeth ar neb, roedd rhyddid i bob un wneud fel y dymunai. Mae'n debyg mai'r cyfieithiadau diweddaraf (*NAB*, *GNB*) sy'n gywir. Bwriad yr awdur yw dweud mai cyfle oedd hwn i ddiota'n ddilywodraeth ar gost y brenin, a bod hynny'n dangos mor awyddus oedd Ahasferus i brynu teyrngarwch ei ddeiliaid trwy fod yn afresymol o hael.

Y drydedd wledd a nodir yn y rhagarweiniad yw'r un a wnaeth y Frenhines Fasti mewn rhan arall o'r palas. Ni wyddom pam y trefnodd wledd arbennig i'w gosgordd a gwragedd y swyddogion, oherwydd byddai croeso iddynt ymuno yng ngwledd y dynion pe dymunent. Roedd y Persiaid yn berffaith fodlon i ferched a dynion gymysgu ar achlysuron cyhoeddus (gweler Neh. 2:6;

Dan. 5:10). Arferiad a ddaeth i fri ganrifoedd yn ddiweddarach o dan Islam oedd cadw'r merched ar wahân. Ond â chymryd i ystyriaeth ddiota di-ben-draw y swyddogion, efallai fod y frenhines yn teimlo mai cadw'r llymeitwyr hyd braich fyddai orau. Mae hyn yn cyd-fynd â thuedd y stori i roi portread ffafriol o fenywod.

Un adnod yn unig (Esth. 1:9) sy'n cyfeirio at wledd Fasti. Ond mae crybwyll iddi drefnu gwledd arbennig i'r merched yn ffordd urddasol o'i chyflwyno ac o bwysleisio'i phwysigrwydd. Ymddengys mai gwledd ddirodres a chymedrol oedd hon o'i chymharu â gwleddoedd y brenin. Nid oes sôn am orchest a gor-yfed. Er bod y disgrifiad mor gynnil, mae'n gosod Fasti mewn gwell goleuni o lawer na'i gŵr. Barn un esboniwr Cristnogol o'r bedwaredd ganrif ar bymtheg yw mai Fasti yw unig gymeriad parchus y llyfr.

Anufudd-dod Fasti (1:10–12)

'Ar y seithfed dydd', dydd olaf yr ail wledd, 'pan oedd y Brenin Ahasferus yn llawen gan win', anfonodd saith o'i eunuchiaid i ddod â Fasti ger ei fron. Nid gofalu am yr harîm yn unig oedd gwaith yr eunuchiaid. Roedd iddynt swyddi pwysig fel gweinyddwyr a chanddynt lais ym mywyd beunyddiol y deyrnas. Y rhain oedd 'y saith eunuch oedd yn gweini' ar y brenin. Mae'r fannod yn dynodi eu statws; a'u nifer, ynghyd â'r ffaith eu bod yn cael eu henwi fesul un, yn tanlinellu difrifoldeb y gorchymyn i gyrchu'r frenhines. Nid tân gwyllt fyddai uchafbwynt y dathliadau ond presenoldeb Fasti gyda'i gwarchodlu o eunuchiaid.

Yn esboniadau cynnar yr Iddewon, rhoddir cryn sylw nid yn unig i'r rheswm dros alw Fasti i'r wledd, ond hefyd sut y disgwylid iddi ymddangos. Bwriad y brenin oedd 'dangos ei phrydferthwch i'r bobl a'r tywysogion' am fod y gwahoddedigion wedi bod yn dadlau pwy oedd y ferch brydferthaf yn y deyrnas. Caiff y frenhines orchymyn i ddod i'r llys yn 'ei choron frenhinol', sef tyrban glas a gwyn. Yn ôl un esboniad Iddewig, gorchymyn ydyw iddi ymddangos gan wisgo *dim byd ond* ei choron. Byddai hyn yn setlo'r ddadl pwy oedd y bertaf, 'oherwydd yr oedd yn brydferth iawn'. Ond esboniad mwy tebygol yw bod y brenin am i'w wraig ymddangos yn ei dillad mwyaf costus, yn cynnwys ei choron, er mwyn iddo gael y boddhad o weld pawb yn gwirioni ac yn teimlo'n eiddigeddus ohono. Beth bynnag fo'i fwriad wrth alw amdani, ymddengys ei fod yn ystyried ei wraig fel gwrthrych ar yr un lefel â'i olud; meddiant ydyw i'w harddangos i eraill. Hi yw ei drysor pennaf.

Ond nid oedd Fasti mor hawdd ei thrin ag y tybiai Ahasferus. Ar waethaf y gorchymyn swyddogol, gwrthododd ddod i'r wledd: cam mentrus o ystyried cymeriad mympwyol y brenin. Wrth gwrs, y mae ei hanufudd-dod – ynteu ei gwroldeb? – yn greiddiol i ddatblygiad y stori. Ond unwaith eto, ni chawn wybod yr achos. Petai wedi cael gorchymyn i wisgo dim ond coron, byddai ei hymateb yn ddealladwy. Ond gan fod hynny'n annhebygol, un rheswm a gynigir gan y rabiniaid yw ei bod yn dioddef o'r gwahanglwyf, a bod arwyddion o'r clefyd ar ei thalcen a'i dwylo. Yr esboniad sy'n apelio at esbonwyr cyfoes yw ei bod yn gwrthod mynd am fod sarhad a dirmyg yn amlwg yn y gorchymyn, ac mai gwyleidd-dra, urddas a hunan barch sy'n ei harwain i anufuddhau. Nid yw am adael i'w gŵr wneud sioe ohoni, pa faint bynnag o ddillad a fyddai amdani, er mwyn i griw o ddynion meddw gael rhythu arni.

Pa reswm bynnag oedd ganddi dros wrthod, anufudd-dod Fasti yw'r enghraifft gyntaf o densiwn yn y stori.

Diswyddo'r frenhines (1:13–22)

Yn ei lid, mae Ahasferus yn mynd dros ben llestri'n llwyr ac yn tynnu'r deyrnas gyfan i'r anghydfod; daw ystyfnigrwydd y frenhines yn fater gwleidyddol. Ac yntau bellach yn feddw, mae'r brenin yn ceisio cyngor y cabinet. Yn ôl y cyfieithiad Groeg, 'ymgynghorodd â'r doethion oedd yn deall y gyfraith'. Ond fel y dywed y troednodyn i 1:13 yn y *BCND*, 'deall yr amserau' yn hytrach na 'deall y gyfraith' sydd yn yr Hebraeg.

Os dyna'r darlleniad cywir, at sêr-ddewiniaid yr aeth y brenin am gyngor. Ei fwriad oedd gwybod beth oedd yn ddoeth a manteisiol iddo'i wneud dan yr amgylchiadau, yn hytrach na'r hyn oedd yn gyfreithlon ac addas. Mae'r esboniad hwn yn ategu'r gred, a fodolai yn yr hen Ddwyrain Canol, yng ngrym gwleidyddol sêr-ddewiniaid. Ond gan fod newid un llythyren yn unig yn y testun Hebraeg yn ddigon i roi 'cyfraith' yn lle 'amserau', mae'n bosibl mai'r fersiwn Groeg sy'n gywir. Cefnogir y darlleniad hwn hefyd gan y cymal blaenorol sy'n dweud mai 'arfer y brenin oedd troi at y rhai oedd yn deall cyfraith a barn' pan fyddai arno angen cyngor. Beth bynnag y dehongliad cywir, pwynt dychanol a wneir: mae angen ymgynghori â gwybodusion y deyrnas er mwyn dirnad yr ymateb priodol i broblem y gallai unrhyw wryw gwerth ei halen fod wedi ei datrys drosto'i hun.

Dewisodd y doethion Memuchan fel eu llefarydd. Mae ei araith gynnil a phendant, ac iddi ddwy ran, yn esiampl berffaith o gyfathrebu effeithiol. Yn y rhan gyntaf (1:16-18), mae'n datgan y broblem, ac yn yr ail (1:19-20) mae'n dweud sut i'w datrys. Mae'n plethu'r gwleidyddol a'r moesol a'r cymdeithasol wrth ei gilydd i danlinellu difrifoldeb y sefyllfa. Nid gweithred unigol, ddibwys oedd anufudd-dod Fasti. Roedd 'wedi gwneud cam' nid yn unig â'r brenin ond hefyd â'r tywysogion, a hyd yn oed â'r deyrnas gyfan. Byddai ei hesiampl yn tanseilio gwerthoedd traddodiadol Persia ac yn gosod cynsail peryglus trwy annog gwragedd i ddirmygu eu gwŷr. Fe gollai pob penteulu ei awdurdod ynghyd â'r parch a oedd yn ddyledus iddo, gan fod anufudd-dod gyfystyr â dirmyg ym meddwl Memuchan. Gallai'r hafog a'r tyndra diddiwedd ar bob aelwyd hyd yn oed arwain at argyfwng cenedlaethol. Yr unig ffordd i achub y sefyllfa, a chadw'r merched yn eu lle, fyddai diarddel y frenhines a'i halltudio o'r llys. Diarddeliad Fasti yw'r ail enghraifft o densiwn yn y stori.

Mae Memuchan yn cynghori'r brenin i gymryd y cam angenrheidiol er mwyn osgoi trychineb trwy wneud datganiad i'r perwyl hwn, 'a'i ysgrifennu yn neddfau'r Persiaid a'r Mediaid'. Hynny yw, rhaid iddo fod yn benderfyniad swyddogol 'na chaiff ei newid'. Ar wahân i gyfeiriadau yn Esther a Daniel (gweler Esth. 8:8; Dan. 6:8,12,15), nid oes unrhyw dystiolaeth mewn ffynonellau hanesyddol y tu allan i'r Beibl fod deddfau'r Mediaid a'r Persiaid yn ddigyfnewid. Ond mae'n ddealladwy fod Memuchan am gael penderfyniad terfynol na ellir ei newid, er mwyn sicrhau na fydd gan Fasti fyth hawl i ddod yn ôl i'r orsedd a dial arno am gynghori'r brenin i'w diarddel. Wedi cael gwared â'i wraig, caiff Ahasferus ddewis brenhines 'arall sy'n rhagori arni' un ai trwy fod yn fwy ufudd neu'n fwy prydferth; mae'r testun gwreiddiol yn ben agored. Mae Memuchan yn gofalu ei fod yn defnyddio gair amwys er mwyn gadael i'r brenin ei ddehongli fel y mynnai.

'Gwnaeth y brenin fel yr awgrymodd' Memuchan. Un o nodweddion Ahasferus yw ei barodrwydd i dderbyn cyngor ei swyddogion yn ddi-gwestiwn. Ond efallai ei fod wedi blino ar Fasti erbyn hyn, a'i fod yn falch o gael rheswm i ddod â'r briodas i ben. Anfonwyd llythyrau ar unwaith i bob talaith 'yn ei hysgrifen ei hun a phob cenedl yn ei hiaith ei hun'. Er bod Persia, yn ôl Herodotus, yn enwog am ei system bost hynod effeithiol, prin fod y gweinyddwyr a oedd yn gyfrifol am ysgrifennu'r llythyrau yn hyddysg yn iaith cant dau ddeg a saith o daleithiau mewn ymerodraeth a oedd yn ymestyn o India i Ethiopia. Ni fyddai angen medru'r holl ieithoedd, oherwydd erbyn hyn roedd Aramaeg wedi ei sefydlu ei hun fel iaith swyddogol y Dwyrain Canol. Defnyddir gormodedd er mwyn dychanu neu wawdio'r syniad fod angen mynd i'r fath drafferth i sicrhau fod 'pob dyn yn feistr ar ei dŷ ei hun', ac yn gallu cadw ei wraig mewn trefn.

Mae'r Hebraeg yn ychwanegu at lythyr y brenin gymal arall a gafodd lawer o sylw gan esbonwyr am ei fod mor annelwig. Caiff pob dyn orchymyn i 'siarad yn iaith ei bobl' (Esth. 1:22). Pa iaith arall fyddai disgwyl iddo'i defnyddio? Mae'r cyfieithiad Groeg yn hepgor y cymal, ac felly'n osgoi'r anhawster – tystiolaeth gynnar arall i gyflwr bregus yr Hebraeg gwreiddiol. Ond roedd y rabiniaid am ei gadw trwy ei esbonio fel ymgais i wahardd gŵr rhag siarad iaith ei wraig, os oedd honno'n wahanol i'w iaith ef. Adlais yw'r dehongliad hwn o gred Iddewon y cyfnod y dylai dyn a briododd ddynes o genedl arall ei gorfodi i siarad yr un iaith ag ef. Dyna'r gorchymyn a roddwyd i'r Iddewon a ddychwelodd i Jwda o'r Gaethglud ym Mabilon ac a briododd ferched estron. Y diben oedd sicrhau y gallai eu plant 'siarad iaith yr Iddewon' ac amddiffyn eu treftadaeth (Neh. 13:23–24). Esboniad mwy diweddar yw mai sicrhau hawl y gŵr i gael y gair olaf a wna'r datganiad.

Dyfais lenyddol sy'n rhoi cyfle i'r awdur gyflawni dau beth yw'r disgrifiad hwn o fywyd yn llys brenin Persia. Yn gyntaf, *tanlinellu'r peryglon* i Iddewon alltud a oedd yn byw mewn cymdeithas baganaidd. Wrth ddefnyddio gormodedd i ddisgrifio'r gwleddoedd, tynnir sylw at gyflwr afradlon yr ymerodraeth. Diben stori Fasti yw darlunio cymeriad Ahasferus, a phwysleisio sefyllfa fregus y sawl a feiddiai anufuddhau i deyrn mor anwadal a chreulon. Yn ail, *gwawdio'r sefydliad*. Mae ymddygiad urddasol Fasti, a'i phlwc wrth iddi feiddio herio awdurdod y brenin, yn ennill edmygedd yr awdur. Caiff y dyn mwyaf pwerus yn y Dwyrain Canol ei roi yn ei le gan ei wraig! Ni all brenin sy'n teyrnasu ar daleithiau di-rif feddwl am ddim amgenach i'w wneud na gwledda am fisoedd! Wrth adrodd cynnwys y llythyr a anfonwyd i bob talaith, dangosir pa mor chwerthinllyd yw'r cwbl. Try ffrwgwd teuluol yn fater o bwys i'r ymerodraeth gyfan; mae'n gwastraffu amser, egni ac adnoddau. Mewn cymdeithas batriarchaidd, prin fod angen datganiad brenhinol i gadarnhau awdurdod bob penteulu. Ni all brenin sy'n defnyddio anufudd-dod ei wraig i gyhoeddi gorchymyn cwbl amherthnasol i'w holl ddeiliaid fod yn ddim ond testun sbort a dychan.

❖ Cwestiynau i'w trafod

1. Ym mha ffyrdd y mae afradlonedd Ahasferus yn cael ei adlewyrchu yn y byd modern?

2. Ysgrifennwyd y datganiad yn erbyn Fasti yn neddfau'r Persiaid a'r Mediaid 'fel na chaiff ei newid'. Ai cyfraith gwlad yw'r gair olaf ym mhob achos?

2. Coroni Esther
Esther 2:1–23

Er mwyn deall yr hyn sy'n dilyn yn y stori rhaid i'r bennod hon gynnig nifer o esboniadau am ddigwyddiadau anghyffredin. Rhaid dangos sut all un o'r werin ddod yn frenhines Persia; sut all Iddewes gael ei dewis gan Ahasferus; sut mae modd i Esther, sy'n byw yng nghanol yr harîm yng ngofal eunuch, gadw mewn cysylltiad â'r gymuned Iddewig yn Susan.

O'r holl gymeriadau a enwir yn y bennod gyntaf, Ahasferus yw'r unig un sy'n goroesi i'r ail bennod. Yma ychwanegir dau gymeriad arall: Esther a Mordecai. Hwy yw arwyr y llyfr, sy'n barod i fentro popeth er mwyn sicrhau diogelwch eu cyd-Iddewon. Yn yr adnodau agoriadol, ni cheir awgrym fod gan y tri unrhyw gysylltiad â'i gilydd gan fod yr awdur yn gohirio rhoi gwybodaeth berthnasol am y ddau gymeriad newydd. Cânt eu cyflwyno'n anuniongyrchol, mewn cromfachau megis, er mwyn dod â hwy i mewn i'r sefyllfa argyfyngus sydd ohoni. At honno y mae'r pedair adnod gyntaf yn cyfeirio. Erbyn diwedd y bennod, bydd ffocws y stori wedi newid o fyd y Persiaid i fyd yr Iddewon.

Chwilio am frenhines (2:1–4)

Cofiodd Ahasferus 'am Fasti a'r hyn a wnaeth'. Er mai ystyr penagored sydd i 'cofio' yn y cyd-destun, bwriad yr awdur yw dangos mai cof serchog sydd gan y brenin am ei wraig, a'i fod yn gofidio 'am yr hyn a ddyfarnwyd amdani'. Awgrym y cymal hwn yw nad ei ddyfarniad annibynnol ef ei hun oedd yn gyfrifol am dynged y frenhines; ei swyddogion gaiff y bai am ei wthio i wneud penderfyniad. Gan nad oedd y datganiad a wnaed ynglŷn â'i dyfodol yn caniatáu ailfeddwl, tybed a oedd y brenin yn teimlo hefyd fod y gosb yn anghymesur â'r drosedd?

Er nad yw'r testun yn dweud hynny, mae'n amlwg nad cofio'n unig a wnaeth Ahasferus. Mynegodd ei ofid i'w weision, sef y llanciau a oedd yn gweini arno ddydd a nos. Gan eu bod yn ei adnabod yn dda, ac yn gwybod mai hwy a fyddai'r cyntaf i ddioddef pe bai'n parhau mewn tymer ddrwg, rhoddant gyngor iddo cyn iddo ofyn amdano. Gan eu bod yn gwybod fod ganddo lygad am ferched golygus, maent yn awgrymu'r hyn sy'n debygol o'i blesio. Eu cyngor yw iddo chwilio am frenhines arall trwy gasglu 'pob gwyryf ifanc hardd' yn y deyrnas i Susan, er mwyn dewis y gorau o'r goreuon.

Cyn gynted ag y cafodd y cynllun dderbyniad, fe'i rhoddwyd ar y gweill. Am fod o leiaf rhai rhieni'n debygol o guddio'u plant, er mwyn sicrhau llwyddiant y fenter rhoddwyd y gwaith o gasglu'r merched i swyddogion arbennig. Aethpwyd â hwy i harîm Ahasferus gyda'r gorchymyn iddynt eu gwneud eu hunain mor ddeniadol â phosibl. Awgrymir mai'r unig feini prawf ar gyfer plesio'r brenin oedd ieuenctid, prydferthwch a gwyryfdod. Ymddengys nad oedd tras na chefndir o bwys o gwbl. Yn yr adroddiad chwedlonol hwn, cystadleuaeth rywiol fydd yn penderfynu pwy fydd brenhines newydd Persia.

Cyflwyno'r arwyr (2:5–7)

Rhaid torri ar draws y disgrifiad o'r chwilio am frenhines er mwyn cyflwyno dau gymeriad sy'n allweddol i'r stori: Mordecai ac Esther. Gwneir hyn trwy fwrw trem yn ôl at gyfnod cyn yr helynt ynghylch Fasti, er mwyn esbonio sut a pham y daeth Esther i Susan. Mordecai yw cymeriad llywodraethol y llyfr. Ef yw'r cyntaf i gael ei gyflwyno (2:5) a'r olaf i gael ei glodfori (10:2-3). Yng ngolwg yr awdur, mae'n gymeriad doeth a dilychwin. Rhoddir sylw penodol i'w genedligrwydd. Er nad oes sôn am ei dduwioldeb yn cadw Cyfraith Moses, cyfeirir ato sawl gwaith fel 'Mordecai yr Iddew': trwy gydol y stori, dyna'i brif nodwedd. Yng ngolwg ei gyd-Iddewon, ei wroldeb a'i deyrngarwch i'w genedl a'i gred ddiysgog yn ei goroesiad yw ei rinweddau pennaf. I'w elynion, ei genedligrwydd sy'n cyfiawnhau erlid.

Nodir hefyd ei fod o dras uchel. Olrheinir ei achau i Saul, brenin cyntaf Israel. Tarddiad ei enw yw Marduc, prif dduw Babilon; ond diau fod ganddo enw Iddewig hefyd. Roedd yn arferiad yn y Gwasgariad i Iddew gael dau enw, un Iddewig ac un cenhedlig, fel yn achos Daniel a'i gyfeillion (Dan. 1:6–7). Mae'r cyfeiriad yn Esther 2:6 at yr un a gymerwyd 'o Jerwsalem i'r gaethglud gyda Jechoneia brenin Jwda' yn amwys. Ai Mordecai ynteu ei hen daid Cis, a ddisgrifir fel 'gŵr o Benjamin', oedd yn llinach Saul? Jechoneia, a adnabyddir hefyd fel Jehoiachin, oedd yn teyrnasu pan ymosododd Nebuchadnesar, brenin Babilon, ar Jerwsalem a chaethgludo'r garfan gyntaf o Iddewon yn 597 CC. Mae'r dyddiad yn arwyddocaol gan mai aelodau teuluoedd blaenllaw Jwda, hufen y boblogaeth yn unig, a ddygwyd i Fabilon y flwyddyn honno. Ddeng mlynedd yn ddiweddarach, pan ddinistriwyd Jerwsalem a'r Deml, aethpwyd â nifer fawr o'r bobl gyffredin hefyd i'r Gaethglud (gweler 2 Bren. 24:11–16; 25:11–12. Dan. 1:3–4).

Mae'r awdur yn awyddus i ddangos fod Mordecai yn hanu o deulu brenhinol Israel er mwyn mawrygu Iddewon y Gwasgariad, yn enwedig cymuned Iddewig Susan. Ond os felly, erbyn 482 CC, sef trydedd flwyddyn Ahasferus, byddai Mordecai ymhell dros gant oed, a phrin y gellid disgrifio Esther ei gyfnither yn ferch ifanc, landeg a fyddai'n llwyddo i blesio'r brenin! Mae'r manylion braidd yn niwlog. Yr unig ffordd allan o'r dryswch yw dehongli'r cyfeiriad at y Gaethglud yn adnod 6 yn nhermau Cis, hen daid Mordecai. Mewn geiriau eraill, roedd teulu Mordecai yn hanu o Jwda, ond yr oedd ef wedi ei eni yn y Gwasgariad.

Tarddiad yr enw Esther, a roddir iddi pan gafodd ei choroni, yw un ai 'Ishtar', duwies cariad y Babiloniaid; neu'r gair Persiaidd *stâra* sy'n golygu 'seren'; neu'r ferf Hebraeg *histir* sy'n golygu 'cuddio', am iddi beidio â dadlennu yn yr harîm mai Iddewes oedd hi. Ac er mai ei henw Persiaidd a ddefnyddir yn nheitl y llyfr, caiff ei chyflwyno i'r darllenydd wrth yr enw Hadassa, ei henw Iddewig (Esth. 2:7). Ystyr y gair hwn yw 'myrtwydd', coeden nad yw'n crino ond yn aros yn ir trwy'r haf a'r gaeaf. Yn y traddodiad Beiblaidd, y mae i'r goeden hon ystyr symbolaidd. Cysylltodd Eseia hi â ffyniant, heddwch a chyfiawnder (Es. 41:19; 55:13). Defnyddiodd Sechareia weledigaeth o ddyn 'yn sefyll rhwng y myrtwydd' i roi neges o gysur a gobaith i'r caethgludion a ddychwelodd o Fabilon i Jwda (Sech. 1:8–10). Hadassa yw enw'r ysbyty yn Jerwsalem sy'n enwog am ei ffenestri Chagall.

Wedi iddi golli ei rhieni, mabwysiadodd Mordecai 'ei gyfnither Hadassa, sef Esther ... yn ferch iddo'i hun' (Esth. 2:7). Yn ôl y rabiniaid, hi oedd un o'r pedair merch brydferthaf yn y byd, ynghyd â Sara gwraig Abraham, Rahab y butain yn Jericho, ac Abigail un o wragedd y Brenin Dafydd. Mae'r disgrifiad o'i hatyniad corfforol, a enillodd serch y brenin, yn llenwi sawl tudalen eithaf erotig eu naws. Gan fod y testun yn rhoi cryn bwyslais ar ei phrydferthwch yng nghyd-destun y mabwysiad, datblygodd y traddodiad ymysg yr Iddewon bod Mordecai wedi priodi Esther. Dyna sydd yn y cyfieithiad Groeg. Ond er bod priodas rhwng cefnder a chyfnither yn gyfreithlon, nid oes dim yng ngweddill y stori i gadarnhau'r dehongliad hwn. Gan i Esther gael ei chymryd i'r harîm gyda'r gwyryfon eraill am ei bod yn 'ferch deg a phrydferth', rhaid cymryd ei bod hithau hefyd yn wyryf.

Y Frenhines Esther (2:8–18)

Wedi cyflwyno Mordecai ac Esther, mae'r awdur yn ailgydio yn y stori. Ar orchymyn y brenin, daethpwyd â'r merched ifanc, gan gynnwys Esther, i Susan. Mae'n haws credu nad oedd gan ei rhieni ddewis ond ufuddhau i'r gorchymyn na thybio fod Mordecai'n barod i anfon ei gyfnither i'r palas, gyda'r posibilrwydd y cai ei gorfodi i briodi pagan. Er bod priodas gymysg, priodas rhwng Iddew a chenedl-ddyn, yn dderbyniol gan lawer o Iddewon y Gwasgariad ar y pryd, roedd yn wrthun yng ngolwg eu harweinwyr crefyddol (gweler Esr. 9-10). Hyd heddiw, mae rhai Iddewon Uniongred yn torri allan o'r Synagog y sawl sy'n priodi un nad yw'n perthyn i'r genedl nac yn arddel y grefydd; mae'r gwaharddiad yn Deuteronomium 7:3 yn dal mewn grym. Mae'n anodd deall pam nad yw Mordecai a'r gymuned Iddewig trwy'r deyrnas yn protestio yn erbyn gorfodi eu merched i fyw mewn pechod. A oedd y genedl etholedig yn croesawu'r posibilrwydd y deuai un ohonynt yn frenhines ar ymerodraeth baganaidd?

Mae Esther yn llwyddiant ymhell cyn iddi gael ei chyflwyno i Ahasferus. O'r holl ferched glandeg, hi sy'n ennill sylw Hegai, ceidwad yr harîm. Yr Iddewes yw ei ffefryn, er na wyddom pam. Gan fod pob un o'r gwyryfon yn brydferth, efallai mai cymeriad Esther oedd yn ei gosod ar ben y rhestr. Fel arwydd o'i ffafr, trefnodd Hegai 'iddi gael ar unwaith ei hoffer coluro a'i dogn bwyd'. Gan y byddai ar bob merch angen hyn, a yw'r cyfeiriad at ddogn Esther yn golygu danteithion, rhagor o fwyd, ynteu fwyd arbennig a oedd yn dderbyniol i Iddew? Beth bynnag yw'r ystyr, caiff y ffefryn ei symud i 'le gwell yn nhŷ'r gwragedd', ac anfonir saith o 'forynion golygus o dŷ'r brenin' gyda hi i weini arni.

Ni wyddai neb yn yr harîm mai Iddewes oedd Esther. Ar orchymyn Mordecai, roedd wedi cuddio ei thras a'i chenedl. Sylwer bod y gorchymyn yn cael ei nodi ddwywaith yn y bennod er mwyn pwysleisio'i arwyddocâd (Esth. 2:10, 20). Ond pam gwahardd Esther rhag dadlennu ei chefndir? Un ateb posibl yw, i hyrwyddo'i hynt. Ond nid oes dim yn y stori i awgrymu fod ei chenedligrwydd yn fagl; roedd merched o bob rhan o'r ymerodraeth yn cael eu cyflwyno i'r brenin. Pan glywodd Ahasferus am ei thras, a hithau bellach yn frenhines, derbyniodd y newydd yn ddi-brotest (gweler 7:3).

Ateb arall mwy tebygol yw, er mwyn diogelwch. Roedd yn angenrheidiol i Iddewon y Gwasgariad eu gwarchod eu hunain rhag erledigaeth. Hyd yn oed mor gynnar â'r bumed ganrif CC, gwrth-Iddewiaeth oedd y gelyn oesol a wynebai pob Iddew; dyma'r gelyn y dylai fod ar wyliadwriaeth barhaus rhagddo. Byddai i Esther ddefnyddio'i chred a'i chenedligrwydd i wrthod cymysgu gyda'r merched eraill yn ei gwneud yn gocyn hitio. Ond efallai mai diben llenyddol sydd i orchymyn Mordecai, am fod celu cenedligrwydd Esther yn greiddiol i ddatblygiad y stori. Dadlennir y diben ar funud tyngedfennol pan fydd achau'r frenhines Iddewig yn fater o bwys yng nghyd-destun ei theyrngarwch i'r brenin.

'Y mae ffordd y ffôl yn iawn yn ei olwg, ond gwrendy'r doeth ar gyngor', meddai Llyfr y Diarhebion 12:15. Er i Esther weithredu'r ddihareb trwy wrando ar Mordecai, roedd y ffaith ei bod wedi celu ei hachau yn poeni'r esbonwyr Iddewig cynnar. A oedd hyn yn awgrymu ei bod hefyd wedi torri Cyfraith Moses trwy fwyta dogn bwyd y gwyryfon rhag i'w thras ddod i'r amlwg? Fel y tystia Llyfr Daniel, roedd parchu deddfau bwyd yn fater o bwys i Iddewon y Gwasgariad; roedd yn un ffordd o warchod eu hunaniaeth mewn diwylliant estron. Yn ystod y Gaethglud ym Mabilon, gwrthododd Daniel a'i gyfeillion eu halogi eu hunain 'â bwyd a gwin o fwrdd y brenin'. Trwy garedigrwydd y swyddog a oedd yn goruchwylio'r caethgludion, cawsant ganiatâd i fwyta ac yfed dim ond yr hyn a oedd yn gydnaws â'u crefydd. Ac yn ôl y stori, gwnaeth y bwyd llysieuol y gofynnwyd amdano wahaniaeth syfrdanol i wedd y pedwar llanc o'u cymharu â'r bechgyn a oedd yn 'bwyta o fwyd y brenin' (Dan. 1:8–16). Ni chafwyd erioed well ategiad i fanteision byw ar lysiau!

Wedi treulio blwyddyn gyfan yn paratoi ar gyfer y gystadleuaeth 'pwy yw'r bertaf' trwy gael triniaeth harddu arbennig, un cyfle oedd gan bob un o'r gwyryfon i geisio ennill ffafr y brenin a dod yn Frenhines Persia. Ond roedd rhyddid i fynd 'â beth bynnag a fynnai gyda hi' i dreulio'r noson yn y palas – gwisg ddeniadol, persawr costus, tlysau cain. Yn y bore, dychwelai i 'ail dŷ'r gwragedd o dan ofal Saasgas'. Tŷ ar wahân i dŷ'r gwyryfon oedd hwn, yng ngofal eunuch gwahanol, am fod statws y ferch wedi newid; un o ordderchwragedd y brenin, ei eiddo personol ef, fyddai hi o hyn allan. Os na chai ei dewis i fod yn frenhines, ei thynged fyddai treulio gweddill ei hoes yn yr harîm.

Daeth tro Esther i fynd at Ahasferus yn y degfed mis 'yn y seithfed flwyddyn o'i deyrnasiad', sef 478 CC, tua phedair blynedd wedi ymadawiad Fasti. A chymryd bod un ferch yn mynd at y brenin bob nos am bedair blynedd, yn ôl amcangyfrif un esboniwr roedd mil pedwar cant chwe deg o ferched ar y rhestr o'i blaen! Er bod y dewis ganddi, ni ofynnodd Esther am ddim byd ychwanegol i fynd i'r palas; arwydd nid yn unig o'i natur ddiymffrost a gostyngedig, ond hefyd o agwedd hunanhyderus Iddewon y Gwasgariad (gweler hefyd Dan. 1:15). I wneud argraff ar y brenin, nid oedd Esther am dderbyn help gan genedl-ddynion. Roedd yn barod i ddibynnu ar ei phersonoliaeth a'i phrydferthwch cynhenid, heb fod angen offer coluro. Ac fe lwyddodd. Wedi i gannoedd o wyryfon fethu â bodloni Ahasferus, daeth y gystadleuaeth i ben gydag Esther.

Er na wyddom fawr amdani o gymharu â'r brenin, ar wahân i'w phrydferthwch, mae hi bellach yn barod i gymryd y lle canolog yn y stori. Caiff y coroni ei ddathlu nid yn unig trwy wneud gwledd i'r swyddogion brenhinol, ond hefyd trwy gyhoeddi gŵyl a 'rhannu anrhegion yn hael' i'r deyrnas gyfan. Cred y brenin ei fod wedi cael gwraig a fydd yn ufudd a didrafferth. Mae'r awdur yn cydnabod realiti bywyd yr ymerodraeth. Ond ar waethaf y peryglon, gall yr Iddewon fanteisio arnynt a throi'r dŵr i'w melin eu hunain. Ai'r neges gudd yw bod pawb yn elwa pan fo'r Iddewon yn ffynnu?

Yn rhai o esboniadau cynnar y Protestaniaid, portreadir Esther fel patrwm o'r wraig ddelfrydol. Roedd ei gwyleidd-dra, ei ffyddlondeb i'w Duw er ei bod yn Frenhines Persia, ei dibyniaeth ar Mordecai, a'i pharodrwydd i dderbyn ei awdurdod yn ddi-gwestiwn, yn rhinweddau y dylai pob merch eu hefelychu.

Ond ni wêl esbonwyr eraill unrhyw rinwedd yn y ffaith iddi fynd o'i gwirfodd i'r palas fel gordderchwraig. Yn lle cael cyfathrach rywiol â'r brenin cyn dod yn wraig iddo, dylai fod wedi derbyn y gosb eithaf. Yn eu barn hwy, dim ond trwy bechu y llwyddodd i achub yr Iddewon.

Darganfod cynllwyn (2:19–23)

Mae rhan allweddol Mordecai yn y stori yn dechrau gyda chymal annelwig: 'Pan ddaeth y gwyryfon at ei gilydd yr ail waith ...'. Cafodd hwn ei hepgor gan y cyfieithiad Groeg am nad oes gysylltiad amlwg rhyngddo a gweddill yr adnod, os mai dyma'r cyfieithiad cywir. Pa ddiben fyddai dod â'r merched at ei gilydd eto i gystadlu am ffafr y brenin ac Esther eisoes wedi ei choroni? Ac a bod yn fanwl, nid gwyryfon oeddent bellach. Un awgrym a gafwyd er datrys y broblem yw gwneud newid bychan i'r testun gwreiddiol a darllen 'amrywiol' yn lle 'yr ail waith' (*shônôth* yn lle *shenîth*; hawdd iawn yw cymysgu llafariaid mewn Hebraeg). Trwy hepgor 'yr ail waith', gellir cymryd fod y cymal yn cyfeirio'n ôl at y casglu gwreiddiol a wnaed ar orchymyn y brenin (2:8). Yr ystyr, felly, fyddai: 'Ar yr adeg pan oedd yr amrywiol wyryfon yn ymgasglu, roedd Mordecai ...'; mae hynny'n gwneud gwell synnwyr.

Mae'r ffaith fod Mordecai'n 'eistedd ym mhorth llys y brenin' yn haeddu sylw. Caiff y disgrifiad ei ailadrodd pum gwaith yng nghorff y llyfr. Yn yr hen Ddwyrain Canol, roedd porth pob dinas yn lle i fasnachu, trafod a gwneud penderfyniadau ar faterion o bwys i'r trigolion. Yno y byddai'r henuriaid, sef pennau teuluoedd a dinasyddion blaenllaw, yn cynnal llys barn. At y llysoedd hyn y cyfeiriai proffwydi Israel wrth iddynt alw am 'farn yn y porth' (Am. 5:10,12,15; Sech. 8:16).

Roedd cael sedd ym mhorth llys y brenin, fel ym mhorth y ddinas, yn arwydd o barch. Yr awgrym yw bod gan Mordecai swydd yn y gwasanaeth brenhinol. Ond ni chawn wybod os oedd eisoes yn swyddog, ynteu un o'r pethau cyntaf a wnaeth Esther ar ôl cael ei choroni oedd rhoi dyrchafiad iddo. Beth bynnag fo'r eglurhad, nid digwydd bod yn y porth, yn llercian neu basio'r amser gan obeithio cael newydd am Esther, oedd Mordecai; roedd yno yn rhinwedd ei swydd. Wrth eistedd yno, clywodd fod y ddau eunuch a wyliai'r porth yn cynllwynio i ymosod ar y brenin am fod ganddynt gŵyn yn ei erbyn. Nid yw'r awdur yn ystyried achos y gŵyn yn ddigon pwysig i ddweud wrthym beth ydoedd. Ond yn ôl y Targwm, eu cwyn oedd na chawsant noson o gwsg ers i Esther gael ei choroni a rhannu gwely Ahasferus am eu bod yn gwarchod y porth brenhinol. Yn ôl Herodotus, cafodd y Brenin Xerxes ei lofruddio gan ei weision trwy gynllwyn o'r fath.

Er ei fod yn un o swyddogion y llys, arhosodd Mordecai yn y cefndir o fwriad; oherwydd byddai mynd heb wahoddiad at y brenin i'r cyntedd mewnol i'w hysbysu am y perygl yn ddigon am ei einioes (gweler hefyd Esth. 4:11). Anfonodd neges at Esther i ddweud wrthi'r hyn a glywodd, a rhoddodd hithau wybod i'r brenin. Er na soniodd am ei pherthynas â Mordecai rhag datgelu ei thras Iddewig, mae'r ffaith i Esther ddweud wrth y brenin am y cynllwyn 'yn enw' ei chefnder yn ddigon i brofi teyrngarwch Mordecai i Ahasferus.

'Chwiliwyd yr achos a chafwyd ei fod yn wir.' Roedd yn arferiad gan frenhinoedd Persia, meddai Herodotus, i gadw cofnod o unrhyw wrhydri, a disgrifio'r wobr a roddwyd i'r arwr. Cofnodwyd hanes y cynllwyn a chosb y drwgweithredwyr 'yn llyfr y cronicl yng ngŵydd y brenin'. Ond nid oes sôn am gydnabyddiaeth i Mordecai. Mae peidio â dangos gwerthfawrogiad am weithred arwrol yn gwbl annodweddiadol o ddiwylliant y cyfnod. Efallai nad oedd enw'r arwr yn golygu dim i'r brenin ar y pryd. Dim ond yn ddiweddarach y daw'r dyrchafiad disgwyliedig. Ond fel y gwelwn, mae gohirio'r gydnabyddiaeth yn angenrheidiol ar gyfer datblygiad y stori trwy agor y drws i Ahasferus gywiro'r esgeulustod ymhellach ymlaen (gweler 6:3–9).

Gyda darganfod y cynllwyn i ymosod ar y brenin, daw'r disgrifiad o gefndir a lleoliad y stori i ben. Wedi cyflwyno tri o'r pedwar prif gymeriad, a dangos sut y daeth Esther yn frenhines Persia, mae'r awdur yn troi ar ei union at brif nodwedd y llyfr, sef yr argyfwng sy'n wynebu'r Iddewon.

❖ Cwestiynau i'w trafod

1. Gorchmynnodd Mordecai i Esther beidio â datgelu ei chrefydd a'i chenedligrwydd yn yr harîm. A ddylid cynghori Cristnogion sy'n byw mewn diwylliant gelyniaethus i gelu eu cred ac addoli'n ddirgel?

2. Roedd Esther yn 'derbyn cynghorion Mordecai' (2:20). Pa mor bwysig yw parodrwydd i wrando ar gyngor?

3. Cynllunio Hil-laddiad
Esther 3:1–15

Ar ddiwedd yr ail bennod ni fedrai bywyd fod yn well i Iddewon Persia. Teimlant eu bod mor ddiogel ag y gallai unrhyw genedl leiafrifol fod. Roedd un ohonynt yn frenhines. Roedd un arall wedi cael ei enwi yng nghronicl swyddogol y deyrnas ac yn debygol o gael ei anrhydeddu am ei wrhydri. Ond nid yw'r hawddfyd yn para'n hir. Er i'r drydedd bennod ddechrau'n ddigon diddrwg trwy gyflwyno pedwerydd cymeriad y stori, Haman yr Agagiad, cyn disgrifio dyrchafiad un o'r cymeriadau ac agwedd herfeiddiol y llall, mae'n diweddu gyda thrychineb.

Herio awdurdod (3:1–6)

Mordecai achubodd fywyd y brenin, ond Haman gaiff ei ddyrchafu. Diau fod rheswm am y dyrchafiad, ond ni chawn wybod beth ydoedd am nad yw o unrhyw bwys i rediad y stori. Mae'n amlwg mai tras Haman sydd o ddiddordeb i'r awdur. Mae ei linach yn ei gysylltu ag Agag, brenin yr Amaleciaid, llwyth rhyfelgar a oedd yn byw ar ffin ddeheuol Canaan, tua naw cant o flynyddoedd yn gynharach. Pan oedd yr Israeliaid ar eu ffordd trwy'r anialwch ac yn agosáu at Wlad yr Addewid, ymosododd llwyth Amalec, un o feibion Esau, arnynt i geisio'u rhwystro rhag meddiannu Canaan (gweler Ex. 17:8–15; Num. 24:7; Deut. 25:17–19). Parhaodd yr elyniaeth wedi i Israel wladychu Canaan; a bu brwydro ffyrnig rhwng yr Israeliaid a'r Amaleciaid yng nghyfnod Saul. Er i Saul gael buddugoliaeth, fe arbedodd Agag, brenin Amalec, a'r gorau o'r anifeiliaid, yn groes i orchymyn Duw (gweler 1 Sam. 15:1–8). Am iddo anufuddhau, cymerodd Duw'r frenhiniaeth oddi arno a'i rhoi i Dafydd. Y canlyniad fu i Saul ei ladd ei hun.

Diben nodi mai Agagiad oedd Haman yw dangos fod yr elyniaeth rhwng Mordecai, yr Iddew o linach Saul, brenin cyntaf Israel ac aelod o lwyth Benjamin, a Haman o linach Agag yr Amaleciad, yn llwythol yn ogystal â phersonol. Mae gosod llinach y naill yn erbyn y llall yn tanlinellu'r elyniaeth oesol rhyngddynt, ac yn greiddiol i'r stori. Cyfrifid un o ddisgynyddion Amalec yn elyn i'r Iddewon o'i grud. Nid amherthnasol yw'r ffaith fod chwe chyfeiriad at achau Haman yng nghorff y llyfr (gweler Esth. 3:10; 8:1,3,5; 9:10,24).

Oherwydd ei ddyrchafiad yn brif weinidog, roedd 'pob un o'r gweision ym mhorth llys y brenin yn ymgrymu ac yn ymostwng' i Haman gan mai dyna orchymyn Ahasferus. Pawb ond un – Mordecai. Ei agwedd sarhaus yw'r sbardun i'r argyfwng sy'n dilyn, ac mae'r cyfeiriad at orchymyn y brenin yn pwysleisio difrifoldeb y sefyllfa. Ond ni ddywed yr awdur wrthym pam ei fod mor amharchus o Haman. Gan fod cymeriadau eraill yn yr Ysgrythur yn barod i gydnabod awdurdod trwy ymgrymu i frenhinoedd a thywysogion estron heb ofni eu bod yn torri dau orchymyn cyntaf y Deg Gorchymyn, mae ymddygiad Mordecai'n ddirgelwch i esbonwyr.

Un ddamcaniaeth sy'n esbonio'i ymddygiad yw *eiddigedd*. Credai Mordecai mai ef, nid Haman, a ddylai gael y lle blaenllaw yn y deyrnas. Wedi'r cwbl, roedd ganddo swydd gyfrifol 'ym mhorth llys y brenin' cyn bod sôn am ddyrchafu Haman. Ond mae hyn yn gwrth-ddweud y darlun ohono yng ngweddill y llyfr fel dyn doeth a diymhongar nad yw'n dangos unrhyw ddyhead am ddyrchafiad yn y llys.

Yn ôl y Targwm a rhai esbonwyr Iddewig cynnar, *undduwiaeth* oedd y fagl. Gan fod Haman wedi ei gyhoeddi ei hun yn dduw, neu am fod ganddo lun delw ar ei fantell, ni fedrai un a oedd yn ffyddlon i Arglwydd Dduw Israel, ac i hwnnw'n unig, fyth ymgrymu iddo. Byddai gwneud hynny'n golygu torri'r ddau orchymyn cyntaf. Ond esboniad bregus yw hwn hefyd: go brin y byddai prif weinidog yn hawlio ei fod ei hun yn ddwyfol a'r brenin yn feidrol.

Yr eglurhad mwyaf derbyniol i lawer o esbonwyr yw *cenedligrwydd*. Am fod Haman yn un o ddisgynyddion Amalec, un o elynion pennaf Israel gynnar, balchder cenedlaethol sy'n gwneud i Mordecai anwybyddu gorchymyn y brenin. Sut allai un o linach Saul ymgrymu i un o linach Agag? Mae'r ffaith i Mordecai grybwyll ei dras Iddewig wrth y gweision yn rhoi coel i'r esboniad hwn.

Nid yw Haman ei hun yn ymwybodol o agwedd ddifrïol Mordecai, ond mae gweision y llys yn sylwi ac yn rhyfeddu. Gan fod Mordecai'n anfodlon esbonio'i ymddygiad, 'er eu bod yn gofyn hyn iddo'n feunyddiol', penderfynant weld a oedd y ffaith ei fod yn Iddew yn datrys y dirgelwch. A fyddai ei ddaliadau crefyddol yn ei alluogi i ddal ei dir pan ddeuai ei anufudd-dod i sylw Haman? A oedd cefndir Iddewig yn esgus dros anwybyddu deddfau Persia? Pan glywodd Haman gan y gweision am yr her i'w awdurdod, aeth dros ben llestri'n llwyr. Yn ei wylltineb, penderfynodd 'ddifa ... yr holl Iddewon yn nheyrnas Ahasferus'. Fel yn achos Fasti, daeth anufudd-dod i orchymyn y brenin yn fater gwleidyddol, gyda chanlyniadau trychinebus i'r Iddewon.

Camddefnyddio awdurdod (3:7–11)

Er bod agwedd Haman yn dadlennu ei ragfarn yn erbyn yr Iddewon, mae ei gymhellion dros gyflawni hil-laddiad yn ddirgelwch. Sut allai gyfiawnhau difa cenedl gyfan er mwyn dial am drosedd un aelod ohoni? Nid yw'r awdur yn cynnig ateb. Mae'n bosibl mai'r gynnen oesol rhwng Amalec ac Israel, rhwng cenedl-ddynion ac Iddewon, sy'n dod i'r brig unwaith eto; y tro hwn oherwydd sarhad personol. Damcaniaeth arall, ac un fwy tebygol, yw bod Haman yn ofnus o allu lleiafrif dylanwadol yn y deyrnas i greu cynnwrf. Os mai ei grefydd a'i genedligrwydd a barodd i Mordecai ymddwyn yn anfoesgar trwy herio awdurdod y prif weinidog, oni allai pob Iddew yn y deyrnas ddilyn ei esiampl a dechrau gwrthryfel?

Y cam cyntaf i gyflawni'r hil-laddiad oedd sicrhau fod y cynllun yn dderbyniol gan y duwiau. Er mwyn gwneud hynny, galwodd Haman ar y sêr-ddewiniaid i fwrw coelbren. Cedwir y gair estron *pŵr* yn y testun yn fwriadol er mwyn paratoi'r ffordd ar gyfer dehongli enw Gŵyl Pwrim pan roddir sylw iddi ymhellach ymlaen (*pŵrîm* yw ffurf luosog *pŵr*. Tybir mai'r gair Babilonaidd *pwrw*, sy'n golygu 'coelbren', yw'r tarddiad.) Ond ar wahân i'r ffaith fod y testun Hebraeg yn annelwig, mae'r wythfed adnod yn dilyn y chweched yn naturiol. Felly mae'r seithfed adnod yn ddigyswllt a dianghenraid yn y cyd-destun. Yr unig ffordd i'w hesbonio yw dweud mai bwriad Haman oedd darganfod pa ddiwrnod fyddai'r mwyaf addas iddo, unai i roi ei gais gerbron y brenin neu i ddechrau'r lladdfa. Mae'n eironig mai'r cymeriad mwyaf ffiaidd yn y stori yw'r unig un sy'n gofyn am gymorth goruwchnaturiol.

Pa reswm bynnag oedd ganddo dros yr erlid, nid yw Haman yn ei ddatgelu i'r brenin wrth wneud ei gais. Nid yw chwaith yn enwi'r genedl sydd ganddo mewn golwg. Ei fwriad yw creu atgasedd ac anoddefgarwch yng nghalon y brenin tuag at ba genedl bynnag oedd yn bygwth sefydlogrwydd yr ymerodraeth. Rhydd hyn iddo gyfle i weld ymateb Ahasferus cyn dadlennu'r cynllun cyfan. Er nad yw'n manylu ynglŷn â chamwedd y genedl ddienw, mae ei ddull yn gyfrwys. Mae'n dechrau gyda gwirionedd, yn parhau gyda hanner gwirionedd, ac yn gorffen gydag anwiredd. Cymysgedd o'r gwir a'r gau yw cais Haman.

Mae'n wir fod yr Iddewon wedi eu gwasgaru ar hyd a lled y deyrnas, a'u bod hefyd yn byw 'ar wahân' ac yn gwrthod ymdoddi i'r gymdeithas. Dros y canrifoedd, sicrhaodd 'Gwahanfur y Gyfraith' eu bod yn gallu gwarchod eu hunaniaeth, yn grefyddol a chenedlaethol, trwy fyw yn ôl gofynion Cyfraith Moses a gwrthod cymdeithasu â chenedl-ddynion. Ond mae ymddygiad Mordecai'n gwrth-ddweud hyn. Er nad yw'n cymdeithasu â phaganiaid, mae ei swydd ym mhorth llys y brenin yn tystio nad yw ei genedl a'i grefydd yn ei rwystro rhag gweithio gyda hwy. Gellir dadlau fod peth gwir yn natganiad Haman; ond yn y cyd-destun hwn mae ganddo naws negyddol sy'n awgrymu nid yn unig nad yw'r Iddewon o unrhyw fudd i'r deyrnas, ond eu bod hefyd yn fygythiad.

Ni ellir gwadu fod cyfreithiau'r Iddewon yn 'wahanol i rai pawb arall'. Yng Nghyfraith Moses, roedd gan y genedl Iddewig ei deddfau a'i harferion arbennig megis gwisg, bwyd, iaith, gwyliau ac arferion crefyddol. Ond roedd hyn yn wir hefyd am lawer o ddinasyddion eraill o fewn yr ymerodraeth; ac felly, camarweiniol yw'r awgrym fod yr Iddewon yn unigryw yn hyn o beth. Di-sail hefyd yw unrhyw awgrym bod amrywiaeth cenhedlig yn annerbyniol mewn teyrnas mor eang: yn ôl Herodotus, roedd y Persiaid yn fwy parod nag unrhyw genedl arall i gynnwys, a hyd yn oed i groesawu arferion tramor, pa mor wahanol bynnag oeddent. Ceir tystiolaeth bellach o hynny yn Llyfr Nehemeia. Mae agwedd negyddol Haman yn fwy tebyg i bolisi'r Groegiaid nag eiddo'r Persiaid. Anoddefgarwch y brenin Groegaidd, a'i orchymyn 'i'w holl deyrnas fod pawb ohonynt i ddod yn un bobl, a phob un i ymwrthod â'i arferion crefyddol ei hun' oedd achos y Gwrthryfel Macabeaidd yn 165 CC (1 Mac.

1:41). Yn ystod hanner olaf y cyfnod pan oedd Jwda dan fawd y Groegiaid, y gosb am wneud dim mwy na mynnu byw fel Iddew oedd marwolaeth.

Y cyhuddiad olaf yw nad yw'r Iddewon 'yn cadw cyfreithiau'r brenin', a'u bod felly'n annheyrngar iddo. Er y gallai Haman apelio at y ffaith fod Mordecai, trwy beidio ag ymgrymu iddo, wedi mynd yn groes i orchymyn y brenin, ni olyga hynny fod pob Iddew'n gwrthod parchu deddfau'r wladwriaeth. Mae'n wir y byddai'r Iddewon yn rhoi eu cyfreithiau crefyddol yn uwch na chyfraith gwlad os oedd gwrthdrawiad rhyngddynt, fel y gwnaeth Daniel yn llys Nebuchadnesar. Ond â siarad yn gyffredinol, nid oedd cadw Cyfraith Moses yn golygu anwybyddu cyfreithiau'r brenin: mae'r hyn a wna Haman yn y cyd-destun hwn yn cadarnhau hynny.

Cyn i Ahasferus gael cyfle i ystyried difrifoldeb y sefyllfa, geilw Haman am ddifa'r genedl ddi-enw. Y cwbl sydd raid i'r brenin ei wneud yw cydsynio. Byddai un gair ganddo'n ddigon i selio'u tynged; fe ofalai Haman am y weithred. Er mwyn hybu ei achos, mae'n apelio at chwant a barusrwydd y brenin trwy gynnig swm aruthrol o arian. Roedd deng mil o dalentau'n gyfran helaeth o incwm blynyddol yr ymerodraeth. Mae swm mor fawr yn arwydd clir o atgasedd Haman at Mordecai ac o'i benderfyniad i gyflawni hil-laddiad. Ni chawn wybod o ble deuai'r arian. Un awgrym yw y byddai Haman yn ei roi yn nhrysordy'r wladwriaeth wedi iddo ysbeilio eiddo'r Iddewon. Os felly, mae'n ymddangos fod Iddewon Persia, er yn wleidyddol ddibwys, yn llwyddo'n economaidd.

Caniataodd Ahasferus y cais ar unwaith, ond gwrthododd dderbyn yr arian. Dywedodd wrth Haman am ei gadw, un ai er mwyn ariannu'r lladdfa neu fel gwobr am ddarganfod y bygythiad i'r deyrnas. Ond ym marn amryw o esbonwyr mae'r stori, fel y mae'n datblygu, yn awgrymu fod y brenin *wedi derbyn* yr arian. Yn y bennod nesaf, dywed Mordecai wrth un o'r eunuchiaid mai bwriad Haman oedd talu'r arian 'i drysorfa'r brenin' (Esth. 4:7). Yn ei hapêl at Ahasferus, dywed Esther ei bod hi a'i phobl wedi eu 'gwerthu' i gael eu difa (7:4). Yr awgrym yw bod Haman wedi prynu'r hawl i ladd yr Iddewon. Beth bynnag fo'r dehongliad, nid oes arwydd clir yn y testun fod yr arian wedi ei wrthod.

Os mai bwriad yr awdur wrth nodi cydsyniad parod y brenin i ddymuniad Haman yw portreadu Ahasferus fel dyn gwan a di-hid a oedd bob amser yn barod i wneud dymuniad ei weision heb feddwl ddwywaith, mae'n wahanol iawn i'r darlun o Xerxes a geir gan Herodotus. Ond brenin di-asgwrn-cefn neu beidio, mae'n annhebygol y byddai ymerodraeth a oedd yn oddefgar o wahanol genhedloedd yn barod i ddifa unrhyw un ohonynt, yn enwedig un ddi-enw, oherwydd ei daliadau crefyddol.

Rhoddodd y brenin ei fodrwy, y symbol o'i rym a'i awdurdod a ddefnyddid ganddo i lofnodi dogfennau swyddogol, i Haman fel y gallai hwnnw weithredu yn ei enw. Gwnaeth Pharo'r un peth i Joseff er mwyn rhoi iddo'r hawl i osod trefn ar yr Aifft (Gen. 41:42). Roedd tynged yr Iddewon yn awr yn nwylo un a adnabyddir am y tro cyntaf fel 'gelyn yr Iddewon'. Ni all yr Iddew ond gweld yng nghyhuddiadau Haman un o nodweddion gwrth-Iddewiaeth ffiaidd cyfnodau diweddarach yn hanes ei genedl – hilyddiaeth.

Ildio awdurdod (3:12–15)

Er ei bod yn anodd credu y byddai'r brenin yn barod i ildio'i awdurdod i'w brif weinidog, gan ddangos dim diddordeb o gwbl yn yr hyn oedd ar ddigwydd yn ei deyrnas yn ei enw ei hun, aeth Haman ati'n ddiymdroi i lunio llythyr a oedd yn cynnwys y wŷs. Nid yw'r llythyr yn manylu ar y rheswm dros y gyflafan, dim ond adrodd y gorchymyn cignoeth. Gorchmynnir swyddogion yr ymerodraeth i 'ddinistrio, lladd a difa pob Iddew' yn ddiarbed. Mae pentyrru berfau, a chyfeirio at hynafgwyr, llanciau, plant a gwragedd yn ychwanegu'n fwriadol at ddifrifoldeb y sefyllfa. Diben rhoi caniatâd i 'ysbeilio'u heiddo' yw ysgogi pawb i ymuno yn y lladdfa. Anfonwyd y llythyr i bob talaith ar 'y trydydd dydd ar ddeg o'r mis cyntaf'. Roedd hwnnw'n rhif anlwcus yn niwylliant Persia a Babilonia, ond y mae iddo yma arwyddocâd pellach. Ar y pedwerydd ar ddeg o'r mis cyntaf yr arweiniodd Moses yr Israeliaid trwy'r Môr Coch. Dyma, felly, noswyl y Pasg (Nisan 14eg) yn y calendr Iddewig. Ar yr ŵyl fawr sy'n mynegi gobaith trwy ddathlu rhyddid o gaethiwed, caiff Iddewon Persia wybod mai bwriad Haman yw cyflawni dim llai na hil-laddiad. Mae'r ysgrifen ar y mur.

Y dyddiad tyngedfennol fydd y 'trydydd dydd ar ddeg o'r deuddegfed mis', sef un mis ar ddeg yn ddiweddarach. Ond pa synnwyr fyddai mewn aros cyhyd cyn gweithredu'r wŷs? Oni fyddai bron i flwyddyn o rybudd yn rhoi cyfle i'r Iddewon ffoi o'r wlad? Gan nad yw'r oedi'n gwneud synnwyr, fe'i defnyddir gan rai esbonwyr i gefnogi'r ddamcaniaeth nad adrodd hanes ffeithiol a wna Llyfr Esther. Ond un eglurhad posibl yw bod Haman, hyd y bo modd, yn benderfynol o ychwanegu at wewyr yr Iddewon. Byddai oedi'n rhoi cyfle i wrth-Iddewiaeth wreiddio ymhlith y werin bobl, a'u gwneud yn fwy parod i ymuno yn yr erlid. A chan fod Ymerodraeth Persia'n gyfystyr â'r byd cyfan, byddai gohirio'r lladdfa'n achosi mwy o bryder i'r Iddewon gan na fyddai'n bosibl i neb ffoi o grafangau Haman.

Mae'r oedi cyn gweithredu yn nodweddiadol o'r erlid a ddioddefodd yr Iddewon dros y canrifoedd. Ym 1492, rhoddwyd chwe mis iddynt adael Sbaen, neu gael eu dienyddio. Flynyddoedd cyn i'r hil-laddiad yn yr Almaen ddod i rym, pasiodd y Natsïaid gyfreithiau gwrth-Iddewig (Deddfau Nuremberg 1935). Pa ryfedd fod Llyfr Esther, sy'n mynd i galon profiad eu cyndadau yn y Gwasgariad, mor boblogaidd o hyd ymhlith yr Iddewon.

Mae parhau'r stori trwy ddweud bod Ahasferus a Haman wedi dathlu cyhoeddi'r wŷs gyda gwledd, tra bo trigolion Susan yn cydymdeimlo â'r Iddewon, yn wrthgyferbyniad effeithiol. Rhoddir pwyslais unwaith eto ar ddiota. Yn ôl Herodotus, roedd unrhyw ddyfarniad a wnaed gan y Persiaid pan oeddent yn sobr yn cael ei ailystyried pan yn feddw – a *vice versa*! Ond tra oedd Haman a'r brenin yn dathlu, 'yr oedd dinas Susan yn drist'. Wrth awgrymu fod trigolion y ddinas gyfan (a'r mwyafrif ohonynt yn genedl-ddynion) yn cydymdeimlo â'r Iddewon, cred rhai esbonwyr mai mynegi ei deimladau ei hun ynglŷn â'r trychineb a wna'r awdur, gan y byddai'r trigolion eu hunain yn annhebygol o ofidio.

Beth oedd neges y stori hyd yma i Iddewon y Gwasgariad? Yn gyntaf, bod *bywyd yn ansicr*. Trodd eu hawddfyd yn hunllef mewn byr amser. Nid yw eu statws fel cenedl etholedig Duw yn eu harbed rhag poen a dioddefaint. Yn ail, bod *gweithred un* yn gallu effeithio ar bawb. Dewisodd Mordecai, am ba reswm bynnag, beidio ag ymgrymu i Haman. Defnyddiodd yntau wrth-Iddewiaeth fel modd i ddial am sarhad personol. Yr hyn a'i sbardunodd i gyhoeddi hil-laddiad oedd ei ymateb i agwedd dilornus un dyn, yn hytrach nag ofn yr Iddewon neu chwant i feddiannu eu heiddo. A'r canlyniad oedd bygythiad difrifol i ddyfodol cenedl gyfan. Yn drydydd ac yn olaf, bod *teyrnas yn mynd ar ddisberod* yn nwylo llywodraeth ddiffaith. Bu bron i gymuned Iddewig Persia gael ei dinistrio'n llwyr am fod Ahasferus wedi ildio'i awdurdod i Haman, heb roi'r sylw dyladwy i'w gynllun.

❖ Cwestiynau i'w trafod

1. Cyhuddir yr Iddewon o'u 'cadw eu hunain ar wahân'. Sut y disgwylir i gredinwyr ymateb yn gyhoeddus i ddiwylliant afradlon, hunanol a gelyniaethus?

2. Beth, yn eich barn chwi, sydd i gyfrif am yr wrth-semitiaeth sydd ar gynnydd yn ein cyfnod ni?

4. Galw am Gymorth
Esther 4:1–17

Mewn pennod sy'n dechrau a diweddu gydag ympryd a galar, mae'r awdur yn datblygu'r cysylltiad rhwng y ddau brif gymeriad wrth iddynt wynebu argyfwng. Dim ond gyda chydweithrediad Esther y gall ymgais Mordecai i achub yr Iddewon rhag y gyflafan arfaethedig lwyddo. Wedi disgrifio'r ymateb i gynllwyn creulon Haman, rhoddir adroddiad llawn o'r sgwrs rhwng Mordecai ac Esther.

Galar yn y Gwasgariad (4:1–3)

Pan glywodd Mordecai am fwriad Haman, 'rhwygodd ei ddillad'. Yna aeth allan i ganol y ddinas a 'gweiddi'n groch a chwerw', gyda llwch ar ei ben a sachliain amdano. A yw'n ei feio'i hun am yr erlid ac yn edifarhau am iddo fod mor ffôl â sarhau Haman? A yw'n galw ar Dduw am gymorth? A yw'n protestio yn erbyn yr annhegwch fod pobl ddieuog yn cael eu condemnio i farwolaeth? A ddaeth 'i ymyl porth y brenin' yn y gobaith y gallai dynnu sylw Esther, sydd bellach wedi bod yn briod ag Ahasferus am oddeutu pum mlynedd, a'i gwthio i weithredu? Beth bynnag y cymhelliad, gwyddai na chai fynediad i'r palas gan yr ystyrid sachliain yn seremonïol aflan.

Yn ogystal ag wylo, roedd gwisgo sachliain, rhoi lludw ar y pen, a hyd yn oed orwedd yn y lludw hwnnw, yn arferion traddodiadol yn yr hen Ddwyrain Canol i fynegi edifeirwch am drosedd, dychryn ac ofn mewn argyfwng cenedlaethol, a galar yn wyneb trychineb teuluol. Pan glywodd brenin Ninefe gan y proffwyd Jona am y dinistr arfaethedig a oedd yn bygwth y ddinas oherwydd ei phechodau, erfyniodd am faddeuant trwy wisgo sachliain ac eistedd mewn lludw (Jon. 3:6), a hynny er mai pagan ydoedd. Wedi gwrando ar y Lefiaid yn darllen y Gyfraith ar orchymyn Esra, mae'r Iddewon yn 'ymprydio, gan wisgo sachliain a rhoi pridd ar eu pennau', ac yn cyffesu eu pechodau (Neh. 9:1). Mae Eseia'n cyfeirio at y pechadur edifeiriol sy'n 'gwneud ei wely mewn sachliain a lludw' yn y gobaith o osgoi barn yr Arglwydd (Es. 58:5).

Ond gan nad yw Mordecai'n sôn am Dduw nac yn mynegi edifeirwch, ni ellir cymryd yn ganiataol mai ystyr ysbrydol sydd i'r rhwygo dillad, y gweiddi, y sachliain a'r lludw yn ei achos ef. Gellir dadlau mai disgrifio'r ymateb traddodiadol i argyfwng a wna'r testun. Ceir amryw o gyfeiriadau yn y Beibl at rwygo dillad i fynegi gofid wrth dderbyn newydd drwg. 'Yna rhwygodd Jacob ei ddillad a gwisgo sachliain am ei lwynau, a galarodd am ei fab [Joseff] am amser hir' (Gen. 37:34; gweler hefyd Gen. 37:29; Num. 14:6). Dyna a wnaeth Job hefyd pan gollodd ei blant a'i gyfoeth (Job 1:2). Mae'r arferiad yn parhau mewn teuluoedd Iddewig i fynegi galar wedi profedigaeth. Ac y mae i'r rhwyg ei reolau arbennig: rhaid iddo fod yn weladwy, sef ar y dilledyn uchaf, ar wahân i gôt fawr neu gôt wlaw; rhaid iddo fod dros y galon fel symbol o dor-calon o golli'r ymadawedig; rhaid iddo fod yn rhwyg bwriadol o leiaf dair modfedd o hyd; ni chaiff fod yn agos at wnïad, rhag ymddangos fel rhwyg damweiniol; nid oes hawl i'w drwsio, er mwyn dangos na fydd y graith byth yn diflannu'n llwyr, er i'r archoll fendio. Gwisgir y dilledyn gan y galarwyr am saith niwrnod wedi'r angladd, ar wahân i'r Saboth neu ŵyl.

Aeth y newydd am gynllwyn Haman fel tân gwyllt trwy'r Ymerodraeth. Ymatebodd yr Iddewon trwy ddilyn esiampl Mordecai, a hyd yn oed *orwedd* mewn lludw. Aethant ymhellach trwy ymprydio. Os nad oedd ystyr ysbrydol i sachliain a lludw Mordecai, gwêl rhai esbonwyr yn ympryd yr Iddewon gyfeiriad eglur ond anuniongyrchol at Dduw. Oherwydd gweithred grefyddol yn gysylltiedig â gweddi, cyffes ac edifeirwch yw ympryd yn yr Hen Destament fel rheol. 'Dychwelwch ataf â'ch holl galon, ag ympryd, wylofain a galar', meddai Duw wrth ei genedl wrthnysig (Joel 2:12; gweler hefyd 2 Sam. 12:16; Dan. 9:3). Y diben yw dylanwadu ar Dduw trwy erfyn arno i newid ei feddwl, neu faddau neu achub.

Yn y calendr Iddewig, ceir dau ddiwrnod o ympryd, yn naill i ofyn am faddeuant a'r llall i goffáu trychineb. Y cyntaf yw Dydd y Cymod, a neilltuir ar ddechrau pob blwyddyn i fynegi edifeirwch a gofyn i Dduw drugarhau a maddau camweddau'r flwyddyn a aeth heibio. Ei brif nodwedd yw ympryd llwyr, yn yr ystyr o ymwrthod rhag popeth sy'n rhoi mwynhad. Yr ail yw'r Nawfed o Ab, dyddiad sy'n coffáu'r gyflafan o golli'r Deml yn OC 70. Unwaith eto, prif nodwedd y diwrnod yw ympryd; defod sy'n cyfuno tristwch ac edifeirwch.

Ni cheir yn y testun unrhyw awgrym fod Iddewon Persia'n credu eu bod yn euog o bechod, na bod Duw'n gyfrifol am yr erlid, na chwaith y gallai eu harbed rhagddo. Ond mae'n anodd credu nad bwriad yr awdur, wrth gyfeirio at sachliain, lludw ac ympryd, yw taro nodyn crefyddol. Mae'n rhesymol dadlau nad mynegi ymateb emosiynol yn unig a wna'r testun: er nad oes sôn am weddïo, diben ymprydio yw gofyn am gymorth dwyfol i atal y gyflafan.

Dyletswydd Esther (4:4–11)

Pan welodd y morynion a'r eunuchiaid Mordecai y tu allan i'r porth, aethant i ddweud wrth y frenhines ar unwaith. Mae'n amlwg eu bod yn ymwybodol o'r berthynas rhyngddi a Mordecai, er na wyddai'r brenin hynny. Ond nid ydynt o angenrheidrwydd yn gwybod mai Iddewes yw hi. Roedd Esther 'yn ofidus iawn' pan glywodd fod Mordecai'n creu stŵr ger y palas. Ond nid yw'n anfon neges ato nac yn mynd allan i ofyn iddo pam ei fod yn ymddwyn felly. Ei hymateb cyntaf, wrth iddi anfon dillad iddo, yw ceisio'i berswadio i wisgo'n daclus. Trwy wneud hynny, mae'n gobeithio gwared â'r embaras o gael ei chefnder mewn carpiau wrth y porth. Ac o wisgo'n daclus, byddai'n bosibl iddo ddod i mewn i'r llys ac esbonio'i ymddygiad wrthi.

Ond gwrthododd Mordecai'r dillad, am na fyddai newid gwisg yn newid y drefn. Felly aeth Esther ymhellach a holi, trwy Hathach, un o'i heunuchiaid, beth oedd ystyr y sachliain, y llwch a'r holl weiddi. Mae'n ymddangos nad oedd wedi clywed am fwriad Haman. A yw hynny'n golygu ei bod wedi ei hynysu yn yr harîm, fel na wyddai beth oedd yn mynd ymlaen yn y llys? Ynteu a oedd yn gwbl ddi-hid ynghylch bywyd y tu allan i'r palas, a hyd yn oed ynghylch tynged ei chenedl-ddynion?

Mae'n amlwg fod gan Mordecai wybodaeth drylwyr o weithgareddau'r llys. Er na chawn wybod sut y daeth copi o'r warant farwolaeth i'w feddiant, fe'i rhoddodd i Hathach a'i siarsio i'w 'dangos a'i hegluro i Esther' (4:8). Diben anfon copi ysgrifenedig ati oedd tanlinellu difrifoldeb y sefyllfa cyn gorchymyn iddi fynd at y brenin. Dywedodd hefyd wrth yr eunuch am y swm enfawr o arian a gynigiodd Haman i Ahasferus. Ond nid yw'n ychwanegu y gwrthodwyd y rhodd. Mae'n debyg mai ei fwriad, wrth gelu'r wybodaeth, oedd tynnu sylw pellach at yr argyfwng trwy awgrymu fod Haman wedi llwyddo i lwgrwobrwyo'r brenin. Gobeithiai y byddai gweld y wŷs, a chlywed am yr arian, yn ysgogi Esther i fynd ar unwaith at y brenin i erfyn arno arbed yr Iddewon. Mae am iddi ei huniaethu ei hun â'i phobl. Er iddo ddweud wrthi'n wreiddiol am gelu ei thras, nid oes ganddi bellach ddim i'w golli trwy ei gydnabod.

Nid yw Esther yn dangos unrhyw awydd i ufuddhau i orchymyn Mordecai. Mae hyd yn oed nodyn beirniadol yn ei hymateb. Gŵyr pawb nad 'oes ond un ddedfryd yn aros unrhyw ŵr neu wraig sy'n mynd i'r cyntedd mewnol at y brenin heb wahoddiad' (4:11). Mae Esther am iddo wybod hefyd fod ei phriodas yn sigledig. Nid yw wedi cael ei galw at y brenin am fis cyfan, arwydd efallai nad oedd hi'n ei blesio mwyach. O dan yr amgylchiadau, byddai mynd ato heb iddo alw amdani'n ddigon am ei heinioes; ni fyddai fyw i wneud yr apêl. Tybia fod y perygl y mae ynddo'n ddigon i gyfiawnhau diystyru'r gorchymyn. Fel un o swyddogion y llys, dylai Mordecai sylweddoli ei fod yn gofyn i'w gyfnither gyflawni hunanladdiad.

Er cymaint y bygythiad i'w chenedl, defnyddia Esther brotocol y palas i'w hamddiffyn ei hun. Mae Herodotus, yn ei ddisgrifiad o arferion seremonïol llys brenhinol Persia, yn cadarnhau'r perygl o geisio mynd i'r cyntedd mewnol heb wahoddiad. Ond mae hefyd yn ychwanegu bod rhyddid i unrhyw un gysylltu â'r brenin trwy lythyr. Cyn belled â bod ganddo achos teilwng, câi fynediad i'r llys. Os gwyddai Esther am y caniatâd i lythyru, dewisodd beidio â manteisio arno. Gan fod ymron i flwyddyn cyn i'r lladdfa ddigwydd, byddai ganddi ddigon o amser i wneud cais swyddogol i gael gweld y brenin, pe byddai hi'n dymuno hynny. Ond nid dyna'i dewis. Efallai mai bwriad yr awdur oedd gwneud i benderfyniad Esther i fynd at Ahasferus heb wahoddiad ymddangos yn fwy arwrol.

Ymateb Mordecai (4:12–14)

Y mae i ateb Mordecai gerydd a her, rhybudd ac apêl. Mae'n trin Esther fel perthynas, nid fel brenhines. Ei dasg yw ei darbwyllo fod ei gais am ei chymorth nid yn unig yn hollbwysig ond hefyd yn fater o frys. Nid dweud wrthi am helpu a wna'r tro hwn, ond ceisio codi ofn arni trwy ddisgrifio'r canlyniadau pe byddai'n gwrthod: 'Paid â meddwl y cei di yn unig o'r holl

Iddewon dy arbed' (4:13). Ni all ddianc rhag crafangau Haman er ei bod yn wraig i'r brenin; bydd ei chenedligrwydd yn ei chondemnio. Caiff ei hatgoffa o'i thras. Geilw Mordecai arni i gofio mai Iddewes oedd hi cyn iddi ddod yn frenhines. Nid oes unrhyw awgrym y gallai Ahasferus wneud eithriad yn ei hachos hi.

Ond nid proffwyd barn yw Mordecai. Er gwaethaf yr argyfwng, mae'n darogan y caiff yr Iddewon eu harbed. Mae ei argyhoeddiad y 'daw ymwared a chymorth i'r Iddewon o le arall' (4:14) os na wnaiff Esther helpu, wedi bod yn destun trafodaeth di-ben-draw dros y canrifoedd. 'One of the most crucial yet debatable phrases in all of Esther' yw disgrifiad un esboniwr. Yn y waredigaeth ryfeddol, gwêl rai gyfeiriad at unigolyn arbennig, Iddew arall o uchel radd a fyddai'n arwain gwrthryfel Iddewig. Gwêl eraill gyfeiriad at genedl gyfeillgar, agos; neu hyd yn oed at Bersiaid yn amddiffyn eu cymdogion. Dehongliad pellach sydd wedi apelio at lawer, yw bod Mordecai'n cyfeirio'n anuniongyrchol at Dduw. Sylfaen ei sicrwydd y deuai ymwared oedd cyflawniad yr addewidion a wnaeth Duw i'w gyndadau yn y gorffennol pell y byddai'n gwarchod ei genedl etholedig. Ond os felly, mae'r frawddeg yn fwriadol annelwig. Beth bynnag yr esboniad, mae Mordecai'n argyhoeddedig y bydd y genedl Iddewig yn goroesi.

Mae cymal nesaf adnod 14 yr un mor ddyrys. Ai bygythiad ynteu ffaith foel sydd yn y darogan y bydd Esther a thŷ ei thad 'yn trengi'? Ai dweud a wna Mordecai y bydd yr Iddewon yn siŵr o ddial arni hi a'i theulu am iddi wrthod erfyn ar eu rhan, ynteu ddweud y bydd Duw'n dial arni am ei diffyg ffydd ynddo? Ond yn ogystal â dychryn ei gyfnither, mae Mordecai'n ceisio dwyn perswâd arni. Dylai Esther ystyried mai rhagluniaethol o bosibl yw'r ffaith iddi ddod i'r orsedd 'ar gyfer y fath amser â hwn', ar gyfer y fath argyfwng yn hanes ei chenedl. Mae'r ymadrodd 'Pwy a ŵyr?' yn mynegi mwy na phosibilrwydd; mae'n cynnwys gobaith (gweler er enghraifft Jon. 3:9).

Llwyddodd ei chefnder i'w darbwyllo i dderbyn ei dyletswydd tuag at ei chenedl. Heb unrhyw sicrwydd o ddiogelwch, uniaethodd Esther ei hun â'i phobl trwy ofyn am eu cefnogaeth. Gorchmynnodd i Iddewon Susan ddod at ei gilydd i ymprydio am dri diwrnod. Nid ympryd fel arwydd o alar neu ofid yw hwn, ond ympryd sy'n gysylltiedig â gweddi ac ymbil (gweler Esr.

8:21). Er bod tridiau'n amser eithriadol o hir i fynd heb fwyd na diod, bydd Iddewon Susan wrth ymprydio yn ymuno â hi a'i morynion yn ei chais am gymorth goruwchnaturiol pan aiff ar ofyn y brenin. Mae cynnwys morynion paganaidd yn yr ympryd yn annisgwyl. Ai arwydd yw hyn o'u teyrngarwch i'r frenhines, ynteu a yw'n golygu bod Esther wedi llwyddo i'w troi'n Iddewon?

Cydsyniad Esther (4:15–17)

Er gwaethaf argyhoeddiad Mordecai y caiff yr Iddewon eu harbed, ar nodyn o densiwn ac ansicrwydd y gorffen yr unig bennod yn y llyfr nad oes ynddi gyfeiriad at wledda a diota. Mae tynged yr Iddewon yn dibynnu ar ferch ifanc a fu'n byw ers blynyddoedd mewn harîm, heb wneud dim mwy na phlesio'r brenin. Er nad dyma drobwynt y stori, y mae ei hufudd-dod i orchymyn Mordecai'n drobwynt yn natblygiad Esther. Fel pawb arall, nid yw heb ei ffaeleddau; ond mae'n barod i fentro a chymryd cyfrifoldeb am achub ei chenedl. Gallai fod wedi ymdoddi i fywyd y llys. Ond, na! Yn wyneb argyfwng tyngedfennol, mae'n cofio'i gwreiddiau ac yn cydnabod ei galwedigaeth trwy dderbyn y dylai diogelwch ei phobl gael blaenoriaeth dros ei chysur a'i hawddfyd personol.

Ond er iddi gytuno â chais Mordecai, geiriau olaf Esther yn y neges a anfonodd ato yw: 'Os trengaf, mi drengaf' (4:16). Gellir esbonio'r cymal fel mynegiant un ai o ddiffyg brwdfrydedd rhywun sy'n cydnabod fod ei thynged yn anochel, neu o arswyd rhywun sy'n ymwybodol fod 'llid brenin yn gennad angau' (Diar. 16:14). Ond dehongliad arall a gwell yw mai esiampl ydyw o ddewrder a phenderfyniad rhywun sy'n derbyn ewyllys Duw yn ffyddiog a gostyngedig; nid mynegiant o ddigalondid ac anobaith, ond mynegiant o sicrwydd fod y dyfodol yn nwylo Duw. Yng ngalwad Esther i Iddewon Susan ymprydio drosti, gwêl esbonwyr Cristnogol arwyddion amlwg o'i duwioldeb.

Hyd yma, Mordecai fu'n flaenllaw yn y berthynas. Ond wedi cael cydweithrediad Esther, 'Aeth Mordecai ymaith a gwneud popeth a orchmynnodd Esther iddo'. O hyn allan, Esther fydd yn flaenllaw; ac ni fydd byth eto dan fawd neb. Hi fydd yn cyfarwyddo'r hyn sy'n digwydd. Dim ond yn y bennod olaf y bydd hi'n cilio a Mordecai'n dod i'r brig unwaith eto.

❖ Cwestiynau i'w trafod

1. Beth yng nghymeriad Esther sy'n apelio atoch?

2. 'Os trengaf, mi drengaf' oedd ymateb Esther i apêl Mordecai (Esth. 4:16). Ym mha ffyrdd y mae credinwyr yn cael eu galw i fod yn ffyddlon i'w Duw?

5. Anrhydeddu Mordecai
Esther 5:1 – 6:14

Er iddi fynd i'r llys heb wahoddiad, caiff Esther groeso gan y brenin, ond mae'r anghydfod rhwng Mordecai a Haman yn dwysáu. Os yw Mordecai i gael ei achub rhag y crocbren, rhaid dryllio cynllwyn Haman. Mae'r hyn sy'n digwydd ar hap a damwain yn y rhan hon o'r stori'n greiddiol i'r cyfan.

Trefnu dwy wledd (5:1–8)

Mae'r adnodau agoriadol yn mynd â ni i awyrgylch tra gwahanol. Â'r ympryd drosodd, newidiodd Esther o'r sachliain a rhoi 'ei gwisg frenhinol amdani'. Ychwanegiad esboniadol yn y cyfieithiad Groeg yw'r gair 'gwisg' yn y cymal hwn. Y cyfieithiad llythrennol o'r Hebraeg gwreiddiol yw, 'rhoddodd Esther frenhiniaeth amdani'. Esboniad y rabiniaid o 'wisgo'r frenhiniaeth' yw bod Esther wedi ei chynysgaeddu â'r Ysbryd Glân. Dyna sy'n ei galluogi i achub ei phobl, ac yn ei gwneud yn un o saith proffwyd benywaidd Israel (ynghyd â Sara, Miriam, Debora, Hanna, Abigail a Hulda). Ond o ddilyn y testun Groeg, yr ystyr yw bod y frenhines wedi manteisio ar ei statws ac wedi meiddio dod i ŵydd Ahasferus heb iddo'i gwahodd. Mae pwyslais yr adnod gyntaf ar y brenin a'r palas a'r orsedd yn tanlinellu'r her a wynebai Esther. Ond nid yw'n ymgrymu nac yn syrthio ar ei gliniau i ymbil. Brenhines, nid dioddefydd gwylaidd, sydd yma. Mae'n sefyll lle y gall y brenin ei gweld.

Gan iddi fentro dod i gyntedd mewnol y palas heb wahoddiad, mae Ahasferus yn synhwyro fod yna argyfwng. Yn ôl y Targwm, roedd dagrau'n llifo i lawr gruddiau Esther. Mae'r brenin am wybod 'beth sy'n bod' (5:3), ac yn addo rhoi i'w wraig beth bynnag y mae'n ei geisio, hyd at hanner ei deyrnas, er mwyn datrys y broblem. Dull confensiynol yr oes o gyfleu haelioni oedd addewid o'r fath, ac nid addewid i'w gymryd yn llythrennol. Gwnaeth y Brenin Herod lw tebyg i ferch Herodias am iddi ei blesio wrth ddawnsio o'i flaen yn ei wledd pen-blwydd: 'A gwnaeth lw difrifol iddi, "Beth bynnag a ofynni gennyf, rhof ef iti, hyd at hanner fy nheyrnas"'. Gan ddilyn cyngor ei mam, gofynnodd

47

hithau am ben Ioan Fedyddiwr ar ddysgl; ac fe'i cafodd (Mc. 6:21–28).

Er iddi ennill ffafr y brenin a chael cynnig mor hael, nid yw Esther yn manteisio ar ei haelioni. Yn lle ateb ei gwestiwn, ac apelio arno i arbed yr Iddewon, mae'n gwahodd Ahasferus a'i brif weinidog i wledda gyda hi. Ond yn wyneb y bygythiad angheuol i'r Iddewon, pam gohirio'r ymgais i achub ei phobl? Onid gwell fyddai taro tra bo'r haearn yn boeth, a thra bo'r brenin yn dangos ei ffafr trwy 'estyn ati'r deyrnwialen aur oedd yn ei law'? Onid rhyfyg noeth fyddai gwastraffu amser yn gwledda, a dyfodol y gymuned Iddewig yn y fantol? Ar wahân i ychwanegu at densiwn y stori, mae gwahoddiad i wledd yn ymddangos yn gwbl amherthnasol yn y cyd-destun.

Efallai bod Esther yn credu y byddai'n fwy tebygol o gael ymateb ffafriol pe bai'r brenin dan ddylanwad tipyn go dda o win. Ond rheswm arall yw bod arni eisiau i Haman fod yn bresennol pan ddeuai ei chynllun i fwcl. O leiaf, dyna'r argraff a geir yng nghymal olaf y gwahoddiad a roddodd i'r ddau ohonynt i'r wledd gyntaf: 'Os gwêl y brenin yn dda, hoffwn iddo ef a Haman ddod i'r wledd a baratoais iddo heddiw' (Esth. 5:4). Er bod gair olaf ond un yr adnod hon ('iddo') yn ramadegol amwys, gellir dadlau mai cyfeiriad at Haman, yn hytrach na'r brenin, ydyw. Os dyna'r dehongliad cywir, prif ddiben Esther oedd codi, ym mhresenoldeb Haman, fater y wŷs a oedd yn gorchymyn hil-laddiad yr Iddewon.

Mae'r gwahoddiad i Haman ddod i'r wledd wedi diddori esbonwyr, o'r rabiniaid cynnar ymlaen. Os yw 'iddo' (5:4) yn cyfeirio at y brenin Ahasferus, go brin y byddai hwnnw eisiau cwmni ei brif-weinidog yn y wledd, er bod ganddo feddwl uchel ohono. Os mai ar ei gyfer ef y paratowyd y wledd, dim ond ef a'i wraig a ddylai fod yn bresennol. Ac oni fyddai presenoldeb Haman yn debygol o amharu hefyd ar lwyddiant Esther i ennill ffafr y brenin? Oni fyddai'n fwy buddiol iddi fod wedi cael cyfle i siarad yn gyfrinachol â'i gŵr?

Pam felly y gwahoddwyd Haman i'r wledd? Un esboniad a gynigiwyd yw iddo gael ei wahodd rhag iddo ddechrau amau beth oedd yn digwydd. A oedd yn ofni y byddai Esther yn ceisio darbwyllo Ahasferus i ddiddymu'r wŷs? Esboniad arall yw iddo gael ei wahodd am fod Esther yn awyddus i greu atgasedd tuag ato yn y llys, trwy greu eiddigedd ymhlith y tywysogion eraill na chafodd wahoddiad. Trydydd esboniad yw bod parodrwydd Esther i fwyta gyda Haman yn gwarchod cyfrinach ei chenedligrwydd; ni fyddai neb yn disgwyl i Iddewes wledda gyda chenedl-ddyn. Gellir dadlau hefyd fod Esther am sicrhau na fyddai Ahasferus yn dychwelyd i'r llys wedi'r wledd i ofyn cyngor Haman, fel y gwnaethai gyda'i swyddogion yn achos Fasti.

Beth bynnag oedd bwriad Esther wrth wahodd Haman, bwriad yr awdur yw sarhau gelyn yr Iddewon yn gyhoeddus, a gwneud cymaint â fedr o'i gwymp, wrth gadw'r darllenydd ar bigau'r drain. Anfonodd y brenin ar frys am Haman, ac aethant ill dau i'r wledd er mwyn 'gwneud fel y dymunai Esther' (5:5): nodyn eironig oherwydd, fel y gwelwn, y mae llawer mwy i'r dymuniad hwnnw na chroesawu gwesteion i'w gwledd. Gan nad oedd Esther wedi dweud wrtho yn y llys beth oedd yn ei phoeni, mae Ahasferus yn sylweddoli nad yn unig er mwyn ei wahodd i wledd y daethai i'w weld. Felly, mewn hwyliau da dan ddylanwad y gwin, mae'n ailadrodd -yng ngŵydd Haman y tro hwn – ei gynnig hael i roi i Esther beth bynnag a fyn. Mae hithau fel petai ar fin rhoi ei gwir gais o'i flaen, 'Dyma fy nghais a'm dymuniad' (5:7); ac mae pawb – y brenin, Haman a'r darllenydd - yn aros yn eiddgar erbyn hyn. Ond mae Esther fel petai'n newid ei meddwl ar ganol brawddeg. Yn lle mynegi ei dymuniad, mae'n petruso unwaith yn rhagor trwy wahodd y ddau i ddod ati i wledda eto'r diwrnod canlynol. Mae'n addo gwneud 'fel y mae'r brenin yn dweud' drannoeth trwy ateb ei gwestiwn gwreiddiol, 'Beth sy'n bod?'

Haman a Mordecai (5:9–14)

Buasem yn disgwyl i'r awdur ddilyn yr un trywydd yma ag yn rhan gyntaf y bennod trwy ddweud wrthym beth a ddigwyddodd drannoeth pan oedd Esther am fynegi ei dymuniad. Ond nid dyna'i fwriad. Mae'n cadw at batrwm y diwrnod blaenorol gan ganolbwyntio ar yr hyn sy'n digwydd ymhlith y tri chymeriad gwrywaidd, Haman, Mordecai ac Ahasferus. Yma, cawn gip pellach ar bersonoliaeth Haman cyn iddo benderfynu crogi Mordecai am ddiffyg parch. Aiff adref yn llawn ohono'i hun, gan ymfalchïo iddo gael y fraint o wledda gyda'r brenin a'r frenhines a chael gwahoddiad hyd yn oed i wledd arall. Tybia fod ei ddylanwad yn y llys yn cynyddu. Ond pan welodd fod Mordecai'n dal i gael yr anrhydedd o eistedd 'ym mhorth y brenin', a bod ei agwedd sarhaus tuag ato'n parhau, 'gwylltiodd yn enbyd' (5:9). Mae'n amlwg nad oedd yr

Iddew wedi dysgu gwers, er iddo weld copi o'r wŷs i gyflawni hil-laddiad.

Wedi cyrraedd adref, ni all Haman ymatal rhag ymffrostio, yng ngŵydd ei gymdogion a'i wraig Seres, yn ei olud mawr a'r anrhydedd a gafodd: 'Ni wahoddodd y Frenhines Esther neb ond myfi i fynd gyda'r brenin i'r wledd a wnaeth' (5:12). Tybia fod y brenin a'r frenhines yn ei gyfrif ymhlith eu cyfeillion agos. Dengys ei ymffrost pa mor llwyddiannus fu Esther wrth gelu ei gwir deimlad tuag ato. Diben yr awdur wrth ddisgrifio maint ei olud a'i deulu yw tanlinellu'r cwymp a ddaw i ran Haman yn nes ymlaen. Ond ni rydd yr anrhydedd a'r golud unrhyw foddhad i Haman tra bo 'Mordecai yr Iddew' yn eistedd yn y porth, yn un o swyddogion y brenin, ac yn parhau i wrthod codi ac ymgrymu iddo. Er bod achau Mordecai'n hysbys iddo, mae'n ymddangos nad yw'n gwybod fod Esther hefyd yn Iddewes.

Daw ei wraig i'r adwy, a dweud wrtho mai'r ateb yw crogi Mordecai; ac mae Haman yn derbyn ei chyngor yn ddibetrus. Mae ei gydsyniad parod yn eironig o gofio datganiad y brenin yn achos Fasti fod pob dyn i fod 'yn feistr ar ei dŷ ei hun' (1:22). Codwyd 'crocbren hanner can cufydd o uchder', sef ugain metr; enghraifft arall o ormodedd bwriadol y llyfr. Ni fyddai crogi Mordecai'n ddigon i dawelu llid Haman: rhaid fyddai gwneud sioe gyhoeddus o'i ddienyddiad er mwyn sicrhau y byddai'r ddinas gyfan yn gweld tynged y sawl a feiddiai groesi Haman. Ond sylwer ar y drefn: codi'r crocbren cyn gofyn caniatâd y brenin. Gan gymryd yn ganiataol y byddai Ahasferus yn cytuno, rhaid oedd sicrhau bod y paratoadau mewn llaw fel y gallai'r crogi ddigwydd ar unwaith er mwyn i Haman gael mynd 'yn llawen i'r wledd' (5:14).

Mae'r tyndra'n cynyddu ac yn codi cwestiynau ym meddwl y darllenydd. A fydd cynllwyn Esther yn llwyddo? A ellir diddymu cyfraith ddigyfnewid y Mediaid a'r Persiaid? Sut y gellir rhwystro Haman rhag crogi Mordecai drannoeth? Ymddengys fod y caddug yn cau am yr Iddewon, oherwydd portreadir Haman fel ymgorfforiad o ddrygioni. Y ffaith fod gan ddihiryn o'r fath lais yng ngweithgareddau'r ymerodraeth sy'n gwneud y Gwasgariad yn gartref mor beryglus ac ansicr iddynt. Ond fel y gwelwn, er gwaethaf statws arbennig Haman yn uchel lys y deyrnas nid amherthnasol i'w dynged yw'r adnod hon o Lyfr y Diarhebion: 'Daw balchder o flaen dinistr, ac ymffrost o flaen cwymp' (Diar. 16:18).

Dryllio cynllwyn Haman (6:1–11)

Y noson rhwng y ddwy ŵyl, methodd Ahasferus â chysgu; effaith adfydus yr alcohol efallai. Defnyddir y thema o frenin digwsg i ddatblygu'r stori yn Daniel 6:18 hefyd. Ond ni all hyd yn oed frenin orchymyn cwsg. Gofynnodd i'w weision ddarllen cronicl y llys iddo, sef hanes brenhinoedd a gwroniaid teyrnas Persia. Wn i ddim a oedd o'n credu y byddai hwn, fel pob adroddiad swyddogol arall, mor ddiflas ac anniddorol nes gwneud iddo gysgu. Ond gan iddo fethu'n lân â chysgu, bu'n rhaid dal i ddarllen trwy'r nos nes cyrraedd y cyfeiriad at Mordecai'n dweud wrth y brenin am y cynllwyn i'w ladd (Esth. 2:21–23). Sylweddolodd Ahasferus nad oedd gofnod yn y cronicl fod y weithred wedi cael ei chydnabod.

Yn ôl Herodotus, roedd brenhinoedd Persia'n enwog am eu parodrwydd i anrhydeddu'r fath wrhydri. Ac felly, pan sylwedolodd Ahasferus nad oedd y sawl a achubodd ei fywyd wedi cael y clod dyledus, gofynnodd am gyngor gan un o'i swyddogion sut i wneud iawn â'r cam a wnaed â Mordecai. Gallai unrhyw swyddog fod wedi ei gynghori. Eironi gwych yw dweud mai Haman oedd yr unig un yn digwydd bod wrth law. Dyma un arall a gafodd noson ddi-gwsg. Yn ei frys i gael caniatâd i grogi Mordecai, daeth i'r llys yn y bore bach. Gan fod y crocbren yn barod, yr unig beth sy'n angenrheidiol yw gair y brenin. Ond cyn iddo gael cyfle i gyflwyno'i gais, gofynnodd Ahasferus iddo beth a fyddai'n addas ar gyfer unrhyw un yn haeddu anrhydedd. Cymer Haman yn ganiataol mai ef oedd gan y brenin mewn golwg: 'Pwy fyddai'r brenin yn dymuno'i anrhydeddu yn fwy na mi?' Mae hunanfalchder ac uchelgais ym mêr ei esgyrn.

Cred fod y clod a'r statws y mae'n dyheu amdano o'r diwedd wedi dod i'w ran. Ei gyngor yw y dylai'r sawl sydd i'w anrhydeddu gael ei wisgo mewn gwisg frenhinol, a marchogaeth ar geffyl y brenin. Dylai cyhoeddwr fynd o'i flaen er mwyn i drigolion Susan weld faint o feddwl oedd gan y brenin ohono. Ond yn ddiarwybod iddo'i hun, mae Haman wedi cynghori Ahasferus sut i anrhydeddu Mordecai. Ymateb y brenin yw ei orchymyn i wneud popeth a ddywedodd 'i Mordecai yr Iddew', nid iddo ef ei hun. Rhaid iddo anrhydeddu un y mae'n ei gasáu â chas perffaith. Rhaid iddo drefnu gorymdaith i Mordecai 'a'i arwain ar gefn ceffyl trwy sgwâr y ddinas'. Mae eirioni'r sefyllfa'n drawiadol. Rhaid i 'elyn yr Iddewon' (3:10) anrhydeddu Iddew yn y modd mwyaf dramatig posibl. Mewn un cymal byr caiff cwymp Haman ei selio.

Gŵyr y brenin bellach mai Iddew yw Mordecai (6:10). Efallai iddo glywed hyn wrth wrando ar y cronicl. Ond nid yw'n cysylltu cenedligrwydd Mordecai gyda'r genedl ddienw a oedd, yn ôl Haman, yn fygythiad i sefydlogrwydd y deyrnas. A fydd y wybodaeth newydd am dras Mordecai'n dylanwadu ar ei ymateb i gais Haman pan wneir yn hysbys enw'r genedl na ddylai'r deyrnas ei goddef? A fydd yn llai parod i weithredu'r gorchymyn a roddodd i ddifa Iddewon Persia am iddo gael ei atgoffa o wrhydri un ohonynt? Cofier fod y wŷs a oedd 'wedi ei selio â'r fodrwy frenhinol' (3:12) i gyflawni hil-laddiad yn dal mewn grym.

Digalondid Haman (6:12–14)

Wedi cyflawni gorchymyn y brenin, aeth Mordecai yn ei ôl i eistedd yn y porth, ond aeth Haman 'adref yn drist, â gorchudd am ei ben' (6:12) i geisio cydymdeimlad ei deulu a'i gymdogion. Arwydd cyffredinol o alar am y meirw yw'r gorchudd. Ond i Haman, mae'n arwydd o siom fod ei ymgais i ladd yr Iddewon wedi methu. Nid yw'r neges a gafodd ar ei aelwyd yn gwneud dim i godi ei ysbryd. Mae'r union rai a ddywedodd wrtho am godi crocbren yn darogan methiant ei gynllun. Meddai ei wraig a'i wŷr doeth: 'Os yw Mordecai, yr wyt yn dechrau cwympo o'i flaen, yn Iddew, ni orchfygi di mohono' (6:13). A bod yn fanwl, nid oes amheuaeth am genedligrwydd Mordecai. Roedd Haman wedi cydnabod hyn eisoes pan ddywedodd wrth ei wraig a'i gyfeillion fod 'Mordecai yr Iddew' yn dal i eistedd ym mhorth y brenin (5:13). Felly, ystyr posibl y cymal yw 'gan mai Iddew yw Mordecai', neu 'os (fel yr wyt ti'n dweud) mai Iddew yw Mordecai'. Os mai cadarnhad sydd yma, yn hytrach nag amheuaeth, gellir dadlau mai dull anuniongyrchol o gydnabod grym Duw'r Iddewon a'i ofal amdanynt yw dweud bod y genedl yn anorchfygol. Os felly, er nad yw'r testun yn enwi Duw, y mae'n tystio i'w bresenoldeb. Mae yma o leiaf lygedyn o oleuni cyn belled ag y mae tynged yr Iddewon yn bod.

Ond sut y daeth gwraig a chynghorwyr Haman i gredu yn natur anorchfygol yr Iddewon? Un ateb posibl yw eu bod wedi clywed ganddynt am weithredoedd achubol Duw Israel yn y gorffennol. Mae'r stori'n adleisio hanesion am unigolion blaenllaw ymysg y cenhedloedd yn cydnabod natur anorchfygol Israel yn y canrifoedd olaf CC, ac yn troi at yr Arglwydd Dduw am iddynt fod yn dystion i'w allu i achub ei bobl. Enghraifft amlwg yw'r hanesion am y brenin paganaidd Nebuchadnesar yn dod i gredu yn Nuw Israel am i Daniel, un o Iddewon y Gwasgariad, lwyddo i ddehongli ei freuddwydion (Dan. 2:46–47; 4:34).

Pan daflwyd tri o gyfeillion Daniel i ffwrnais dân am wrthod ufuddhau i'r gorchymyn i addoli eilun, daethant allan o'r tân yn ddianaf trwy wyrth, ond llosgwyd eu herlidwyr. O ganlyniad, gorchmynnodd y brenin 'fod unrhyw un ... sy'n cablu Duw Sadrach, Mesach ac Abednego yn cael ei rwygo'n ddarnau, a bod ei dŷ i'w droi'n domen. Nid oes duw arall a all waredu fel hyn ... Y mae ei frenhiniaeth yn frenhiniaeth dragwyddol, a'i arglwyddiaeth o genhedlaeth i genhedlaeth' (Dan. 3:29 – 4:3). Gan fod Mordecai'n hanu o'r un cyff â Daniel a'r tri llanc, byddai yntau hefyd yn fuddugol (gweler hefyd Judith 5:20–21; 3 Macc. 3:8; 5:31).

Ond ni chaiff Haman gyfle i ofyn am eglurhad gan ei wraig a'i gynghorwyr. Caiff y cymeriad cyfrwys, llawn cynllwynion, a oedd am drefnu popeth er mwyn bodloni ei uchelgais, ei hebrwng gan weision y brenin 'ar frys i'r wledd a baratôdd Esther'. Mae sawl cyfeiriad at 'frys', sy'n cyfleu ffrwst, panig ac ansicrwydd, mewn cysylltiad â Haman (Esth. 3:15; 5:5; 6:10,12.). Yma, mae'r testun yn ailgydio yn y gwahoddiad a roddwyd i'r wledd (5:8); trobwynt sylfaenol yn y stori.

❖ Cwestiynau i'w trafod

1. Roedd cyngor ei wraig a'i gyfeillion 'wrth fodd Haman' (5:14). Pa mor fanteisiol i'r unigolyn yw trafod ag eraill ofnau a dyheadau personol?

2. Tybiai Haman fod Ahasferus am roi'r prif anrhydedd iddo ef. I ba raddau y mae hunan-les yn ein rhwystro rhag gwneud yr hyn sy'n iawn?

6. Cwymp Haman
Esther 7:1 – 8:17

Yn y ddwy bennod hyn ceir cyhuddiad, dedfryd, apêl a datganiad. Dyma uchafbwynt y stori. Mae'r drwgweithredwr yn diflannu, ond y perygl yn parhau. Mae'r gorchymyn i gyflawni hil-laddiad yn dal mewn grym, ac yn ddigyfnewid am ei fod wedi ei gyhoeddi yn enw'r brenin ac wedi ei selio â'i fodrwy. Nid Ahasferus ond Mordecai sy'n achub y sefyllfa; ond nid cyn i Esther ofyn i'r brenin ddirymu'r wŷs yn erbyn yr Iddewon, a llwyddo i gyhoeddi un newydd.

Cyhuddiad (7:1–6)

Mae'n amlwg fod Ahasferus yn gymeriad amyneddgar. Yn ystod rhan olaf yr ail wledd, ac yntau mewn hwyliau da, gofynnodd i Esther am y drydedd waith beth oedd ei dymuniad. Rhaid tybio nad oedd hyd yma'n gwybod dim am ei chefndir Iddewig na'i pherthynas â Mordecai. Nid yw Esther yn meiddio cyhuddo Ahasferus yn uniongyrchol o erlid yr Iddewon, ond mae'n dangos ei gwroldeb trwy ddal ar y cyfle i geisio diddymu cyfraith ddigyfnewid. Dywed mai ei dymuniad yw ei bod hi a'i chenedl yn cael eu harbed, 'Oherwydd yr wyf fi a'm pobl wedi ein gwerthu i'n dinistrio a'n lladd a'n difa' (7:4). Er ei bod hi a'i chenedl yn uned anwahanadwy, mae'n ei chrybwyll ei hun yn gyntaf gan ei bod yn gwybod y byddai'r brenin yn awyddus i arbed ei wraig, ond yn llai parod i weithredu ar ran ei phobl. Cyfeirio mae'r 'gwerthu' at yr arian a gynigiodd Haman i Ahasferus i hyrwyddo'i gynllwyn.

Er bod ail hanner adnod 4 yn annelwig iawn yn yr Hebraeg, y farn gyffredin ynglŷn â'r ystyr yw: 'Petaem am gael ein gwerthu fel caethion, byddem wedi derbyn ein tynged, oherwydd ni allai argyfwng yr Iddewon gymharu â'r golled i'r brenin o fethu ag elwa o'r gwerthiant'. Ond er iddo roi caniatâd i Haman ddifa cenedl ddienw, nid yw Ahasferus am wybod pa genedl sydd gan Esther dan sylw. Iddo ef, yr hyn sy'n bwysig yw darganfod pwy yw'r drwgweithredwr sy'n bygwth lladd y frenhines, a sut mae dod o hyd iddo. Caiff ateb ar unwaith.

Dychmygwn Esther yn estyn ei bys at Haman a oedd yn eistedd wrth y bwrdd bwyd, ac yn dal ar y cyfle i bardduo cymeriad y prif weinidog ym mhresenoldeb y brenin: 'Y gelyn a'r gwrthwynebwr yw'r Haman drwg hwn' (7:6). Nid gelyn Esther yn unig yw Haman, felly, ond gelyn y brenin hefyd.

O safbwynt personol, mae cais Esther yn mynd ymhellach na cheisio arbed yr Iddewon. Yn ogystal ag enwi'r drwgweithredwr, mae'n mentro cydnabod ei chenedligrwydd; cydnabyddiaeth sy'n tanlinellu'r berthynas agos o fewn Iddewiaeth rhwng yr unigolyn a'r grŵp. Ond mae'n torri'r gorchymyn a gafodd gan Mordecai (2:10) ac yn peryglu ei bywyd gan na all fod yn sicr o gwymp Haman.

Dedfryd (7:7–10)

Wedi clywed cyhuddiad Esther, aeth Ahasferus o'r wledd i ardd y palas mewn cyfyng-gyngor. Roedd arno angen amser i feddwl beth i'w wneud; nid oedd cynghorwyr ar gael i droi atynt y tro hwn. Mae tri anhawster yn ei wynebu. Yn gyntaf, bodolaeth deddf ddigyfnewid i ddifa'r Iddewon. Yn ail, ei gyfraniad ef ei hun at y ffiasgo, er mai rhoi caniatâd a wnaethai i ddifa cenedl ddi-enw. Yn olaf, ac yn bennaf, y pwysau arno i farnu rhwng y ferch a ddewisodd yn frenhines a'r un a ddyrchafodd i'r swydd bwysicaf yn y deyrnas, ond sy'n awr yn elyn a drwgweithredwr.

Tra oedd y brenin yn yr ardd 'arhosodd Haman i ymbil â'r frenhines Esther am ei einioes' (7:7). Eironi eto – llofrudd yn apelio ar Iddewes am drugaredd. I wneud ei apêl, plygodd 'wrth y gwely lle'r oedd Esther' yn lledorwedd. Dyna gyfieithiad *BCND*; ond mae rhai cyfieithiadau'n fwy beiddgar. *'Haman had just thrown himself down on Esther's couch' (GNB)*; *'Haman had flung himself across the couch on which Esther was reclining' (NEB)*. Beth bynnag yr ystyr, gwnaeth Haman gamgymeriad dybryd trwy ddod mor agos at Esther. Y rheol oedd na chai'r un gwryw ddod o fewn saith cam i ferch o harîm y brenin.

Os oedd y brenin rhwng dau feddwl ynghylch yr hyn y dylai ei wneud â'i brif weinidog, mae'r olygfa a'i hwynebodd pan ddaeth yn ôl o'r ardd yn datrys y broblem. Yn ogystal â chynllwynio i ddifa'r Iddewon, mae Haman hefyd yn meiddio torri'r tabŵ ynglŷn â dod yn agos at y frenhines. Cymer y brenin yn ganiataol ei fod un ai am ei llofruddio neu ei threisio. Caiff Haman ei gyhuddo ar gam. Serch hynny, cyn gynted ag y mynegodd y brenin ei ddicter, 'gorchuddiwyd wyneb Haman' gan y gweision. Gall hyn olygu rhoi hugan dros ei ben ar gyfer ei grogi, er nad oes dystiolaeth yn unman arall mai dyma arferiad y Persiaid.

Ond am fod y testun Hebraeg yn annelwig, ceir yma eto amrywiol gyfieithiadau gan esbonwyr: *'Haman was humiliated'*; *'Haman fell down in a dead faint'*; *'Haman hid his face in despair'*; *'Haman became pale'*. Pa ystyr bynnag sydd i 'orchuddio'r wyneb', mae adnodau o Lyfr y Diarhebion yn addas yn y cyd-destun: 'Y mae'r un sy'n cloddio pwll yn syrthio iddo, a daw carreg yn ôl ar yr un sy'n ei threiglo' (26:27); 'Rhydd brenin ffafr i was deallus, ond digia wrth yr un a'i sarha' (14:35); 'Gwaredir y cyfiawn rhag adfyd, ond fe â'r drygionus dros ei ben iddo' (11:8).

Mae trosedd Haman yn dwysáu'n sylweddol yng ngolwg y brenin pan glyw ei fod wedi codi crocbren ar gyfer Mordecai. Mae deall am fwriad Haman i ddienyddio'r dyn a achubodd ei fywyd yn help i Ahasferus benderfynu beth i'w wneud. Ar gyngor un o'i weision, mae'n gorchymyn crogi Haman. Er bod gan yr Iddewon le i lawenhau fod eu gelyn pennaf wedi ei ddienyddio, mae'r bygythiad o hil-laddiad yn parhau gan fod y wŷs yn dal mewn grym. Mae braich Haman yn ymestyn y tu hwnt i'r bedd. Megis dechrau y mae'r dasg a roddodd Mordecai i Esther, sef achub holl Iddewon yr ymerodraeth. Yn awr, rhaid i'r ddau ddyfeisio ffordd i ddiddymu cyfraith ddigyfnewid y Mediaid a'r Persiaid.

Apêl (8:1–8)

Yn ogystal â derbyn clod am achub bywyd y brenin, caiff Mordecai ei benodi'n brif weinidog yn lle Haman. Daw'r anrhydedd i'w ran nid yn unig am ei wrhydri, ond hefyd am ei fod yn perthyn i Esther. Dyma'r tro cyntaf i'r brenin wybod am y berthynas rhwng y ddau. Ond er bod Haman wedi ei grogi, a'i dŷ, sef ei eiddo a'i olud, wedi ei drosglwyddo i Esther, a hithau wedi eu rhoi yng ngofal Mordecai, rhywsut neu'i gilydd rhaid diddymu'r wŷs i ddifa'r Iddewon. Mae dyrchafiad Mordecai'n hwyluso'r ymgais i ddarbwyllo'r brenin.

Er bod ganddi gefnogaeth y prif weinidog, Esther a gaiff sylw'r awdur. Unwaith eto, mae'n peryglu ei bywyd trwy feiddio dod i ŵydd Ahasferus heb wahoddiad. Fe'i portreadir fel un sy'n ddigon gwrol i anwybyddu confensiwn er mwyn arbed ei phobl; y tro hwn, hi sy'n siarad gyntaf. Sylwch ar ei thacteg. Wedi syrthio mewn dagrau wrth draed y brenin, mae'n erfyn arno 'rwystro'r drygioni a gynllwynodd Haman'. Dyma'r tro cyntaf iddi ddangos ei theimladau. A'r tro hwn, ganddi hi y mae'r gair cyntaf.

Cyflwyna'i chais gyda rhagymadrodd sy'n nodweddiadol o'r diwylliant ac yn cynnwys pedwar cymal amodol: 'Os gwêl y brenin yn dda, ac os cefais ffafr ganddo, a bod y mater yn dderbyniol ganddo, a minnau yn ei foddhau ...' (8:5; cymharer 7:3). Ceidw'r amod cryfaf yn olaf. Mae'n cyplysu newid meddwl y brenin wrth ei gariad tuag ati, oherwydd gŵyr nad hawdd fydd ei ddarbwyllo i wneud ei dymuniad. Yn y gobaith y cyflawnir yr amodau, mae'n gofyn iddo anfon gwŷs arall 'i alw'n ôl y llythyrau a ysgrifennodd Haman'. Cymer ofal rhag beio'r brenin, er iddo ef ddweud wrth Haman y cai wneud fel y mynnai. Gan mai Haman ei hun, nid Ahasferus, oedd yn gyfrifol am orchymyn yr hil-laddiad, oni ellid dadlau nad deddf ddigyfnewid oedd y wŷs wreiddiol a seliodd Haman â'r fodrwy frenhinol?

Pan aethai Esther at y brenin yn gynharach, er iddi ei huniaethu ei hun â'i phobl, tynged Iddewon Persia oedd ar ei meddwl (7:3–4). Y tro hwn, mae'n tynnu sylw ati hi ei hun yn unig, nid at ei chenedl. Cymer yn ganiataol y caiff ei harbed rhag y gyflafan. Ond gan na all osgoi bod yn dyst i hil-laddiad ei phobl, mae'n gofyn i Ahasferus ystyried effaith cyflawni'r wŷs arni hi. Argyfwng personol yn cael ei fynegi mewn apêl emosiynol sydd yma: 'Sut y gallaf edrych ar y trybini sy'n dod ar fy mhobl?' (8:6).

Serch hynny, mae ymateb y brenin yn awgrymu ei fod yn dechrau colli amynedd â'i wraig, ac yn awyddus i roi pen ar y mwdwl. Gan iddo ddienyddio Haman a rhoi ei dŷ iddi, pam y mae Esther yn gofyn am fwy? Nid yw ei honiad iddo grogi Haman am 'ymosod ar yr Iddewon' (8:7) yn gwbl wir (gweler 7:8), ond mae'r bygythiad o hil-laddiad wedi peidio. Er ei fod yn awyddus i gytuno â chais Esther, ni fedr Ahasferus wneud hynny am fod y wŷs gyntaf, yn ei dyb ef, yn ddigyfnewid. Ond os yw Esther a Mordecai am fynd â'r mater ymhellach, mae rhyddid iddynt wneud hynny: 'Ysgrifennwch chwi fel y mynnoch ynglŷn â'r Iddewon yn fy enw i' (8:8). Mae'r 'chwi' yn bwysleisiol yn yr Hebraeg. Yr ystyr yw: 'Rwyf i wedi gwneud fy rhan trwy grogi Haman, a thrwy roi ei eiddo i un ohonoch a dyrchafu'r llall. Os oes gennych *chwi* ffordd allan o'r dryswch, gorffennwch *chwi'r* gwaith'. Nid caniatâd i Esther a Mordecai dynnu'r wŷs wreiddiol yn ôl sydd yma – mae honno'n dal yn ddigyfnewid – ond i'w hanwybyddu. Sut bynnag y gorffennir y gwaith, bydd gorchymyn Haman yn dal mewn grym; ni all hyd yn oed y brenin feddwl am ffordd i'w ddiddymu.

Unwaith eto, mae Ahasferus yn gwrthod bod yn gyfrifol am yr hyn sy'n digwydd yn ei deyrnas ac yn ei enw, fel y gwnaeth yn achos cais Haman (3:10–11). Caiff y frenhines a'r prif weinidog eu hystyried fel tîm sydd â'r hawl i 'selio'r ddogfen â'r sêl frenhinol'. Mae anfon gwŷs i'r deyrnas gyfan yn enw'r brenin yn rhoi grym arbennig i'r ddau Iddew. O'r diwedd, daeth y cyfle i'r Iddewon droi'r fantol yn erbyn eu gelynion.

Datganiad (8:9–17)

Mae iaith ac arddull yr adran hon yn debyg iawn i'r hyn a gafwyd yn 3:12–16. Adnod 9 yw un o adnodau hiraf y Beibl! Dau fis a chwe diwrnod wedi iddo gael ei ddyrchafu, mae Mordecai'n gorchymyn ysgrifenyddion y brenin i anfon gwŷs i bob talaith a chenedl, yn cynnwys yr Iddewon. Mae'r cyfeiriad penodol at yr Iddewon yn cydnabod eu bod yn cael eu cyfrif ymysg y cenhedloedd eraill yn yr ymerodraeth, ac ar yr un raddfa â'r pendefigion.

Ar awdurdod y brenin, caiff y llythyrau eu dwyn trwy'r post brenhinol i bob rhan o'r deyrnas. 'Ynddynt rhoddodd y brenin hawl i'r Iddewon oedd ym mhob dinas i ymgasglu a'u hamddiffyn eu hunain, ac i ddifa, lladd a dinistrio byddin unrhyw genedl neu dalaith a ymosodai arnynt, a'u plant a'u gwragedd, ac ysbeilio'u heiddo' (8:11). Mae'r geiriad yn debyg iawn i wŷs Haman (3:13), ond mae'r ystyr yn amwys. Plant a gwragedd pwy sydd i gael eu lladd? Teuluoedd yr Iddewon, ynteu deuluoedd y fyddin sy'n ymosod arnynt?

Yr anhawster yw na cheir yn yr Hebraeg y rhagenw meddiannol ('eu') o flaen 'plant' a 'gwragedd'. Y cyfieithiad llythrennol o'r gwreiddiol yw, 'i ddifa ... byddin unrhyw genedl neu dalaith a ymosodai arnynt, plant a gwragedd, ac ysbeilio'u heiddo'. Yn ôl rhai esbonwyr, caniatâd sydd yma i'r Iddewon eu hamddiffyn eu hunain trwy ddifa'n ddiarbed, a dinistrio nid yn unig fyddin eu gelynion ond hefyd eu gwragedd a'u plant, a dwyn eu heiddo. Yr adnod hon a ddyfynnir amlaf gan y rhai na welant yn y stori gyfan ddim ond cenedlaetholdeb penboeth a dialgar. Ond dehongliad amgen yw mai ymosodiad gan y gelyn ar deuluoedd ac eiddo'r Iddewon a olygir.

Yn Mordecai, mae gan yr Iddewon amddiffynnydd sydd am eu hachub rhag erledigaeth. Aeth 'allan o ŵydd y brenin mewn gwisg frenhinol o las a gwyn, a chyda choron fawr o aur, a mantell o liain main a phorffor' (8:15). Mae symbolaeth y dillad yn bwysig. Roedd gwyn yn dynodi dyrchafiad. Nid coron y brenin oedd gan Mordecai ar ei ben ond cap, het, neu dyrban tywysogion Persia. Dywed Herodotus fod Xerxes wedi rhoi coron aur ar ben un a'i hachubodd rhag trybini. Roedd defnydd y fantell yn gostus a gwerthfawr. Lliain main a ddefnyddid yn Israel gynnar i orchuddio arch y cyfamod ac i wisgo'r offeiriaid yn y Deml.

A barnu oddi wrth ymateb y brifddinas i Mordecai yn ei wisgoedd rhwysgfawr, gellir cymryd yn ganiataol fod y gorchymyn gwreiddiol i gyflawni hil-laddiad yn cael ei anwybyddu, er nad yw'r wŷs yn dweud hynny. Mae trigolion Susan, cenedl-ddynion yn ogystal ag Iddewon, a oedd yn drist pan glywsant am gynllwyn arfaethedig Haman (3:15), yn awr yn gorfoleddu.

I fynegi teimladau'r Iddewon a disgrifio'r trobwynt yn eu hanes, mae'r awdur yn cyfeirio at y 'goleuni, llawenydd, hapusrwydd ac anrhydedd' a ddaeth i'w rhan. Mae'r rabiniaid yn rhoi ystyr symbolaidd i'r pedwar gair, ac yn gweld ynddynt ffyniant a rhyddid ysbrydol. Trosiad yw *goleuni* sy'n dynodi'r cyfle i ffynnu ac i fyw'n ddi-ofn yn ôl y Gyfraith. Fel y dywed y Salmydd: 'Yr ARGLWYDD yw fy ngoleuni a'm gwaredigaeth, rhag pwy yr ofnaf?' (Sal. 27:1). Rhyddid i barchu'r Saboth fel dydd o orffwys yw'r *llawenydd*. Caniatâd i gadw'r gwyliau Iddewig yn ddirwystr a ddaw â *hapusrwydd*. Yng ngolwg pob Iddew, yr *anrhydedd* pennaf yw derbyn enwaediad fel arwydd o berthyn i genedl etholedig Duw.

O ganlyniad i'r wŷs, mae ofn yr Iddewon yn arwain 'llawer o bobl y wlad' i 'honni mai Iddewon oeddent' (8:17). Cyflawnir yn y Gwasgariad yr addewid a roddodd Duw i'r genedl wrth droed Mynydd Sinai ganrifoedd cyn hynny: 'Byddaf yn anfon fy arswyd o'th flaen, ac yn drysu'r holl bobl y byddi'n dod yn eu herbyn, a gwnaf i'th holl elynion droi'n ôl' (Ex. 23:27). Cadarnheir hefyd addewid Moses cyn i'r Israeliaid groesi'r Iorddonen i Ganaan: 'Ni fydd neb yn medru eich gwrthsefyll; fel yr addawodd ichwi, bydd yr ARGLWYDD eich Duw yn peri i'ch arswyd a'ch dychryn fod dros wyneb yr holl dir a droediwch' (Deut. 11:25). Gan fod y gymuned Iddewig yn sylweddol, ac erbyn hyn wedi ei thrawsnewid i fod â'r grym i gael ei ffordd ei hun dan arweiniad Mordecai, gallai fod yn fygythiad enbyd i bawb arall. Tra bo Esther, ar orchymyn Mordecai, wedi celu ei thras Iddewig er mwyn diogelwch, mae 'llawer o bobl y wlad yn honni mai Iddewon oeddent' am yr un rheswm – 'am fod arnynt ofn yr Iddewon' (8:17).

Ond mae'r cyfieithiad Groeg yn mynd ar drywydd gwahanol trwy ychwanegu bod cenedl-ddynion wedi derbyn enwaediad, sy'n golygu mwy na *dweud* mai Iddewon oeddent. Yn y cyd-destun hwn, ystyr crefyddol sydd i'r ofn, tebyg i'r ofn a ddaeth dros y Canaaneaid a'r Moabiaid pan ymosododd Israel arnynt (gweler Jos. 2:9; Ex. 15:15). 'Parchedig ofn' oedd hwn, ofn yn arwain at dröedigaeth. O safbwynt adroddiad hanesyddol, nid oes modd cadarnhau fod miloedd o baganiaid yn y Dwyrain Canol wedi troi at Iddewiaeth yn ystod y canrifoedd olaf CC. Mae'n anodd credu na fyddai digwyddiad o'r fath wedi cael ei groniclo gan y Persiaid neu'r Groegiaid. Ond o safbwynt nofel, efallai mai dyma ddull yr awdur o bwysleisio rhagoriaeth y grefydd Iddewig.

Ar un olwg, mae'r hanes wedi cyrraedd ei uchafbwynt; a phrin fod angen dweud mwy. Hyn sy'n arwain rhai esbonwyr i dybio fod y stori wreiddiol yn diweddu'n naturiol yn 8:17, ac mai ychwanegiad diweddarach yw dwy bennod olaf y llyfr. Mae newid syfrdanol wedi digwydd yn hanes Iddewon Persia. Daeth un ohonynt yn frenhines ac un arall yn brif weinidog. Arbedwyd y genedl rhag hil-laddiad trwy law anweledig Duw. Nid gorfoledd am fuddugoliaeth yw'r pwnc, ond llawenydd fod breuddwyd Iddewon y Gwasgariad wedi ei gwireddu, sef llonydd i fyw mewn heddwch. Pa well uchafbwynt i stori am ferch fach Iddewig yn dod yn frenhines Persia?

Moesoldeb yn y Gwasgariad

Cyn troi at weddill y llyfr, ystyriwn pa mor egwyddorol oedd y wŷs a anfonwyd yn enw'r brenin gan Mordecai ac Esther. Mae ei hysbryd dialgar wedi arwain at drafodaeth frwd ymysg esbonwyr. Y ddadl o blaid y caniatâd i'r Iddewon ddifa eu gelynion yw mai dilyn cyfraith talu'r pwyth *(lex talionis)* yn Exodus 21:24 a wna Esther a Mordecai: 'Bywyd am fywyd, llygad am lygad, dant am ddant ...'. Pan sefydlwyd y gyfraith hon yn Israel gynnar, y diben oedd cyfyngu ar ddialedd. Nid oedd hawl i ofyn bywyd am lygad; llygad yn unig am lygad a dant yn unig am ddant. Ond nid oedd gelynion Iddewon Persia wedi gwneud dim hyd yma i annog dial. Mae'n amheus, felly, a yw'r *lex talionis* yn berthnasol yn y cyd-destun.

Os na ellir dyfynnu Cyfraith Moses i gyfiawnhau'r lladdfa, a yw hynny'n golygu fod Esther a Mordecai'n ildio i ysbryd dialgar a chreulondeb didostur? Ateb cadarnhaol i'r cwestiwn hwn a arweiniodd rhai esbonwyr i ddadlau na ddylai'r llyfr fod wedi cael lle yn yr Ysgrythur o gwbl. Ond o ddarllen geiriad y wŷs yn ofalus (8:11), gellir dadlau nad dyna'r dehongliad cywir. Yn ogystal â'u hamddiffyn eu hunain, rhoddwyd hawl i'r Iddewon ddifa byddin unrhyw genedl a fyddai'n bygwth eu teuluoedd a'u heiddo. Hynny yw, difa *milwyr* y gelyn yn unig. Ymgais sydd yma i gyfyngu ar y lladdfa, nid rhoi caniatâd i ddifa pawb yn ddiwahân.

❖ Cwestiynau i'w trafod

1. A ddylai Esther fod wedi gwrando ar apêl Haman?

2. Rhoddwyd caniatâd i'r Iddewon ddifa, lladd, a dinistrio'u gelynion. A oes amgylchiadau mewn bywyd pan fo'r diben yn cyfiawnhau'r dull?

7. Sefydlu Gŵyl Pwrim
Esther 9:1 – 10:3

Mae natur y llyfr yn newid yn yr adran hon. O fod yn stori gyffrous, llawn drama a thensiwn, mae'r pwyslais yma ar gyfreithloni cadw gŵyl. Bwriad yr awdur yw sicrhau lle yn y calendr i Ŵyl Pwrim. Wedi disgrifio'r cefndir hanesyddol, mae'n dangos trwy ba awdurdod y daeth yr wyl yn ddathliad blynyddol ymhlith yr Iddewon, ac yn rhoi'r cyfarwyddyd angenrheidiol ar gyfer ei dathlu. Hyd yma, rhan fechan a fu yn y stori i'r coelbren *(pŵr)* a fwriodd Haman (3:7), ond daw i amlygrwydd yn awr. Arweiniodd yr arddull a'r cynnwys rai esbonwyr i'r casgliad mai ychwanegiad diweddarach i'r stori wreiddiol yw'r adran hon.

Buddugoliaeth yr Iddewon (9:1–10)

Cymerir yn ganiataol fod y ddau ddatganiad a wnaeth y brenin ynglŷn â'r Iddewon yn ddigyfnewid, ac felly'n weithredol. Ond mae'r naill yn gwrthddweud y llall. Y cyntaf oedd y gorchymyn i'w difa (3:13), a'r ail oedd y caniatâd iddynt eu hamddiffyn eu hunain trwy ymosod ar eu gelynion (8:11). Yr ail, yr unig un a fyddai o bwys i Iddewon ganrifoedd yn ddiweddarach, a gaiff sylw'r awdur. Er i naw mis fynd heibio er pan wnaed yr ail ddatganiad (8:9), ni wyddom beth a ddigwyddodd yn y cyfamser.

Ond ar y trydydd dydd ar ddeg o fis Adar, dyddiad anlwcus i'r Persiaid, 'Trowyd y diwrnod, y gobeithiai gelynion yr Iddewon eu trechu arno, yn ddiwrnod i'r Iddewon drechu eu caseion' (9:1). Daeth y dydd hir ddisgwyliedig a chaiff yr Iddewon, fel y gwelwn, fuddugoliaeth ysgubol. Ond mae modd goddefol ac amhersonol y ferf ('trowyd') yn awgrymu nad dynol ond dwyfol yw tarddiad y cyd-ddigwyddiadau sy'n gyfrifol am y newid i dynged yr Iddewon: mae'n bosibl mai un o ffyrdd yr awdur o gyfeirio'n anuniongyrchol at Dduw yw'r sylw hwn. Mewn byd y mae Duw Israel fel pe bai'n absennol ohono, mae'n gwarchod ei bobl trwy sicrhau buddugoliaeth (gweler hefyd 9:22).

Gyda chymorth y tywysogion a'r pendefigion a ymunodd â hwy am fod arnynt ofn Mordecai, mae Iddewon y deyrnas gyfan yn ymosod ar eu gelynion ac yn eu difa. Mae'n bosibl mai bwriad yr awdur, wrth gyfeirio at y rhai a fwriadai niwed i'r Iddewon, oedd dangos fod llythyr Haman (3:13) wedi cynnau fflamau gwrth-Iddewiaeth ledled yr ymerodraeth. Er bod Haman wedi ei ddienyddio, awgrymir fod cryn gasineb at Iddewon ym mhob rhan o'r ymerodraeth. Ond mae'n anodd cysoni ymateb gelyniaethus y werin â'r cyfeiriad yn 8:15 fod 'dinas Susan yn orfoleddus' pan gafodd Mordecai ei anrhydeddu gan y brenin. Ni sonnir am Iddewon yn cael eu lladd; ond yn Susan yn unig lladdwyd pum cant o genedl-ddynion, yn cynnwys deg mab Haman (9:6–10). Er bod yn y wŷs ganiatâd (o leiaf yn ôl un dehongliad ohoni) i'r Iddewon ysbeilio eiddo'u gelynion, nid ydynt yn cyffwrdd â'r ysbail. Ymddengys fod hyn o bwys i'r awdur gan iddo ei grybwyll ddwywaith yn rhagor (9:15–16). Ei fwriad yw dangos mor anrhydeddus oedd yr Iddewon mewn buddugoliaeth: eu hamcan oedd brwydro am eu heinioes yn hytrach nag elwa'n faterol.

Ymateb negyddol a gafwyd gan amryw o esbonwyr Cristnogol i oruchafiaeth mor syfrdanol. Dadleuant nad eu hamddiffyn eu hunain a wna'r Iddewon, ond ymosod yn fwriadol ar eu caseion. Wrth gyflawni lladdfa mor erchyll ar filoedd o bobl ddiamddiffyn, nid yw'r Iddewon yn wahanol i'r Cenedl-ddynion; maent yr un mor rhyfelgar a didrugaredd â'u cymdogion. Y cwbl a wna Mordecai ac Esther yw troi cynllun Haman o chwith. Ond rhaid cadw argyfwng yr Iddewon mewn cof wrth ddarllen am y lladdfa. Roedd rhaid iddynt eu hamddiffyn eu hunain rhag gelyn a weithredai yn ôl gwŷs ddigyfnewid y brenin. Roedd gorchymyn wedi ei roi i'r deyrnas gyfan gyflawni hil-laddiad ar genedl a oedd yn bygwth ei sefydlogrwydd trwy 'ei chadw ei hun ar wahân', byw yn ôl cyfreithiau gwahanol 'i rai pawb arall', a gwrthod 'cadw cyfreithiau'r brenin' (3:8). Pa ddewis oedd gan yr Iddewon ond 'ymosod ar y rhai oedd yn ceisio'u niweidio'? (9:2).

Cais arall Esther (9:11–19)

Wrth synnu at y nifer a laddwyd mewn un diwrnod yn Susan, a dyfalu beth a ddigwyddodd yng ngweddill y taleithiau, mae'r brenin fel pe bai'n ymfalchïo yn llwyddiant yr Iddewon (9:12). Unwaith eto, mae'r stori am i ni gredu, yn groes i bob rheswm, na laddwyd yr un Iddew. Efallai fod yr awdur yn awyddus i gelu unrhyw wybodaeth a fyddai'n tarfu ar ddathliadau Pwrim. Ond gan i'r dydd a benodwyd ar gyfer y lladdfa fynd heibio, â'r Iddewon wedi bod yn fuddugol, pam fod Ahasferus yn gwahodd Esther i fynegi dymuniad arall, ac yn addo y caiff beth bynnag a fyn? A'r tro hwn, yn wahanol i'r hyn a wnaeth yn flaenorol (5:3,6; 7:12) nid yw hyd yn oed yn cyfyngu ar ei ddatganiad trwy ychwanegu 'hyd hanner fy nheyrnas', nac yn gosod unrhyw amod. Mae'n amlwg ei fod erbyn hyn yn llwyr dan ddylanwad ei wraig.

Mae addewid mor benagored yn rhoi i Esther gyfle annisgwyl i wneud cais arall. Wrth gyfarch Ahasferus y tro hwn, ar wahân i ddweud 'os gwêl y brenin yn dda', mae'n hepgor y rhagymadroddi sy'n arferol wrth ofyn am ffafr. Wedi clywed am lwyddiant y lladdfa, mae'n gofyn am ddau beth. Yn gyntaf, caniatâd i Iddewon Susan ymosod ar eu gelynion am ddiwrnod arall, er nad yw'n ceisio cyfiawnhau hynny. Yn ail, caniatâd i roi cyrff meibion Haman ar yr un crocbren â'u tad. Byddai gwneud sioe gyhoeddus o'r gelyn yn rhybudd gweladwy i unrhyw un beidio â cham-drin yr Iddewon. Cafodd ei dymuniad. Gyda chydsyniad Ahasferus, lladdwyd tri chant ychwanegol o drigolion Susan a chrogwyd meibion Haman. Er i'r ysbail aros heb ei gyffwrdd, neges y lladdfa i'r ymerodraeth gyfan oedd na fyddai'r llys brenhinol yn barod i oddef erlid yr Iddewon.

Mae cymeriad Esther yn newid yn y bennod hon. Nid merch ifanc sy'n gorfod dibynnu ar ddangos gwyleidd-dra a pharch ym mhresenoldeb y brenin er mwyn cael ei dymuniad yw hi bellach. Mae'n defnyddio'i hawdurdod; a daw ei hagwedd ymwthgar, hyderus i'r golwg wrth iddi fynegi ei dymuniad yn blwmp ac yn blaen. Er bod yr Iddewon wedi cael buddugoliaeth ysgubol, mae'n awyddus i barhau'r lladdfa am ddiwrnod arall. Mae ei chreulondeb dideimlad yn creu anesmwythyd i esbonwyr. Caiff ei chyhuddo gan Iddewon a Christnogion o ddangos ysbryd mileinig a dialgar. Ond nid yw'r awdur ei hun yn ei chymeradwyo na'i chondemnio.

Erbyn machlud haul ar y trydydd dydd ar ddeg o fis Adar, roedd Iddewon y taleithiau wedi 'lladd saith deg a phump o filoedd o'u caseion' (9:16). Daeth y lladdfa i ben, a gwnaethant y pedwerydd dydd ar ddeg o'r mis yn ddydd 'o wledd a llawenydd'. Ond gan fod Iddewon Susan wedi ymladd am ddau ddiwrnod, y pymthegfed dydd o'r mis oedd y cyfle cyntaf iddynt gadw gŵyl.

Dyma'r eglurhad pam fod yr ŵyl, yng nghyfnod yr awdur, yn cael ei dathlu ar wahanol ddyddiau gan Iddewon y wlad ac Iddewon y brifddinas. Ac yn y calendr Iddewig hyd heddiw, gelwir pymthegfed dydd mis Adar yn 'Pwrim Susan'.

Dathlu Pwrim (9:20–28)

'Rhoddodd Mordecai y pethau hyn ar gof a chadw' (9:20). At beth y mae'r 'pethau hyn' yn cyfeirio? Un posibilrwydd yw'r stori gyfan hyd yma. Er mwyn cyfiawnhau dathlu Pwrim yn flynyddol o hynny ymlaen, rhaid i Iddewon pob cyfnod wybod beth a ddigwyddodd: y bygythiad o hil-laddiad yn ogystal â'r fuddugoliaeth ysgubol a'r llonydd a gafodd yr Iddewon. Rhaid cyfuno gofid a gŵyl. Ond posibilrwydd arall, a mwy tebygol, yw mai cyfeiriad ydyw at gynnwys y llythyrau a anfonir at Iddewon pob talaith. Er mwyn sicrhau fod yr ŵyl yn cael lle yn y calendr, gwneir cofnod swyddogol o'r gorchymyn i'w chadw ar y 'pedwerydd ar ddeg a'r pymthegfed o fis Adar' (9:21). Neilltuwyd dau ddiwrnod i'r dathliad am fod Iddewon y taleithiau wedi trechu eu gelynion ddiwrnod yn gynharach nag Iddewon Susan. Ond ar waethaf y pwyslais ar ddifa'r gelyn, nid coffáu'r fuddugoliaeth filwrol a wna'r ŵyl ar y trydydd ar ddeg a'r pedwerydd ar ddeg o fis Adar, ond yn hytrach yr hawddfyd a ddaw i'r Iddewon yn ei sgil.

Mae ymateb unfrydol yr Iddewon i orchymyn Mordecai'n golygu mai dyfarniad cymunedol sydd y tu cefn i sefydlu Gŵyl Pwrim. Serch hynny, nid yw llaw'r golygydd yn amlwg iawn yma. Cytunodd pawb ar ddau beth: cadw'r ŵyl ar un diwrnod, sef y pedwerydd ar ddeg yn y wlad a'r pymthegfed yn y ddinas (8:19), 'fel yr oeddent wedi dechrau', ond hefyd ei dathlu am ddau ddiwrnod 'yn ôl yr hyn a ysgrifennodd Mordecai atynt' (9:23).

O safbwynt y darllenydd, nid oes angen y talfyriad o'r stori a geir yn adnodau 24, 25 a hanner cyntaf adnod 26, sy'n esbonio pam y dylid cadw'r ŵyl: mae'r stori'n wybyddus. Sylwadau personol yr awdur sydd yma; a'i fwriad wrth ailadrodd yr hanes yw mawrygu Mordecai am ei arweiniad yn yr argyfwng, a dangos y cysylltiad rhwng Pwrim a'r coelbren a fwriodd Haman i sicrhau diwrnod ffafriol ar gyfer yr hil-laddiad.

Os mai cyfaddawd er mwyn cadw pawb yn hapus oedd pennu dau ddiwrnod i'r ŵyl, bu'n llwyddiant. Cafodd y llythyr gefnogaeth barod holl Iddewon y deyrnas, yn ogystal â 'phawb oedd wedi ymuno â hwy' (9:27). Ai cyfeiriad yw hwn at y cenedl-ddynion oedd 'yn honni mai Iddewon oeddent, am fod arnynt ofn yr Iddewon' (8:17)? Os felly, gellir cyfiawnhau'r ddamcaniaeth iddynt wneud mwy na dweud eu bod yn Iddewon; roeddent wedi troi oddi wrth baganiaeth a derbyn enwaediad.

Llythyr Esther (9:29–32)

Yma, mae'r testun yn awgrymu bodolaeth disgrifiad amgen o sefydlu Pwrim. 'Ysgrifennodd y Frenhines Esther, ferch Abihail, a Mordecai'r Iddew, ag awdurdod llawn i gadarnhau'r ail lythyr hwn ynglŷn â Pwrim' (9:29). Wrth enwi ei thad, mae'r awdur yn cysylltu Esther â'i thras er mwyn atgoffa'r darllenydd nad yw wedi cefnu ar ei gwreiddiau Iddewig, er ei bod yn frenhines cenedl baganaidd. Hi yw un o'r ychydig enghreifftiau yn y Beibl o ferch yn flaenllaw mewn materion gwladol.

Ystyrir yr adran hon gan esbonwyr yr un mwyaf dyrys yn y llyfr cyfan; dim ond trwy ddamcaniaethu a diwygio'r testun Hebraeg y gellir gwneud synnwyr ohoni. Mae rhai o'r farn, oherwydd ystyriaethau gramadegol, ei bod yn annhebygol bod Esther a Mordecai wedi cyfansoddi'r ail lythyr ar y cyd. Fel rheol yn Hebraeg, pan fo gwryw a benyw yn gwneud rhywbeth ar y cyd, defnyddir ffurf wrywaidd y ferf i ddisgrifio'r weithred. Ond yma, mae'r ferf ('ysgrifennodd') yn y ffurf *fenywaidd*, sy'n awgrymu mai gwaith Esther yn unig oedd yr ail lythyr, ac mai ychwanegiad diweddarach oedd enwi Mordecai hefyd fel awdur.

Am fod y testun mor amwys, mae'r cyfieithiad Groeg yn hepgor unrhyw gyfeiriad at ail lythyr. Dywed yn unig fod Esther a Mordecai wedi gwneud cofnod o'r cwbl a wnaethant i sefydlu Pwrim. A bod yn fanwl, yr ail lythyr a ysgrifennwyd ynghylch yr ŵyl yw'r un sydd ar fin cael ei anfon ac a ddisgrifir yn adnodau 30 a 31. Felly, mae'r cyfeiriad at 'yr ail lythyr hwn' yn ddirgelwch. A yw'r ddau'n anfon trydydd llythyr gyda'r bwriad o gadarnhau dau a anfonwyd yn flaenorol? A ddylid dileu enw Mordecai o'r testun gwreiddiol, fel yr awgrymwyd eisoes, a chymryd mai dim ond Esther a ysgrifennodd yr ail lythyr er mwyn rhoi awdurdod brenhinol i'r cyntaf, fel yr awgryma adnod 32: 'Cadarnhaodd gorchymyn Esther y rheolau hyn'? Ynteu a ysgrifennodd Esther *at* Mordecai yn awdurdodi ail lythyr? Beth bynnag fo'r esboniad, yr awgrym yn yr Hebraeg gwreiddiol yw na chafodd y llythyr cyntaf, yr un a anfonodd Mordecai ei hun (9:20), yr effaith disgwyliedig.

Rhaid i'r ŵyl gynnwys 'amserau ympryd a galar' (9:31). Nid yw'r cymal hwn chwaith yn y cyfieithiad Groeg, sy'n awgrymu iddo gael ei gynnwys yn y testun Hebraeg mewn cyfnod diweddarach. Bwriad ychwanegu ympryd at y dathliadau oedd cofio ympryd Esther (4:16), a gosod y llawenydd a'r rhialtwch yn eu cyd-destun priodol trwy atgoffa'r Iddew mai tarddiad Pwrim oedd y gyflafan a gynllwynodd Haman. Gair Esther sy'n sefydlu'r ŵyl yn derfynol. Er na wyddom ble y gwnaed cofnod o'i gorchymyn, mae'r ffaith iddo gael ei roi 'ar gof a chadw' yn sicrhau ei fodolaeth ac yn rhoi awdurdod iddo.

Bwriad y llythyrau y cyfeirir atynt yn 9:20-32 oedd sicrhau bod Gŵyl Pwrim yn cael y lle priodol yn y calendr Iddewig. Er mai gŵyl ar gyfer Iddewon Susan a'r pentrefi cyfagos oedd hi'n wreiddiol, anfonwyd y llythyrau at yr holl Iddewon yn holl daleithiau a dinasoedd y deyrnas er mwyn eu cymell i'w chadw (9:20). Caiff gŵyl leol statws byd-eang. Rhaid i'r dathliad fod yn rhan o fywyd crefyddol y genedl trwy'r canrifoedd 'ym mhob cenhedlaeth, teulu, talaith a dinas' (9:28), er mwyn sicrhau na fydd 'dyddiau Pwrim' yn cael eu hanwybyddu, ac na fydd y plant byth yn eu hanghofio. Rhaid atgoffa pob cenhedlaeth o brofiad Iddewon Persia mewn argyfwng er mwyn iddynt sylweddoli, pan ddaw dyddiau dwys, y gall Duw eu hachub hwythau'r un modd. Rhag bod unrhyw amheuaeth ynglŷn â phwysigrwydd Pwrim, gwneir cofnod o'r dyddiad a'r defodau (9:20, 26, 29, 32).

Gan fod y cyfarwyddiadau ar gyfer yr ŵyl, a'r eglurhad o'i henw, yn amharu ar rediad naturiol y stori, mae rhai esbonwyr o'r farn mai ychwanegiad i'r testun gwreiddiol yw'r adran gyfan (9:20–32). Ond gellir dadlau fod yr awdur yn rhoi'r fath bwyslais ar gyfreithloni'r ŵyl er mwyn sicrhau lle swyddogol iddi o fewn Iddewiaeth am nad oes gyfeiriad ati yn y Tora. Ymgais oedd yr adran hon o bosibl i fodloni'r Iddewon hynny a wrthodai gadw gŵyl nad oedd wedi ei gorchymyn gan Dduw yng Nghyfraith Moses. Y ffaith fod Llyfr Esther yn cyfiawnhau ac yn gorchymyn cadw Gŵyl Pwrim sy'n peri i Maimonides osod y llyfr yn ail mewn pwysigrwydd i'r Tora.

Mawrygu Mordecai (10:1–3)

Enillodd yr Iddewon fuddugoliaeth, a chafodd Pwrim le swyddogol yn y calendr. Prin fod angen dweud mwy. Gallasai'r stori fod wedi dod i ben yn daclus yn y nawfed bennod gyda gorchymyn Esther i wneud cadw'r ŵyl yn ddyletswydd parhaol i'r Iddewon. Ond nid gydag Esther y mae'r llyfr yn diweddu. Nid oes unrhyw gyfeiriad ati yn y diweddglo. Daeth ei chyfraniad i'r stori i ben wrth iddi gyrraedd pinacl ei grym a'i hawdurdod trwy gefnogi arweiniad Mordecai i sefydlu Pwrim. Dyna sy'n arwain rhai esbonwyr i osod 10:1-3 ar wahân i weddill y llyfr, gan ystyried yr adran fel atodiad.

Ond a chymryd fod y ddegfed bennod yn rhan o'r llyfr gwreiddiol, yr hyn a gaiff sylw'r awdur ynddi yw dau gymeriad gwrthgyferbyniol. Ar y naill law, brenin paganaidd sy'n rhoi baich ar ei ddeiliaid, ac ar y llaw arall brif weinidog Iddewig a ddaw â bendith i'w bobl. Daw'r llyfr i'w derfyn, fel y dechreuodd, trwy ddisgrifio grym a golud Ahasferus. Gosododd y brenin 'dreth ar yr ymerodraeth ac ar ynysoedd y môr' (10:1).

Gan nad yw perthnasedd y cyfeiriad at y dreth i thema ganolog y llyfr yn amlwg, ceir amryw o ddamcaniaethau ynglŷn ag amcan yr awdur. Un ddamcaniaeth yw mai'r bwriad yw pwysleisio pa mor *ffyniannus* oedd y brenin, a pha mor eang ei ymerodraeth; a chymryd bod 'ynysoedd y môr' yn golygu arfordir gwlad Groeg ac Asia Leiaf. Ond mae hynny eisoes wedi ei wneud ar ddechrau'r llyfr. Damcaniaeth arall yw bod tynnu sylw at y dreth yn dangos mor *llawdrwm* oedd Ahasferus ar ei ddeiliaid. Prin fod angen pwysleisio hynny. Awgrym pellach, a mwy boddhaol, yw mai ymgais sydd yma i ddangos fod gan unrhyw deyrn fwy i'w *ennill* trwy osod treth deg ar ei ymerodraeth na thrwy ddifa'r Iddewon ac ysbeilio'u heiddo. Os felly, y diben yw profi fod y sawl sy'n trin yr Iddewon yn deg a chyfiawn yn elwa. Mae'r ddadl hon yn berthnasol iawn i fywyd Iddewig yr Oesoedd Canol. Pan oedd Iddewon Ewrop yn ffynnu, daethant i'r casgliad ei bod yn fwy buddiol talu treth i dywysog neu frenin am nodded na dibynnu am eu diogelwch ar werin fympwyol a allai fod yn gyfeillgar heddiw ond yn elyniaethus yfory. Byddai hyn yn sicrhau fod y brenin a'r Iddewon ar eu hennill. O bosibl mai'r dehongliad hwn – sy'n gwarchod buddiannau'r Iddewon – yw un rheswm pam y dangosai esbonwyr Iddewig yr Oesoedd Canol gymaint o ddiddordeb yn Llyfr Esther.

Mordecai gaiff yr holl sylw yn yr adnodau olaf. Ar ddechrau'r stori, mae hwn yn gymeriad digon distadl, ond ar ddiwedd y stori daw'n rhan o hanes Persia. Trwy ofyn cwestiwn rhethregol, sy'n cyfeirio at ei orchestion a groniclir yn y cofnodion brenhinol, mae'r awdur yn tynnu sylw at ei bwysigrwydd a'i bersonoliaeth. Caiff gymeradwyaeth nid yn unig am yr hyn a wnaeth unwaith, ond am yr hyn y parhaodd i'w wneud 'i hyrwyddo ffyniant ei holl genedl' (10:3). Ond sylwch mai 'gan lawer iawn o'i frodyr', hynny yw gan y mwyafrif ond nid gan bawb, y mae'n gymeradwy. Amwys yw agwedd ei gyd-Iddewon, ac felly agwedd yr awdur, tuag ato.

Ond beth bynnag fo'u hagwedd, gall Iddewon Persia deimlo'n ddiogel, fel y gwnaeth eu cyndadau yn yr Aifft yng nghyfnod Joseff, am mai un ohonynt hwy yw prif swyddog yr ymerodraeth. Am fod gan Iddew rym a dylanwad yn y llys brenhinol, mae ganddynt le i obeithio mai nodweddion bywyd yn y Gwasgariad o hyn ymlaen fydd barn, cyfiawnder a goddefgarwch, er bod brenin anwadal a chreulon yn dal i deyrnasu.

Os yw'r tair adnod olaf yn rhan o'r ychwanegiad i'r stori wreiddiol, tybed a ydynt yn adlewyrchu agwedd golygydd diweddarach, a deimlai nad oedd Mordecai'n cael y parch dyledus yn y traddodiad Iddewig. Haedda mwy o gydnabyddiaeth am ei wrhydri a'i ymdrechion i achub ei bobl gan fod cadw'r cof yn fyw am amddiffynnydd grymus o'r pwys mwyaf i leiafrifoedd sy'n byw dan anfantais a gorthrwm.

Yr agwedd hon sy'n apelio at rai esbonwyr cyfoes. Yn eu barn hwy, Mordecai yw prif gymeriad y stori, nid Esther. Nid yw hanes swyddogol y deyrnas yn dweud dim am gyfraniad Esther. Onid Mordecai yn unig a enwir yn y cofnod a wnaed o'r hanes 'yn llyfr cronicl brenhinoedd Media a Persia'? I gryfhau'r ddadl, dyfynnir 2 Macabeaid 15:36 (testun sy'n tarddu o'r ail ganrif CC) lle gelwir Pwrim, 'Gŵyl Mordecai'.

Mae'r sylw a roddir i Mordecai yn y stori wedi esgor ar y ddamcaniaeth mai 'Llyfr Mordecai' ddylai teitl y llyfr fod; dim ond dilyn cyfarwyddyd ei chefnder hirben a wna Esther. Ond gellir dadlau i'r gwrthwyneb. Esther ei hun sy'n galw am ympryd; hi sy'n fodlon peryglu ei bywyd trwy fynd at y brenin heb wahoddiad; hi sy'n gosod y trap i ddal Haman. Y lleiaf y gellir ei wneud yw cydnabod fod y stori'n portreadu dau gymeriad cyfartal. Mae rhoi ei lle priodol i Esther, ac enwi'r llyfr ar ei hôl, yn cynnig dehongliad o'r stori sy'n herio gogwydd patriarchaidd y traddodiad Iddewig a'r traddodiad Cristnogol.

❖ Cwestiynau i'w trafod

1. Sut ellir cadw traddodiadau crefyddol yn fyw mewn cyfnod o drai ar grefydd?

2. Cyfrifir Esther a Mordecai ymhlith gwroniaid y genedl Iddewig. Ym mha ffyrdd y maent yn esiampl i'r Cristion?

8. Cadw Gŵyl Pwrim

Gan fod y cysylltiad rhwng gorchest Mordecai ac Esther a Gŵyl Pwrim yn amlwg, purion yw talu sylw i'r ŵyl ei hun. Rhoddwn ystyriaeth i'w harwyddocâd i'r Iddewon, a'r modd y datblygodd y dathliad ohoni dros y canrifoedd, cyn symud ymlaen i ymdrin â phynciau cyffredinol sy'n berthnasol i'n dealltwriaeth o'r llyfr cyfan. Sylwn yn eu tro ar darddiad, defodau, dyddiad a diben Pwrim.

Tarddiad

Fel yn achos gwyliau Cristnogol, mae diben deublyg i bob gŵyl Iddewig: coffáu digwyddiad a ddisgrifir yn y Beibl, a datgan gwirionedd diwinyddol sydd o bwys i gredinwyr. Y digwyddiad yw sail y ddefod a'r ddiwinyddiaeth; dyna pam y mae'r Tora'n gymysgedd o stori a chyfraith. Yn wreiddiol, gwyliau Canaaneaidd oedd tair gŵyl fawr Israel gynnar: Gŵyl y Pasg-Bara Croyw, Gŵyl yr Wythnosau a Gŵyl y Pebyll. Gŵyl crwydriaid neu fugeiliaid a gedwid cyn symud i borfa newydd wedi llymder y gaeaf oedd y Pasg. Dathliad cymdeithas amaethyddol, sefydlog ar ddechrau blwyddyn newydd yn y gwanwyn, â'r haidd yn barod i'w fedi, oedd Bara Croyw. Defod i gau'r cyfnod cynhaeaf, saith wythnos wedi'r Pasg, oedd Gŵyl yr Wythnosau (Pentecost yn y calendr Cristnogol). Dathlu diwedd y cynhaeaf olewydd a grawnwin oedd Gŵyl y Pebyll yn yr hydref.

Wedi ymsefydlu yng Nghanaan, mabwysiadodd yr Israeliaid y gwyliau lleol gan roi ystyr diwinyddol iddynt trwy eu cysylltu â digwyddiadau arbennig yn hanes y genedl. Eu harwyddocâd crefyddol sy'n eu gwneud yn berthnasol i gredinwyr ym mhob cenhedlaeth. Coffáu'r waredigaeth wyrthiol o gaethiwed yr Aifft a wna'r cyfuniad o wyliau'r Pasg a Bara Croyw. Gofynion y cyfamod a wnaed rhwng Duw ac Israel ar Fynydd Sinai yw sail Gŵyl yr Wythnosau. A chofio taith yr anialwch, lle profodd y genedl bresenoldeb a gofal cyson Duw, a wna Gŵyl y Pebyll.

Mae'r arfer hwn o impio ystyr athrawiaethol ar wyliau paganaidd yn digwydd mewn Cristnogaeth hefyd. Dim ond yn y bedwaredd ganrif y penderfynwyd dathlu genedigaeth Iesu ar Ragfyr 25, dyddiad sy'n cyd-fynd â Gŵyl Sadwrn y Rhufeiniaid *(Saturnalia)*, gŵyl saith niwrnod yn dechrau ar Ragfyr 17. Cefndir cyn-gristnogol hefyd sydd i Ŵyl yr Ystwyll. Er mwyn coffáu ymweliad y seryddion â Bethlehem, mabwysiadodd yr Eglwys Ŵyl y Brenhinoedd, a gedwid ar Ionawr 6 yn y calendr paganaidd, a'i haddasu i'w dibenion ei hun. Yn ôl yr hen hanesydd Beda, enw duwies y gwanwyn ymysg y Teutoniaid oedd Ostara; tarddiad y gair Saesneg 'Easter'. Efallai mai'r parodrwydd i fabwysiadu syniadau a sefydliadau'r diwylliant paganaidd o'u cwmpas, a'u hail-lunio i gydymffurfio â'u daliadau crefyddol yn hytrach na'u hanwybyddu, sydd i raddau'n gyfrifol am ffyniant Iddewiaeth a Christnogaeth.

Mae'r un peth yn wir am Ŵyl Pwrim â'r gwyliau eraill yn y calendr Iddewig. Cefndir hanesyddol hon yw buddugoliaeth Iddewon y Gwasgariad dros eu caseion, a'r llonydd a gawsant yn ei sgîl. Llythyrau Mordecai ac Esther (Esth. 9:2–32) sy'n gorchymyn ei chadw, ond yr hanes ei hun yw'r sail Feiblaidd iddi.

Mae'r enw 'coelbrennau' wedi creu anhawster. Fel y dywedwyd eisoes, ffurf luosog *pŵr*, 'coelbren', yw *pŵrîm*. Bwriodd Haman goelbren (yn yr unigol) i wybod pa ddyddiad a fyddai'n fwyaf manteisiol iddo ddechrau hil-laddiad yr Iddewon (3:7). Pam, felly, defnyddio'r lluosog i enwi'r ŵyl? O bosibl am ei bod yn para dros ddau ddiwrnod. Ond unigol neu luosog, mae'n anodd gweld perthnasedd bwrw'r coelbren i'r stori gyfan (9:24). Pynciau llywodraethol y llyfr yw'r erlid arfaethedig ar raddfa genedlaethol, gyda chefnogaeth y brenin, sy'n aros yr Iddewon, a'r achubiaeth a ddaeth trwy gyfrwystra dynol a chymorth dwyfol. O'i gymharu â'r ddwy brif thema hyn, prin fod dull Haman o bennu dyddiad ffafriol a phenodol yn bwnc o bwys.

Mae hyn wedi arwain ysgolheigion i geisio olrhain tarddiad tebygol yr ŵyl, ond heb lawer o lwyddiant: *'It was a popular feast of suspect origin'*, yw casgliad un esboniwr. Awgrym a gafodd gefnogaeth sylweddol yw mai gŵyl blwyddyn newydd y Persiaid oedd hi'n wreiddiol. Ar ddechrau pob blwyddyn, arferid bwrw coelbren i wybod beth oedd i'w ddisgwyl dros y misoedd i ddod. Mae'r ffaith fod yr awdur yn teimlo'r angen i esbonio ystyr y gair *pŵr* ddwywaith yn y llyfr yn awgrymu mai tarddiad estron sydd i'r dathliad (3:7; 9:24). Mae'n bosibl fod Iddewon Persia wedi dioddef erledigaeth yn ystod yr ŵyl ar un cyfnod, ac yna ei mabwysiadu i ddathlu achubiaeth rhag trychineb. Os felly, defnyddir Llyfr Esther, sydd i bob golwg yn seciwlar, i gyfiawnhau cynnwys yr ŵyl yn y calendr Iddewig. Daw'r ddefod o ddarllen Y Sgrôl yn y synagog â'r stori o fewn terfynau'r grefydd.

Defodau

Fel yn achos pob gŵyl arall, mae amryw o ddefodau a seremonïau llawn symbolaeth yn perthyn i Pwrim. Y mae i'r weithred o *gofio* le arbennig. Gelwir y Saboth cyn yr ŵyl yn 'Saboth y Coffa'. Yn ychwanegol at y rhan o'r Tora a bennwyd yn y llithiadur ar gyfer y dydd, darllenir Deuteronomium 25:17-19, sy'n condemnio llwyth Amalec am fod mor greulon wrth yr Israeliaid ar y ffordd i Ganaan, ac yn cynnwys gorchymyn i'w ddifodi: 'Cofia'r hyn a wnaeth Amalec iti ar dy ffordd allan o'r Aifft; heb ofni Duw, daeth allan ac ymosod o'r tu cefn ar bawb oedd yn llusgo'n araf ar dy ôl ... Yr wyt i ddileu coffadwriaeth Amalec oddi tan y nef. Paid ag anghofio.' Y rheswm dros y darlleniad, wrth gwrs, yw yr ystyrir Haman, un o ddisgynyddion Agag, brenin yr Amaleciaid, yn ymgorfforiad o'r llwyth.

Fel y gwelsom eisoes, yr oedd yn arferiad gan yr Israeliaid i *ymprydio* mewn argyfwng; ac yn yr Hen Destament cysylltir ympryd bob amser â gweddi. Mae'r diwrnod cyn Pwrim yn ddydd o ympryd, yn unol ag esiampl Esther a'i hapêl i'r gymuned Iddewig i eiriol drosti trwy ymprydio am dridiau (Esth. 4:16; 9:31). Ond bellach aeth y cyfnod o dri diwrnod yn un, sef y trydydd dydd ar ddeg o fis Adar.

Nodwedd bwysicaf y dydd gŵyl ei hun yw gwasanaethau'r *synagog*; y cyntaf gyda'r hwyr a'r ail yn y bore. (Cofier bod y dydd, o fewn Iddewiaeth, yn dechrau gyda'r nos, yn ôl y drefn yn Hanes y Creu ym mhennod gyntaf Genesis: 'A bu hwyr a bu bore y dydd cyntaf ... A bu hwyr a bu bore yr ail ddydd.') Yn ogystal â'r testun yn Deuteronomium, mae'r darlleniad o'r Tora yn cynnwys adnodau eraill sy'n cyfeirio at ymladd yn erbyn Amalec, ac yn diweddu fel hyn: 'Dywedodd yr ARGLWYDD wrth Moses, "Ysgrifenna hyn mewn llyfr yn goffadwriaeth ... sef fy mod am ddileu yn llwyr oddi tan y nefoedd bob atgof am Amalec," Yna adeiladodd Moses allor ... a dweud ...

"Bydd rhyfel rhwng yr ARGLWYDD ac Amalec o genhedlaeth i genhedlaeth'"
(Ex. 17:14–16).

Ond y ddefod ganolog yw darllen 'Y Sgrôl' ddwywaith. Caiff Llyfr Esther
yn ei grynswth ei lafarganu gan y cantor i siant arbennig yn ystod yr hwyrol
weddi ar ddechrau'r ŵyl, ac eilwaith wedyn yn y foreol weddi'r diwrnod
canlynol. Adroddir mewn llais uchel yr adnodau sy'n cyfeirio at achub yr
Iddewon, a'u ffyniant a'u llawenydd (2:5; 8:15–16; 10:3). Bob tro yr yngenir
enw Haman, mae'r oedolion yn bloeddio, curo dwylo a dyrnu traed mewn
protest, a'r plant yn chwifio 'gragger' neu 'clapper' i wneud cymaint o sŵn
â phosibl er mwyn dileu enw'r gelyn. (Mae'r dyddiadurwr enwog Samuel
Pepys yn cofnodi ymweliad a wnaeth ag un o brif synagogau Llundain yn
ystod Pwrim ac yn dweud bod y sŵn yn fyddarol.) Gan ei bod yn ofynnol i
bawb glywed pob gair o'r stori, rhaid i'r darllenydd aros nes cael tawelwch
cyn mynd ymlaen, arferiad sy'n gwneud y broses o ddarllen y llyfr cyfan yn
eithaf maith. Disgwylir i ferched fod yn bresennol. Gŵyl Pwrim yw'r unig
achlysur y cyfrifir merch yn aelod llawn o'r gynulleidfa, sef rhan o'r cworwm
o ddeg sy'n ofynnol i gynnal gwasanaeth, gan Iddewon Uniongred.

Yn dilyn y gwasanaeth boreol, mae pawb yn *gwledda* er mwyn cofio'r wledd
y llwyddodd Esther ynddi i achub ei phobl rhag erledigaeth trwy berswadio'r
brenin i ddial ar Haman (7:1-10). Rhoddir lle amlwg ar y fwydlen i bys a ffa:
ymgais i ddilyn esiampl Daniel a fynnodd fwyta llysiau a gwrthod cael ei halogi
gan gig o gegin y brenin (Dan. 1:12). Ceir hefyd basteiod bach tair congl o'r
enw 'clustiau Haman'. Un gorchymyn anghyffredin ynglŷn â'r wledd yw bod
pawb i feddwi. Diffinnir hyn gan ddweud fod yn rhaid yfed i'r fath raddau fel
na fedr neb ddweud y gwahaniaeth rhwng 'Bendigedig fyddo Mordecai' (nid
Esther, sylwer) a 'Melltigedig fyddo Haman'!

Erbyn yr Oesoedd Canol, elfen bwysig o'r dathliadau oedd y *carnifal* a âi trwy
strydoedd y dref neu'r geto. Mae masg yn rhan bwysig o'r wisg. Arferiad arall
yw bod dynion yn gwisgo fel merched, a merched fel dynion. Ond cododd
hyn gynnen; a bu gwrthwynebiad cryf iddo ar un cyfnod am ei fod yn torri
un o gyfreithiau'r Tora: 'Nid yw gwraig i wisgo dillad dyn, na dyn i wisgo
dillad gwraig; oherwydd y mae pob un sy'n gwneud hyn yn ffiaidd gan yr
ARGLWYDD dy Dduw' (Deut. 22:5).

Mae'n debyg mai dylanwad y Cenhedloedd sydd i'w weld yn y carnifal. Roedd y Rhufeiniad yn hoff iawn ohono; cyfeiriant ato yn eu disgrifiad o'r *Saturnalia.* Ymhlith Cristnogion, daeth Dydd Mawrth Ynyd i fri yn ystod yr Oesoedd Canol diweddar fel cyfle i gael hwyl a bwyta cig cyn dechrau'r Grawys. (Y ddau air Lladin *carnem levare*, bwyta cig, yw gwraidd y gair 'carnifal'.) Mae mis Adar a'r Grawys bron bob amser yn cyd-redeg. Dethlir Pwrim fis a diwrnod cyn y Pasg Iddewig; a dethlir Dydd Mercher Lludw ddeugain niwrnod cyn Pasg y Cristion.

Dyletswydd

Gŵyl o lawenydd a hapusrwydd yw Pwrim, sy'n dathlu'r 'dyddiau pan gafodd yr Iddewon lonydd gan eu gelynion, a'r mis pan drowyd eu tristwch yn llawenydd' (9:22). Ond yn ogystal â'r gwledda a'r gorfoledd, y mae elusengarwch yn elfen greiddiol o'r dathliad. Yn unol â chynnwys llythyr Mordecai, disgwylir i bawb 'anfon anrhegion' nid yn unig i'w gilydd ond hefyd 'i'r tlodion' (9:22). Dyletswydd y gymuned Iddewig yw cofio am y rhai sy'n fyr o'i breintiau. Mae hyn yn adleisio'r gorchymyn a welir droeon yn y Tora i ofalu am y weddw, yr amddifad, y tlawd a'r estron (gweler Lef. 19:9-10, 33-34; Deut. 24:14-18). Gan fod y cyfeiriad at 'anrhegion' yn y lluosog yn llythyr Mordecai, rhaid rhoi arian i o leiaf ddau berson tlawd, heb ystyried a yw'r sawl sy'n gofyn amdano'n ddiffuant ai peidio. Gwneir casgliad arbennig at yr achos yn ystod gwasanaeth hwyrol y synagog.

Hefyd, i gyd-fynd â'r gorchymyn, rhaid i bob anrheg gynnwys dau fath o fwyd sy'n barod i'w bwyta heb angen eu coginio. Rhaid cynnwys bwyd yn yr anrhegion gan mai gorchymyn Mordecai, yn yr Hebraeg gwreiddiol, yw bod pawb i 'anfon rhannau i'w gilydd, a rhoddion i'r tlodion'. Yn ôl y traddodiad rabinaidd, ystyr 'rhannau' yw 'dogn o fwyd'. *'Sending delicacies to one another as well as alms to the poor'*, yw dehongliad un esboniad cyfoes. Cyfieithiad y *GNB* hefyd yw *'giving gifts of food to one another and to the poor'*.

Dyddiad

Yn ôl y traddodiad Iddewig, tarddiad hanesyddol yr ŵyl yw penderfyniad Haman i ladd pob Iddew yn y deyrnas ar y trydydd dydd ar ddeg o fis Adar (Esth. 3:5–7). Ond wedi crogi Haman, try'r bygythiad i'r Iddewon yn oruchafiaeth (9:1). Ar y dydd tyngedfennol, mae Iddewon y taleithiau'n lladd miloedd o'u caseion ac yn dathlu'r fuddugoliaeth y diwrnod canlynol (9:19). Ond caiff Iddewon Susan ganiatâd i barhau'r lladdfa am ddiwrnod arall. Felly, y pymthegfed dydd oedd dyddiad yr ŵyl yn y brifddinas; ond y pedwerydd dydd ar ddeg oedd y dyddiad priodol yn y wlad oddi amgylch, hynny yw, y trefi a'r pentrefi heb furiau.

Er i Mordecai orchymyn cadw'r ŵyl dros ddau ddiwrnod, sef y pedwerydd dydd ar ddeg o fis Adar i'r 'pentrefi yn y wlad' a'r pymthegfed yn Susan (9:17–21), y pedwerydd ar ddeg yw'r diwrnod arferol ymhlith Iddewon y Gwasgariad erbyn heddiw. Ond mae trefn arbennig yng Ngwladwriaeth Israel. Gan fod Jerwsalem, Hebron a Saffed yn cael eu cyfrif yn ddinasoedd caerog, fel Susan yn amser Esther, rhaid i'r trigolion gadw'r ŵyl ar y pymthegfed, fel y gwnaeth Iddewon Susan, tra bo trefi eraill, megis Beerseba a Tel-Afif, trefi heb furiau, yn ei chadw ddiwrnod yn gynharach. Byddai'n bosibl felly i ran helaethaf y boblogaeth gadw Pwrim ddwywaith pe dymunent wneud hynny, ond iddynt fynd i un o'r trefi yn gyntaf ac i ddinas gaerog yn ail.

Diben

Mae'r ffaith fod yr ŵyl yn dilyn y fuddugoliaeth, yn hytrach na choffáu'r diwrnod penodol, yn gwneud Pwrim yn unigryw ymysg y gwyliau. Coffáu'r dydd y daeth Israel allan o'r Aifft, nid y diwrnod canlynol, a wna Gŵyl y Pasg. Mae Chanwca'n dathlu'r seremoni o ail-gyflwyno'r Deml wedi iddi gael ei llygru gan y Groegiaid, nid y diwrnod wedyn. Diben dyddiad anarferol Pwrim yw pwysleisio nad dathlu'r fuddugoliaeth a gafodd yr Iddewon dros eu gelynion a wna'r ŵyl, ond yr heddwch a ddaeth yn ei sgîl (9:22). Mynegi diolch am fywyd digwmwl, yn hytrach na choffáu dial ar elynion trwy ladd miloedd mewn gorchest filwrol, a wneir trwy'r llawenydd sy'n nodwedd mor amlwg ohoni. 'Er mwyn cael llonydd gan eu gelynion' (9:16) yr aeth yr Iddewon i ryfel yn erbyn eu caseion. Y ddelfryd ers cyfnod Llyfr Deuteronomium oedd bod y genedl yn cael llonydd, gorffwysfa, diogelwch (mae'r cyfieithiad o'r un gair Hebraeg yn amrywio) rhag ei gelynion yn y wlad a addawodd Duw iddi (Deut. 3:20; 12:9). Dyna hefyd freuddwyd Iddewon y Gwasgariad.

Gan mai ar arbed ac achub y mae pwyslais Pwrim, caiff yr ŵyl ei defnyddio i gofio unrhyw ddihangfa wyrthiol a gafodd Iddewon o grafangau gormeswyr. Ym 1975, daliwyd nifer o Iddewon, yn cynnwys rabi enwog, gan derfysgwyr Mwslemaidd yn America. Cawsant eu carcharu am ddyddiau mewn cell yn Washington, ond daeth pawb allan yn ddiogel. Bob blwyddyn ers hynny mae'r rabi a'i deulu wedi dathlu dyddiad yr achub trwy gadw Pwrim personol ar eu haelwyd.

Mae'r tri llythyr y cyfeirir atynt yn Esther 9:20–32 wedi sicrhau lle parhaol ac amlwg i Ŵyl Pwrim ym mywyd crefyddol y genedl. Rhag bod unrhyw amheuaeth ynglŷn â'i phwysigrwydd, ac er mwyn sicrhau iddi ei lle priodol yn y calendr, rhoddwyd y dyddiad a'r defodau a'r goblygiadau ar gof a chadw (9:20, 26, 29,32). Anfonwyd y llythyrau at yr holl Iddewon ym mhob talaith a dinas o'r deyrnas, ymhell ac agos, i'w cymell i gadw'r ŵyl. Mae'r gorchymyn yn berthnasol i bob teulu Iddewig ar hyd y cenedlaethau (9:28). Dyma esiampl o ŵyl leol yn cael statws byd-eang.

❖ Cwestiynau i'w trafod

1. Faint o bwyslais y dylai'r Eglwys Gristnogol ei roi ar gadw gwyliau a thymhorau arbennig ar hyd y flwyddyn?

2. Gŵyl genedlaethol yr Iddewon yw Pwrim. Yn y byd sydd ohoni, pa mor bwysig yw cadw gwyliau cenedlaethol?

9. Y Patrwm Llenyddol

Os mai addasiad o ŵyl baganaidd yw Pwrim, beth ddywed hyn am natur y stori sy'n honni esbonio'i tharddiad? I ba gategori llenyddol y perthyn Llyfr Esther? Gan ei bod yn amlwg nad cyfraith na barddoniaeth mohono, mae yna dri dewis: hanes, nofel neu gymysgedd o'r ddau, sef nofel hanesyddol. Rhoddwn sylw i'r tri ohonynt.

Adroddiad hanesyddol

Hyd at ganol y ddeunawfed ganrif, barn gyffredin esbonwyr Beiblaidd oedd mai adroddiad ffeithiol yn disgrifio digwyddiad hanesyddol yw Llyfr Esther. Rhaid cyfaddef fod y stori, a chymryd y prif themâu at ei gilydd, yn gredadwy: eiddigedd a chynllwyn yn y llys brenhinol; rhagfarn oesol yn erbyn yr Iddewon; ymgais i gyflawni hil-laddiad; cymeriadau cyfrwys a dewr yn dod i'r adwy i achub y sefyllfa. Y nodweddion hyn sy'n arwain un ysgolhaig Iddewig i'r farn y gallai'r llyfr fod yn seiliedig ar ddigwyddiad penodol yn hanes Iddewon y Gwasgariad. Dyna farn yr adain geidwadol mewn Iddewiaeth a Christnogaeth hyd heddiw. Yr un yw eu hagwedd at lyfrau eraill megis Daniel, Ruth a Jona. Sylwn ymhellach ar y dadleuon o blaid ystyried stori Esther fel hanes ffeithiol.

Mae dau beth ynglŷn â'r *arddull* yn haeddu sylw. Yn gyntaf, y cyflwyniad: mae'r geiriau agoriadol yn arwyddocaol. 'Digwyddodd y pethau a ganlyn' yw'r fformiwla arferol yn y Beibl i gyflwyno adroddiad ffeithiol, yn union fel mae 'un tro' yn cyflwyno stori dylwyth teg. Agoriad swyddogol a chydnabyddedig yw hwn sy'n awgrymu mai bwriad yr awdur yw croniclo hanes, a'i fod yn disgwyl i'r llyfr gael ei dderbyn felly. Yn ail, gwahoddiad: yn Esther 10:2, mae'r awdur yn gwahodd ei ddarllenwyr i gadarnhau gwirionedd yr hanes drostynt eu hunain trwy ddilyn hynt Mordecai yn archifau brenhinol Persia. Yr awgrym yw bod hon yn ffynhonnell wybyddus a fyddai ar gael i bawb. A'r ddadl felly yw na fyddai neb ond un sy'n eithaf sicr o'i ffeithiau yn meiddio estyn y fath wahoddiad penagored.

Cadarnheir y safbwynt hwn hefyd gan y *manylion hanesyddol* a geir yn y llyfr. Mae enwi'r brenin yn gosod y stori mewn lle a chyfnod arbennig. A chymryd mai Ahasferus oedd Xerxes, y brenin yn y stori oedd un o frenhinoedd enwocaf Persia yn ystod hanner cyntaf y bumed ganrif CC. Mae amryw o sylwadau yn awgrymu fod yr awdur yn hyddysg yn niwylliant Persia, ac ym mywyd bras y llys brenhinol. Er enghraiff, y gwledda mynych; y saith eunuch fel cynghorwyr i'r brenin; crogi fel cosb; arfbais y brenin ar dalcen y ceffylau; post brenhinol hynod effeithiol; cred mewn dyddiau lwcus ac anlwcus; ymerodraeth enfawr yn cynnwys llawer o genhedloedd bychain; parodrwydd brenhinoedd Persia i ddelio'n ddidrugaredd ag unrhyw ymgais i danseilio sefydlogrwydd y deyrnas. Fel y gwelsom wrth esbonio'r testun, mae ffynonellau ar wahân i'r Beibl yn cadarnhau'r darlun hwn. Yr enghraiff orau yw'r hanesydd Herodotus, sy'n cyfeirio'n fynych at greulondeb, cyfoeth a gorchestion milwrol brenin Persia, ac yn disgrifio agweddau ar fywyd beunyddiol yr ymerodraeth.

Arwydd pellach fod y llyfr yn hanes ffeithiol yw bod yr awdur yn hyddysg yn *iaith frodorol* talaith Susan. Gwneir defnydd o ddeg gair Persiaidd, yn lle rhai Hebraeg, am bethau digon cyffredin megis cyfraith, gorchymyn, trysorlys, cotwm. Mae yn y llyfr hefyd dri deg pump o enwau priod Persiaidd.

Dyma'n fras y dystiolaeth a ddefnyddir i gefnogi'r agwedd draddodiadol at stori Esther. Yn ôl un esboniwr ceidwadol, gan fod y llyfr yn croniclo digwyddiadau pendant, yr unig ddisgrifiad derbyniol ohono yw 'hanes ffeithiol'. I Iddew Uniongred, mae'r dyfarniad hwn o bwys gan fod y gorchymyn i gadw Gŵyl Pwrim yn colli ei rym os nad oes sail hanesyddol i'r dathliadau.

Stori ddychmygol

Ym marn llawer o esbonwyr, mae'r ymgais i amddiffyn y gred mai adroddiad ffeithiol yw'r llyfr yn methu pan fernir y cynnwys yn ôl safonau cyffredin astudiaeth hanesyddol. Yn eu tyb hwy, nid yw'r dadleuon uchod yn tystio i ddim mwy na'r ffaith fod yr awdur, un o Iddewon y Gwasgariad, yn gyfarwydd â hanes a diwylliant Persia.

Y cyntaf i wadu mai digwyddiad penodol yw sail y llyfr oedd y diwinydd Lutheraidd Johann Semler, athro ym mhrifysgol Halle yn yr Almaen, a fu farw yn 1791. Ef oedd un o arloeswyr beirniadaeth Feiblaidd yr Hen Destament; ysgolhaig eithaf dylanwadol yn ei ddydd. Yn ystod yr ugeinfed ganrif, derbyniwyd ei ddamcaniaeth mai ffansi yn hytrach na ffaith yw'r stori gan y mwyafrif llethol o ysgolheigion beirniadol, yn Iddewon a Christnogion. Er cydnabod fod yr awdur yn hyddysg ym mywyd llys brenhinol Persia, dadleuir na ellir anwybyddu'r anawsterau sy'n tanseilio gwerth hanesyddol y llyfr o safbwynt beirniadaeth Feiblaidd. Nodwn rai o'r rhesymau dros honni mai stori ddychmygol neu nofel sydd yma.

Mae'r llyfr yn cynnwys *digwyddiadau annhebygol.* Gallant fod yn wir, ond rhaid cydnabod ei bod yn anodd rhoi coel arnynt. Yn ôl y stori, anfonwyd llythyr y brenin yn diswyddo Fasti am ei hanufudd-dod 'i bob talaith yn ei hysgrifen ei hun a phob cenedl yn ei hiaith ei hun' (1:22). Byddai hynny wedi golygu defnyddio llawer iawn o ieithoedd. Fel y dywedwyd eisoes, y dull mwyaf tebygol o gyfathrebu ar draws ymerodraeth mor eang fyddai defnyddio Aramaeg. Hi oedd yr iaith swyddogol a oedd yn uno'r taleithiau ac yn galluogi byd busnes a masnach i weithredu'n effeithiol.

Barn mwyafrif yr esbonwyr hyn yw bod y modd y daeth Esther i'r orsedd yn profi mai stori ddychmygol a geir yma. Mewn gwirionedd, byddai gan ffactorau teuluol a gwleidyddol ran bwysig yn y dewis. Yn ôl Herodotus, Amestris, merch i gadfridog ym myddin Persia, oedd y frenhines yn y cyfnod hwn, a bu Xerxes yn briod â hi am ei oes. Nid yw'r hanesydd yn cyfeirio at Fasti nac Esther, ond dywed ei bod yn ofynnol i'r brenin ddewis gwraig o blith un o deuluoedd boned Persia. Yn ôl cyfraith gwlad, ni fyddai Iddewes wedi bod yn dderbyniol fel brenhines.

Mae geiriad y llythyr hefyd yn codi cwestiwn i'r esbonwyr hyn. Y bwriad oedd sicrhau fod pob dyn yn feistr ar ei dŷ ei hun trwy gadw ei wraig yn ei lle. Ond prin fod angen gorchymyn brenhinol i wneud hynny mewn cymdeithas batriarchaidd. Anhawster pellach yw amseriad gwŷs Haman. Pa synnwyr fyddai gadael i un mis ar ddeg fynd heibio rhwng datgan y bwriad i gyflawni hil-laddiad a gweithredu'r datganiad? Byddai'r bwlch yn rhoi digon o gyfle i'r Iddewon ffoi. Dywedir hefyd fod deddf y Mediaid a'r Persiaid yn 'ddigyfnewid'. Ond pa mor debygol fyddai unrhyw deyrn unben i dderbyn nad oedd ganddo hawl i newid deddfau ei ymerodraeth? Rhaid cyfaddef bod y manylion hyn yn hybu datblygiad y stori trwy ychwanegu at y tensiwn, ond mae'n anodd credu fod iddynt sail hanesyddol.

Gwneir defnydd helaeth o *ormodedd* fel dyfais lenyddol i greu stori afaelgar a smala. Pa mor debygol oedd y brenin o wahodd holl dywysogion a gweinidogion ei deyrnas i wledd a fyddai'n para am chwe mis (1:3-4)? Os oedd pawb o bwys yn Susan, pwy oedd yn gweithredu a chadw trefn ar y taleithiau? Rhoddir sylw i gyfnod maith o baratoi ar gyfer y gwyryfon cyn iddynt gael eu galw i'r llys (2:12). A fyddai angen blwyddyn gyfan i sicrhau bod merched a oedd yn hardd yn barod yn gymeradwy gan y brenin? Prin fod crocbren Haman mor uchel â hanner can cufydd (83 troedfedd), os nad oedd wedi ei godi ar fryn (5:14). Lladdodd yr Iddewon dros 'saith deg a phump o filoedd o'u caseion' mewn un diwrnod, ond heb ddioddef unrhyw golledigion (9:12,16).

Nodwedd arall yw *arddull lenyddol* y llyfr. Gwneir defnydd helaeth o ymgom neu sgwrs rhwng dau o'r cymeriadau. Er mwyn gwneud y stori'n fyw a hoelio sylw'r darllenydd, disgrifir tua chwarter o'r hyn sy'n digwydd ynddi trwy ddeialog: mae Ahasferus yn gofyn llu o gwestiynau sydd o bwys i rediad y stori (1:15; 5:3; 6:6; 7:2; 9:12); a mynegir cais Esther i'r brenin yn hirach bob tro fel y mae'r tensiwn yn cynyddu (5:4,8; 7:3–4; 8:5–6). Gan ei bod yn annhebygol fod yna gofnodwyr swyddogol yn y llys, mae'r sgyrsiau'n awgrymu mai stori ddychmygol sydd yma.

Gwneir gosodiadau sy'n *absennol* o ffynonellau hanesyddol. Nid yw llên baganaidd y cyfnod hyd yn oed yn crybwyll enwau Haman a Mordecai, er eu bod yn brif weinidogion ymerodraeth mor fawr a grymus. Nid oes sôn chwaith am y lladdfa arfaethedig a fu ar y gweill am ymron i flwyddyn ar orchymyn y brenin. Roedd Iddewon Persia'n ddiogel, meddir, am 'na wrthwynebodd neb hwy, oherwydd yr oedd ar yr holl bobl eu hofn' (9:2). Pe bai'r deyrnas gyfan wedi arswydo rhag yr Iddewon, mae'n syndod na fyddai hynny wedi cael ei gofnodi yn yr archifau.

Nid oes unrhyw gyfeiriad yn llên Iddewig cyfnod ychydig yn ddiweddarach at wroldeb a gorchestion Mordecai ac Esther. Oni fyddai eu hysbryd cenedlaethol wedi apelio at awdur llyfrau Esra a Nehemeia? Oni fyddai gwrhydri Mordecai wrth achub ei bobl wedi teilyngu lle ym mawlgan hirfaith Iesu ben Sira sy'n canu clodydd 'gwŷr o fri' yn hanes Israel (Ecclus. 44:1 – 50:21), cân a gyfansoddwyd ar ddechrau'r ail ganrif CC? Mae'r diffyg tystiolaeth i'r prif ddigwyddiadau ac i wrhydri'r cymeriadau mewn ffynonellau sy'n mynd â ni y tu hwnt i'r stori ei hun yn drawiadol.

Damcaniaeth arall yw bod yr awdur wedi cael ei ysbrydoli gan *storïau cyffelyb* a oedd yn adnabyddus iddo. Ceir llawer o storïau tebyg yn yr hen fyd am frenin neu dywysog yn chwilio am wraig yn yr un ffordd. Gwêl rhai ysgolheigion ôl dylanwad llên boblogaidd y byd paganaidd. Awgrymir fod hanes Fasti'n cael ei galw i'r wledd i ddifyrru'r dynion, a'r deuddeg mis o baratoi'r gwyryfon ar gyfer y brenin, yn ddibynnol ar hanesion yr harîm, tebyg i'r rhai a geir yn y casgliad o storïau Arabaidd yn y gyfrol enwog *Mil ac Un o Nosweithiau*. Mae'r cynllwyn i lofruddio Ahasferus yn nodweddiadol o'r hyn a ddigwyddai ym mhob llys brenhinol. Barn un ysgolhaig yw bod Llyfr Esther yn arddangos '*the permanent features of Oriental despotism*'.

Gwêl eraill gefndir tebygol yn y traddodiad Iddewig. Mae cyfraniad y ddau brif gymeriad yn y llyfr yn debyg iawn i rôl gwroniaid eraill yn hanes yr Iddewon. Hebrëwr a ddyrchafwyd gan frenin paganaidd i fod yn ail yn y deyrnas oedd Joseff. Am iddo sicrhau cyflenwad o fwyd mewn cyfnod o newyn trwy ddehongli breuddwydion y brenin, cafodd ei wneud 'yn ben ar holl wlad yr Aifft', a'i arwain mewn gorymdaith yn gwisgo dillad costus a chadwyn aur am ei wddf. Rhoddodd y Pharo ei fodrwy ei hun iddo fel arwydd o awdurdod (Gen. 41-42). Yn rhinwedd ei swydd, achubodd ei deulu rhag marw o newyn trwy ddod â hwy i'r Aifft. Gwêl rhai esbonwyr ôl stori Joseff ar Lyfr Esther 1-8; a dadleuant yr ychwanegwyd y ddwy bennod olaf mewn cyfnod diweddarach er mwyn cysylltu'r stori â Gŵyl Pwrim.

Plentyn heb rieni i ofalu amdano mewn argyfwng oedd Moses. Am fod ei chwaer Miriam yn gwylio'i gawell yn yr hesg y llwyddodd i osgoi'r hil-laddiad a orchmynnodd y brenin. Wedi iddo gael ei fabwysiadu gan ferch Pharo, cafodd ei dderbyn i'r llys brenhinol, ond bu raid iddo gelu ei genedligrwydd. Llofruddiodd Eifftiwr am i hwnnw daro Hebrewr, ac ar alwad Duw aeth at y Pharo i achub ei bobl o gaethiwed. Awgrymir fod yr awdur wedi defnyddio stori Moses fel sylfaen i stori Esther: plentyn diamddiffyn, llys brenin estron, bygythiad i ddyfodol y genedl, apêl i'r brenin, dau arwr (Moses ac Aaron) yn achub y genedl, gorfoledd y caethion, sefydlu gŵyl i goffáu'r digwyddiad (Pasg). Y ddamcaniaeth yw mai cefndir llenyddol Llyfr Esther yw Exodus 1–15. Mae'n debyg fod mynnu bod stori Esther yn dibynnu'n uniongyrchol ar stori'r ymwared o'r Aifft yn mynd yn rhy bell. Ond ni ellir gwadu fod tebygrwydd trawiadol rhwng digwyddiadau a diwinyddiaeth y naill a'r llall.

Nofel hanesyddol

Ganrif yn ôl, 'nofel' neu 'stori ddychmygol' oedd hoff ddisgrifiad ysgolheigion o Lyfr Esther. Erbyn heddiw mae'r mwyafrif yn sefyll yn y tir canol rhwng ffaith a ffansi, ac yn cyfaddawdu trwy ystyried y llyfr fel nofel hanesyddol, sef cyfuniad o hanes a dychymyg. Ond categori amwys yw hwn. Lle dylai'r pwyslais fod? Ar yr enw 'nofel' ynteu'r ansoddair 'hanesyddol'? Os ar yr ansoddair, yr awgrym yw bod i'r llyfr gnewyllyn ffeithiol mewn digwyddiadau penodol. Rhaid cydnabod fod hynny'n bosibl, ond bu darganfod y cnewyllyn y tu hwnt i esbonwyr.

Mae disgrifio'r llyfr fel nofel yn golygu cydnabod ei fod yn cynnwys elfen sylweddol o ddychymyg. Defnyddio'i ddychymyg i ail-bobi ac i ychwanegu at ddigwyddiad hanesyddol a wna'r awdur trwy ysgrifennu stori sy'n llawn eironi. Mae'r gwaith gorffenedig yn rhy dda i fod yn ddim mwy nag adroddiad ffeithiol. Yn nwylo'r llenor medrus, mae yna werth addysgiadol ac adloniadol i'r stori. Mae'r mwynhad a geir ohoni'n amlwg yn ymateb y gynulleidfa pan gaiff ei darllen yn y synagog ar Ŵyl Pwrim, ac mae'r gwledda ar ôl y gwasanaeth yn ychwanegu at y pleser. A chymryd mai 'nofel hanesyddol' yw'r diffiniad cywir o Lyfr Esther, ymysg y nofelau y mae'r lle priodol iddo yn y llyfrgell.

❖ Cwestiynau i'w trafod

1. Yn eich barn chwi, pa batrwm llenyddol yw'r un mwyaf llwyddiannus i gyfleu bwriad yr awdur?

2. Pa mor bwysig i gredinwyr yw derbyn mai disgrifiad ffeithiol o ddigwyddiadau hanesyddol yw Llyfr Esther?

10. Y Sgrôl yn y Traddodiad Iddewig, I

Yn OC 70, chwalodd y Rhufeiniaid ganolfan ysbrydol y grefydd Iddewig trwy ddinistrio'r Deml. Gan fod ei chonglfaen seremonïol yn adfeilion, ac yn debygol o aros felly, roedd rhaid i Iddewiaeth gael diwyg gwahanol er mwyn goroesi. Heb allor ac aberth, dim ond yr Ysgrythur ac addoliad y Synagog, gyda'i bwyslais ar ddarllen a myfyrio yng ngair Duw, oedd ar ôl yn nhraddodiad crefyddol yr Iddew. Dros nos, daeth yr Iddewon yn 'Bobl y Llyfr', sef disgrifiad y proffwyd Mohamed ohonynt ganrifoedd yn ddiweddarach.

Roedd cynnwys 'Y Llyfr' wedi ei bennu erbyn canol yr ail ganrif CC, ac fe'i rhannwyd yn dair rhan: y Gyfraith, y Proffwydi a'r Ysgrifeniadau. Roedd y Gyfraith, neu'r Tora, yn cynnwys y datguddiad terfynol ac awdurdodol o ewyllys Duw a roddwyd ar gof a chadw ym Mhum Llyfr Moses ganrifoedd yn gynharach. Nid oedd gan neb hawl i ychwanegu at y Tora (gweler Deut. 4:1–2; 12:32), ond roedd natur a chynnwys y ddwy ran arall o'r Beibl yn destun trafodaeth. Er bod llyfrau'r ddwy ran yn ysbrydoledig, dyfarnwyd na fedrent gynnwys dim a fyddai'n gwrthddweud Cyfraith Moses. Yn aml wrth apelio at awdurdod yr Ysgrythur, mae'r rabiniaid yn dyfynnu adnod o'r tair rhan er mwyn dangos fod y Proffwydi a'r Ysgrifeniadau'n ailadrodd y gwirionedd a geir yn y Gyfraith. Mesur gwerth diwynyddol y toreth o lyfrau a oedd ar gael, ar wahân i'r Tora, oedd prif orchwyl yr awdurdodau Iddewig ar drothwy'r cyfnod Cristnogol.

Yn ôl y cofnod manwl a gadwyd o drafodaethau'r rabiniaid, nid heb drafferth y sicrhaodd amryw o lyfrau eu lle yn y Beibl. Trwy groen eu dannedd y cafodd Eseciel, Caniad Solomon, Diarhebion a Llyfr y Pregethwr eu hystyried yn deilwng. Ychwanegwyd Llyfr Esther hefyd at y rhestr. Bu dadlau brwd a ddylid ei gynnwys ai peidio. Yn y diwedd, rhoddwyd lle iddo ymysg yr Ysgrifeniadau. Ond er iddo gael ei dderbyn fel ysgrythur ysbrydoledig gan y mwyafrif, parhaodd yr amheuaeth ynglŷn â'i addasrwydd. Bu ei statws swyddogol yn destun dadl ymhlith y rabiniaid am ganrifoedd wedi i lyfrau'r Beibl Hebraeg gael eu penderfynu. Hyd heddiw, mae dwy agwedd gwbl groes i'w gilydd yn y traddodiad Iddewig: yn erbyn ac o blaid. Yn y bennod hon, rhoddwn sylw i ddadleuon y rhai sy'n ei wrthwynebu.

Diffygion diwinyddol

Un rheswm dros gollfarnu'r llyfr oedd mai *materion bydol* yn hytrach na chrefyddol a gaiff sylw'r awdur ynddo. Roedd gormodedd ac oferedd gwleddoedd y Persiaid yn gwneud y stori'n annerbyniol i Iddewon syber a phiwritanaidd eu hagwedd. Esiampl gynnar o'r fath bobl oedd yr Eseniaid. Carfan o'r grefydd Iddewig a ddaeth i fodolaeth yn y canrifoedd olaf CC oedd y rhain; Iddewon ceidwadol a gefnodd ar fywyd bras Jerwsalem ac addoliad y Deml, a mynd i fyw i Cwmrân yn niffeithwch Jwdea. Daeth y gymuned i ben pan ymosododd y Rhufeiniaid arni yn OC 70. Ond cyn y gyflafan honno, llwyddodd yr Eseniaid i guddio'u llyfrgell yn yr ogofau uwchben y Môr Marw. Ac yno y bu, nes i fugail a oedd yn chwilio am ei braidd ei ddarganfod yn 1947.

Mae'n amlwg oddi wrth gynnwys y llyfrgell fod y gymuned yn rhoi cryn sylw i ddarllen ac esbonio'r Ysgrythur. Mae'r hyn a ddarganfuwyd yno'n dangos fod yr Eseniaid yn berchen ar gopi o bob llyfr yn y Beibl heblaw am un, sef Llyfr Esther. Mae'n bosibl wrth gwrs fod yna fwy o ddogfennau i'w darganfod. Ond mae'r ffaith nad yw Pwrim yn ymddangos yn y calendr gwyliau'n awgrymu mai'r hyn sy'n cyfrif am absenoldeb y llyfr yw bod yr Eseniaid yn gwrthod ei ystyried yn rhan o'u treftadaeth grefyddol. Yn eu barn hwy, nid yn unig yr oedd yn rhy fydol, ond yr oedd hefyd yn anwybyddu daliadau creiddiol Iddewiaeth. Nodwn rai ohonynt.

Ni chyfeirir unwaith yn y llyfr at Dduw wrth ei enw. Yn ei lyfr *One of Us,* sef cofiant Margaret Thatcher, dywed Hugo Young ei bod hi pan oedd yn brif weinidog wedi penderfynu darllen y Beibl drwyddo. Bob hyn a hyn, byddai'n adrodd wrth y cabinet beth fyddai'n ei tharo hi, neu'n achosi penbleth iddi wrth ddarllen. Un bore, gofynnodd iddynt p'run yw'r unig lyfr yn y Beibl nad yw'n crybwyll Duw. Meddai'i chofiannydd: *'She beamed with pleasure when nobody else knew it was the Book of Esther'*. Gallai fod wedi ychwanegu Caniad Solomon.

Absenoldeb enw Duw sydd i gyfrif am y toreth o sgroliau Esther sy'n cynnwys lluniau. Yn y traddodiad Iddewig, nid oes hawl i roi llun o ddyn nac anifail mewn unrhyw sgrôl o lyfr Beiblaidd, ar wahân i Esther, am eu bod yn cynnwys cyfeiriad at Arglwydd Dduw Israel wrth ei enw. Wrth ddarllen stori Esther, gellir tybio mai ymdrechion dynol, heb unrhyw gymorth goruwchnaturiol, sy'n gyfrifol am fuddugoliaeth yr Iddewon. Mae'r awdur yn ymddangos fel pe bai'n priodoli achubiaeth i ddyn, ac nid i Dduw.

Mae diffyg cyfeiriad uniongyrchol at yr Arglwydd gymaint â hynny'n anos i'w ddeall o gofio mai prif thema'r llyfr yw'r bygythiad angheuol i'w genedl etholedig. Ar waethaf yr argyfwng, nid yw Mordecai na'r un o'r Iddewon yn troi at Dduw yn eu cyfyngder. Mae hyn yn annisgwyl am fod y gorchymyn i gyflawni hil-laddiad yn debyg iawn i orchymyn Pharo i daflu i'r Neil 'bob mab a enir i'r Hebreaid' (Ex.1:22). Yn yr argyfwng hwnnw, gwaeddodd y bobl yn eu trallod, 'a daeth eu gwaedd o achos eu caethiwed at Dduw. Clywodd Duw eu cwynfan, a chofiodd ei gyfamod ... edrychodd ar bobl Israel ac ystyriodd eu cyflwr' (Ex. 2:23–25).

Ond nid yw Iddewon Persia'n gweiddi yn eu cyfyngder. Nid ydynt yn galw ar Dduw am gymorth, ac nid oes unrhyw awgrym yn y stori eu bod yn disgwyl iddo ymyrryd. Esther a Mordecai sy'n cyflawni ym Mhersia yr hyn a gyflawnodd Duw yn yr Aifft. Er bod bywyd yn gallu bod yn anodd i Iddewon y Gwasgariad, gyda chyfrwystra, gwroldeb a lwc, y mae modd iddynt ymdopi. Rhoddir yr argraff nad yw'r syniad o Dduw'n gweithredu ar lwyfan hanes yn berthnasol bellach. Yn ei lyfr *The Hidden Face of God*, mae R. E. Friedman yn olrhain tuedd awduron yr Hen Destament, yn nhreigliad amser, i feddwl llai am Dduw gweithredol a mwy am Fod trosgynnol, pell. Yn y llyfrau cynnar, mae'r Arglwydd yn cysylltu ag unigolion yn uniongyrchol, megis yng Ngardd Eden, ac yn gwneud rhyfeddodau megis yn yr Aifft ac yn y daith trwy'r anialwch. Ond yn y llyfrau diweddar mae hyn yn llai amlwg.

Problem arall i rai esbonwyr Iddewig yw bod Esther a Mordecai wedi meiddio *sefydlu gŵyl* ar eu liwt eu hunain. Ceir disgrifiad o'i tharddiad a'r dull o'i dathlu. Rhoddir gorchymyn i'r genedl gyfan 'ym mhob cenhedlaeth, teulu, talaith a dinas' (Esth. 9:28) i'w chadw. Roedd hyn yn annerbyniol am ei fod yn tanseilio awdurdod Moses. Yr unig gyfiawnhad dros gadw pob gŵyl oedd y gorchymyn a roddwyd i'r genedl wneud hynny gan ei harweinydd. Gan nad oes gyfeiriad at Pwrim yn y Tora, nid oedd yr ŵyl na'r stori y mae'n seiliedig arni'n dderbyniol. Gwendid y safbwynt hwn yw bod yr un peth yn wir am Ŵyl Chanwca, sy'n coffáu ailgysegru'r Deml yng nghyfnod y Macabeaid; ni cheir gorchymyn i'w chadw hithau chwaith yn y Tora.

Nid oes unrhyw gyfeiriad yn y llyfr at *ddefodau ac athrawiaethau* a oedd yn sicrhau hunaniaeth Iddewon y Gwasgariad yn y cyfnod wedi'r Gaethglud, megis gwahardd priodas gymysg, parchu deddfau bwyd, gwrthod gweithio ar y Saboth, cadw'r gwyliau a gweddi gyson. Ni roddir unrhyw sylw chwaith i gredoau Iddewig sy'n nodweddiadol o'r cyfnod; er enghraifft, y gred mewn angylion, Satan, atgyfodiad y meirw, cyfamod a chyfraith. Er i Haman orchymyn hil-laddiad yr Iddewon 'ar y trydydd dydd ar ddeg o'r mis cyntaf' yn y calendr Iddewig (3:12), sef noswyl y Pasg, nid oes sôn am yr ŵyl. Yr unig ddefod y gellir gweld ystyr grefyddol ynddi yw penderfyniad Esther i ymprydio cyn mynd ar ofyn y brenin. I goroni'r cwbl, nid oes unrhyw gyfeiriad at *y wlad* a addawodd Duw i Abraham a'i ddisgynyddion.

Mudandod diwinyddol y llyfr sydd wedi arwain rhai ysgolheigion cyfoes at y ddamcaniaeth fod yr awdur dan ddylanwad carfan arbennig o lenorion a diwinyddion yn Israel gynnar, sef y Doethion. Yn Llên Doethineb yr Hen Destament (llyfrau megis Diarhebion, Job a Pregethwr), ni cheir unrhyw gyfeiriad at hanes y genedl nac at ei chyffes ffydd. Nid oes arlliw o ysbryd cenedlaethol na sôn am seiliau hanesyddol y grefydd. Chwiliwn yn ofer am yr addewid i'r patriarchiaid, y waredigaeth o'r Aifft, y cyfamod ar Sinai, y syniad o genedl etholedig, y daith trwy'r anialwch, gwlad yr addewid a defodau'r Deml. Ychydig iawn o sylw a roddir i ddefod a defosiwn yn Job a Pregethwr. Prin yw'r cyfeiriadau at grefydd yn Llyfr y Diarhebion. Un o brif amodau bywyd llwyddiannus yw addysg a'r awydd i geisio doethineb. Yr unig ddadl o bwys yn erbyn gweld cysylltiad rhwng Esther a Llên Doethineb yw cenedlaetholdeb eithafol y llyfr. Ond os yw'r ddamcaniaeth yn gywir fod yr awdur dan ddylanwad y Doethion, mae'n ddealladwy na fyddai'n dymuno pwysleisio'r elfen grefyddol.

Diffygion moesol

Pwnc dadleuol arall yw moesoldeb y stori. Mae amryw o esbonwyr yn sylwi fod rhinweddau'r Hen Destament, megis cariad, trugaredd, caredigrwydd a maddeuant, yn gwbl absennol, tra bo *dialedd a chreulondeb* yn amlwg iawn. Wrth ymfalchïo yng nghyflawniadau a gorchestion ei gymeriadau, mae'r awdur fel pe bai'n ddall i'w diffygion moesol. Mewn cyfnod diweddarach, ymhelaethodd chwedloniaeth Iddewig yn sylweddol ar y fath ysbryd dialgar, a hyd yn oed ei glodfori. Hyn sy'n arwain Claude Montefiore, lladmerydd blaenllaw Iddewiaeth Ryddfrydol dechrau'r ganrif ddiwethaf, i farnu'r llyfr yn hallt. Beth bynnag fo'r amgylchiadau, ni wêl ef unrhyw gyfiawnhad dros ymhyfrydu i'r fath raddau yng nghwymp Haman nac yn y modd y dialodd yr Iddewon ar eu gelynion.

Yn ein cyfnod ni, gwêl rhai gysylltiad rhwng ysbryd dialgar y llyfr â'r hyn a ddigwyddodd yn ninas Hebron ar Ddydd Gŵyl Pwrim 1994. Aeth Baruch Goldstein, Iddew uniongred a chenedlaetholwr pybyr, i'r mosg a saethu'n farw dau ddeg a naw o Foslemiaid a oedd yn penlinio o'i flaen mewn gweddi. Roedd y llofrudd newydd fod yn y synagog yn dathlu'r ŵyl ac yn gwrando ar ddau ddarlleniad o'r Beibl. Y cyntaf oedd stori Esther, a ddarllenwyd â chryn emosiwn – disgrifiad byw o fygythiad i Iddewon gan baganiaid, o gasineb Esther tuag at Haman yr Amaleciad a'i feibion, ac o'r oruchafiaeth fuddugoliaethus a gafodd yr Iddewon. Yr ail oedd testunau o'r Tora a adroddai am Israel yn ymladd yn erbyn llwyth Amalec ar y ffordd i Ganaan ac yn darogan y byddai rhyfel parhaol rhwng yr Israeliaid a'r Amaleciaid. Yn y traddodiad Iddewig, mae Amalec yn gyfystyr ag unrhyw un sy'n erlid y genedl. Hitler oedd Haman yr ugeinfed ganrif. I Iddew Uniongred fel Goldstein, a gredai fod ganddo hawl, ar sail ei gred ym mwriad Duw ar gyfer ei bobl, i ailfeddiannu gwlad yr addewid ac alltudio'r trigolion, mae'r sawl sy'n sefyll yn ei ffordd, megis Moslemiaid Hebron, gyfystyr â'r Amaleciaid ac yn haeddu'r un dynged.

Maen tramgwydd arall yw *natur ymosodol* y stori. Er nad oes ynddi gyfeiriad at Dduw, gwêl rhai o'r esbonwyr Iddewig cynnar botensial y pwyslais cyson ar ragoriaeth Israel fel cenedl etholedig yr Arglwydd i greu agwedd nawddoglyd, ffroenuchel tuag at genedl-ddynion. Oni allai'r fath agwedd fod yn sbardun i greu atgasedd at Iddewon? Dyna oedd barn yr wrthblaid yn ystod y canrifoedd cynnar yn dilyn cwymp y Deml, a'r un yw agwedd Iddewon Rhyddfrydol hyd heddiw.

Gwireddwyd ofnau'r rabiniaid yn y bumed ganrif OC pan waharddwyd pob cymuned Iddewig yn yr Ymerodraeth Rufeinig rhag cadw Pwrim yn gyhoeddus. Yn y ddefod o grogi delw Haman ar grocbren yn y carnifal, gwelai'r awdurdodau eglwysig ymgais fwriadus i sarhau'r Croeshoeliad. Lle bynnag y gwrthododd yr Iddewon ufuddhau i'r gorchymyn, llosgwyd synagogau. Dyma'r enghraifft gyntaf o erledigaeth, yn yr ystyr o wrth-Iddewiaeth ymarferol, yn hanes yr Eglwys. Adwaith ydoedd i'r dull o gadw Gŵyl Pwrim, y dathliad blynyddol o'r waredigaeth a gafodd Iddewon y Gwasgariad ganrifoedd yn gynharach.

Cymeriad Esther

Ymddygiad Esther sy'n cymell rhai esbonwyr Iddewig i ymateb yn negyddol. Wrth feddwl am yr Iddewes a gyrhaeddodd y lefel uchaf ym mywyd llys brenin Persia, deuant i'r casgliad nad yw'n deilwng o gael ei hystyried fel arwres genedlaethol am amryw o resymau.

Caiff ei chondemnio am ei natur *anhrugarog*. Er bod ganddi'r cyfle i wneud hynny, nid yw'n eiriol dros Haman, er iddo apelio arni i achub ei fywyd (Esth. 7:7–10). Byddai'n gymeriad mwy deniadol petai wedi tosturio wrth y gelyn ac ymbil ar ei ran gerbron y brenin, hyd yn oed petai hwnnw'n gwrthod ei chais. Yn ychwanegol at gyflawni lladdfa a oedd yn cynnwys gwragedd a phlant, mae Esther yn gofyn i'r brenin ganiatáu i'r lladd bara am ddiwrnod arall, ac yna'n gofyn am gael crogi cyrff meibion Haman ar grocbren (8:11; 9:13). Gan fod Haman erbyn hyn wedi ei ddienyddio, a'r bygythiad o hil-laddiad wedi cilio, pam fod angen parhau i erlid trigolion Susan, a sarhau teulu Haman ymhellach? Tystiolaeth i'w chreulondeb yw ei chais ym marn yr esbonwyr hyn.

Ond dadleuir hefyd fod Esther yn *anffyddlon* i'w Duw. Trwy ymuno â bywyd llys brenin paganaidd, mae'n torri un o orchmynion creiddiol y Tora. Cyn iddynt feddiannu Canaan, gorchmynnwyd i'r Israeliaid osgoi pob cysylltiad â'r brodorion: 'Nid ydych i ddilyn arferion y cenhedloedd yr wyf yn eu hanfon allan o'ch blaenau ... Myfi yw'r ARGLWYDD eich Duw, a'ch gosododd chwi ar wahân i'r bobloedd' (Lef. 20:23–24). Sut llwyddodd Esther i fyw fel Iddewes yng nghwmni cenedl-ddynion, heb wadu ei chrefydd a'i chenedligrwydd? Do, fe ymprydiodd. Ond beth am gadw'r deddfau bwyd, heb sôn am briodi cenedl-ddyn? Yr argraff a roddir yw bod ei llwyddiant wrth achub yr Iddewon yn dibynnu nid ar gadw Cyfraith Moses, ond ar fod yn ddigon penderfynol a chyfrwys i gael ei ffordd ei hun yn awyrgylch paganaidd a pheryglus y llys brenhinol.

Mae agwedd negyddol rhai awdurdodau rabinaidd yn dwysáu wrth *gymharu Esther* â *Judith,* arwres Iddewig arall o'r un cyfnod. Cefndir cyffredin sydd i stori'r ddwy: gelyn creulon yn bygwth Iddewon y Gwasgariad, ond yn cael ei orchfygu gan ddewrder a dyfeisgarwch merch. Yn y stori a gofnodir mewn llyfr dan ei henw yn yr Apocryffa, caiff Judith glod am ei dewrder, a rhoddir sylw arbennig i'w duwioldeb. Mae'n ymprydio, gweddïo, cadw'r Saboth a pharchu rheolau bwyd. Er na chafodd ei llyfr le yn y Beibl Hebraeg, mae teyrngarwch Judith i'w Duw a'i ffyddlondeb i ddefodau Iddewig yn anfanteisiol i Esther. Y ffaith fod ymddygiad Esther yn nes at genedlaetholdeb na chrefydd oedd un rheswm dros yr ymgais gan rhai rabiniaid cynnar i hepor Llyfr Esther o'r Ysgrythur.

Ymgais i oresgyn diffygion diwinyddol a moesol stori Esther oedd y cyfieithiadau Groeg ac Aramaeg sy'n perthyn i gyfnod diweddarach o lawer na'r Hebraeg gwreiddiol. Yn y ddau, rhoddir pwyslais ar arweiniad Duw yn y gweithgareddau, ac ar ffyddlondeb Mordecai ac Esther i Gyfraith Moses.

❖ Cwestiynau i'w trafod

1. Pa nodweddion sy'n gwneud llyfr yn addas i gael ei gynnwys yn y Beibl? A ddylai creulondeb y cymeriadau fod yn fagl?

2. Cyhuddir awdur stori Esther o genedlaetholdeb eithafol. I ba raddau y mae daliadau crefyddol yn atal cenhedloedd y byd rhag cyd-fyw'n gytûn?

11. Y Sgrôl yn y Traddodiad Iddewig, II

Ar waethaf agwedd negyddol rhai o'r rabiniaid cynnar, cafodd stori Esther groeso. Gwnaethpwyd pob ymgais gan esbonwyr Iddewig i gyfiawnhau rhoi lle iddi rhwng cloriau'r Beibl. Eu dadl gryfaf oedd bod y llyfr yn cyfiawnhau cadw Gŵyl Pwrim. I'r Iddew, mae cadw gŵyl yn elfen greiddiol o'i grefydd; ond gan nad oes sôn am Pwrim yn y Tora, rhaid dibynnu ar Lyfr Esther am yr awdurdod ysgrythurol i'w sefydlu. Yno'n unig y ceir y sail hanesyddol, y dyddiad a'r defodau. Mae hyn ynddo'i hun yn rheswm digonol dros gynnwys y stori ymysg yr Ysgrifeniadau.

Ond pa neges oedd gan yr awdur i gymuned Iddewig Persia yn y bumed ganrif CC? A thros y canrifoedd i'r Iddew, pa werth parhaol a fu i'r llyfr? Wrth ystyried hyn, cofier fod mwyafrif Iddewon y byd yn y cyfnod hwnnw, fel heddiw, yn byw yn y Gwasgariad. Er bod caniatâd iddynt wneud hynny, nifer bychan ohonynt a ddychwelodd i Jwda erbyn diwedd y chweched ganrif. Ysgrifennwyd stori Esther ar gyfer y rhai a ddewisodd aros mewn gwledydd estron; a bwriad yr awdur oedd calonogi Iddewon y Gwasgariad trwy roi ateb gobeithiol i gwestiwn dagreuol y Salmydd ger afonydd Babilon: 'Sut y medrwn ganu cân yr ARGLWYDD mewn tir estron?' (Sal. 137:4).

Gobaith

Er ei fod ymhell o grud ei gred, nid oedd awdur Esther yn byw mewn gwacter ysbrydol. Gallwn fod yn sicr iddo gael ei drwytho yng Nghyfraith Moses, a'i fod yn hyddysg yn nysgeidiaeth ei gyndadau. Byddai'n credu fod y Duw a fu'n arwain a gofalu am Israel yn y gorffennol yn dal i wneud hynny. Neges yr Ysgrythur oedd fod y duwdod ar waith yn y byd trwy gyfrwng y dynol, boed y cyfrwng hwnnw'n deilwng neu annheilwng. Arf yn llaw Duw i ddisgyblu ei genedl wrthnysig yw'r gelyn. Yn ôl y proffwyd Eseia, 'eneiniog' (Meseia) Duw oedd Cyrus, brenin hael a goddefgar Persia a roddodd ganiatâd i'r Iddewon ddychwelyd o Fabilon i Jwda (Es. 45:1,13). Disgrifir Nebuchadnesar gan Dduw fel 'fy ngwas' (Jer. 27:6; 43:10), nid am ei fod ymysg ei addolwyr ac wedi ymrwymo i'w wasanaethu, ond am iddo gael ei ddewis i gosbi Israel am ei chamweddau. Fel hyn, meddai'r Beibl, y mae rhagluniaeth yn gweithio. Bodau dynol yn cyflawni bwriad Duw.

Perthnasedd hyn i stori Esther yw nad yw'r awdur yn teimlo'r angen i gyfeirio'n uniongyrchol at Dduw wrth sôn am achubiaeth wyrthiol yr Iddewon. Heb enwi Duw, na sôn amdano'n gweithredu ar ran ei genedl etholedig, mae am ddangos fod grym goruwchnaturiol yn ymyrryd yng nghwrs y byd. Mae'n bosibl gweld llaw Duw mewn o leiaf bedwar testun.

Yn *gyntaf,* geiriau Mordecai wrth Esther am yr hyn a ddigwyddai os byddai hi'n gwrthod ei gais i fynd at y brenin: 'Daw ymwared a chymorth i'r Iddewon o le arall' (Esth. 4:14). Nodwyd eisoes yr amrywiol esboniadau posibl o'r cymal hwn; ond yr ystyr tebygol yw y bydd yr achub yn rhagluniaethol.

Yn *ail,* apêl Esther at Iddewon Susan i ymprydio drosti wedi iddi gytuno i fynd i'r llys (4:16). Awgrym yr apêl yw ei bod hithau hefyd yn dibynnu ar gymorth goruwchnaturiol. Cymer yn ganiataol fod ympryd, yma fel ym mhob rhan arall o'r Hen Destament, yn ffordd o gael sylw Duw ac o ofyn iddo ymyrryd yn y sefyllfa.

Yn *drydydd,* ymateb Seres, gwraig Haman, pan ddywedodd ei gŵr wrthi fod Mordecai wedi cael ei anrhydeddu: 'Os yw Mordecai, yr wyt yn dechrau cwympo o'i flaen, yn Iddew, ni orchfygi di mohono; ond yr wyt ti'n sicr o gael dy drechu ganddo ef' (6:13). Ym mha ffordd, ym meddwl yr awdur, y mae cenedligrwydd Mordecai'n sicrhau buddugoliaeth? Dim ond os oes gan yr Iddewon le arbennig yn arfaeth Duw ac yn elwa o'i ofal parhaol drostynt.

Yn *olaf,* y cyd-ddigwyddiadau sy'n britho'r testun. Er bod tynged Mordecai'n dal yn y fantol ar waethaf yr anrhydedd a'r clod a gafodd gan y brenin, y mae ef, hanner ffordd trwy'r stori, ar ei ffordd i fyny a Haman ar ei ffordd i lawr. Ond cyd-ddigwyddiadau dramatig, nid ymdrechion Esther yn unig, sy'n ei achub ef a'r Iddewon: brenin yn methu cysgu; dewis darllen llyfr y cofiadur; parhau i ddarllen nes cyrraedd hanes gwrhydri Mordecai; esgeuluso anrhydeddu'r gwron; Haman yn digwydd bod yr unig swyddog ar gael i gynghori'r brenin; Haman yn camddeall cwestiwn Ahasferus. Mae'r sgeptic yn debygol o ystyried pob un o'r rhain yn ddigwyddiadau damweiniol, dibwys, heb unrhyw gysylltiad rhyngddynt a thema ganolog y llyfr. Ond o'u cymryd gyda'i gilydd, mae'r elfen o hap a damwain yn cilio, oherwydd mae un digwyddiad yn cynnal y llall, a'r cwbl yn arwain i'r casgliad mai arwydd digamsyniol ydynt o fwriad rhagluniaethol Duw.

Gan i'r ymdrech i achub Iddewon Persia lwyddo, gellir dadlau fod y cyfeiriadau anuniongyrchol hyn yn rhagdybio presenoldeb Duw. Os yw'r llyfr yn cynnwys elfen ddiwinyddol o gwbl, y mae i'w chanfod yma. Nid trwy lwc, na thrwy gyfrwystra Esther yn unig, yr osgowyd y gyflafan. Y tu ôl i'r llenni, roedd Duw'n gofalu am ei genedl. Dyma sy'n gwneud Pwrim yn ŵyl wahanol i'r Pasg. Dathlu gweithred uniongyrchol Duw wrth iddo arwain ei bobl o gaethiwed yr Aifft trwy anfon plâu ac agor y Môr Coch a wna'r Pasg. Adlais o ffydd y Salmydd yw Pwrim: 'Nid yw ceidwad Israel yn cysgu nac yn huno ... Bydd yr ARGLWYDD yn dy gadw rhag pob drwg, bydd yn cadw dy einioes' (Sal. 121: 4, 7).

Bwriad yr awdur yw rhoi gobaith i'r gwasgaredigion trwy sicrhau fod gan 'ragluniaeth fawr y nef ' ran allweddol yn y stori. Ei neges i'w gyfoedion yw mai 'trwy ddirgel ffyrdd mae'r uchel Iôr yn dwyn ei waith i ben'. Er na chaiff ei enwi, mae Arglwydd Dduw Israel yn gwarchod ei genedl etholedig. Pa mor ddifrifol bynnag y sefyllfa, gall yr Iddewon ddibynnu ar y cymorth a ddaw oddi wrth yr Arglwydd.

Hyder

Am fod Iddewon Jwda'n achosi trafferth ac yn bygwth gwrthryfel, caethgludodd Nebuchadnesar hufen y boblogaeth i Fabilon yn y flwyddyn 597 CC. Dyma'r cyntaf o dri chaethgludiad mewn pymtheng mlynedd, ddechrau'r chweched ganrif. Er mai'r ail yw'r pwysicaf, y flwyddyn 597 oedd dechrau'r Gwasgariad. Ond ymhen ychydig fisoedd wedi cyrraedd Babilon, roedd rhywrai ymhlith y caethgludion yn darogan mai cyfnod byr iawn fyddai'r Gaethglud cyn y byddai Duw'n achub ei bobl a'u harwain adref. Ond ni fu'r proffwyd Jeremeia fawr o dro'n tanseilio'r broffwydoliaeth am adferiad buan.

Roedd Jeremeia ymysg y rhai a adawyd ar ôl yn Jwda yn 597. Cyhuddodd bregethwyr Babilon o ddweud celwydd. Yn ei farn ef, cyn cael maddeuant am anwybyddu'r cyfamod trwy dorri'r Gyfraith a gwrthod neges y proffwydi, rhaid oedd talu'r ddyled. Nid oedd maddeuant am bechodau'r gorffennol mor rhad â hynny. Dywed hyn mewn llythyr a anfonodd at y caethgludion yn 594 CC. Mae'n proffwydo saith deg mlynedd o gaethiwed, sy'n golygu y bydd llawer o Iddewon yn cael eu geni ac yn marw yn y Gaethglud. Gan mai dyna'r rhagolygon, mae'n rhoi i'r alltudion gyngor annisgwyl ynglŷn â'r ffordd i ymdopi â'r sefyllfa: 'Fel hyn y dywed ARGLWYDD y Lluoedd, Duw Israel: ... "Codwch dai a thrigwch ynddynt; plannwch erddi a bwyta o'u ffrwyth; priodwch wragedd, a magu meibion a merched ... Ceisiwch heddwch y ddinas y caethgludais chwi iddi, a gweddïwch drosti ar yr ARGLWYDD, oherwydd yn ei heddwch hi y bydd heddwch i chwi"' (Jer. 29:4–7).

Wrth ddweud hyn, nid annog yr Iddewon i wadu eu gwreiddiau a throi cefn ar eu treftadaeth a wna'r proffwyd, ond galw arnynt i fod yn realistig yn y sefyllfa. Rhaid iddynt ystyried y posibilrwydd y gallant fod ar eu mantais o fyw mewn gwlad arall a dysgu dygymod â diwylliant gwahanol. Mae'n amlwg i'r cyngor gael ei dderbyn gan mai lleiafrif bychan a fanteisiodd ar haelioni'r brenin Cyrus a dychwelyd i Jwda hanner canrif yn ddiweddarach. Mae hyn yn ddealladwy. Roeddent wedi codi tai, plannu gerddi, priodi gwragedd, magu teuluoedd, yn union fel y dywedodd Jeremeia wrthynt wneud. Ymddengys mai nod diwinyddion y Gaethglud oedd cynorthwyo'r Iddew i fyw mewn amgylchfyd estron heb golli ei ffydd na'i hunaniaeth.

Trown y cloc ymlaen i hanner olaf y bumed ganrif CC pan ysgrifennwyd Llyfr Esther. Un a gafodd ei eni a'i fagu yn y Gwasgariad yw'r awdur. Mae yntau, fel Jeremeia, yn awyddus i roi cyfarwyddyd i'w gyd-Iddewon ynghylch goroesi mewn diwylliant estron. Ei ddull ef yw adrodd stori am y cysylltiad agos rhwng dau Iddew ffyddlon a brenin paganaidd. Dewiswyd Esther, Iddewes amddifad, i olynu Fasti ar yr orsedd. A hyd yn oed cyn iddo gael ei ddyrchafu'n brif weinidog, roedd gan 'Mordecai yr Iddew' swydd gyfrifol: eisteddai gyda'r cynghorwyr a'r swyddogion 'ym mhorth llys y brenin' (Esth. 2:19). Mae'r ddau ohonynt yn ennill lle breintiedig yn y llys, ac yn cydweithio i sicrhau bendith y brenin ar eu hymdrech i achub y gymuned Iddewig. Ond er iddynt ymuno â'r llys, parhânt i arddel eu crefydd a chadw'u hunaniaeth.

A chymryd fod y stori wreiddiol yn gorffen yn 8:17 gyda dyrchafiad Mordecai a chaniatâd i'r Iddewon eu hamddiffyn eu hunain, mae'n amlwg fod gallu'n drech na grym. Mae cyfrwystra'r Iddew yn rhagori ar wybodaeth y cenedl-ddyn; mae'r gwas gymaint callach na'i feistr; ac mae brenhines Iddewig yn rheoli brenin paganaidd. Ni all hyn ond bod yn destun balchder i Iddewon y Gwasgariad. Roedd eu cyndadau nid yn unig yn batriarchiaid a phroffwydi ond yn unigolion galluog a hirben a lwyddodd i ffynnu mewn diwylliant gelyniaethus.

Gwelsom fel y caiff Esther ei chondemnio gan esbonwyr Iddewig am fod yn ddideimlad, yn greulon, yn barod i fradychu ei thras ac i anwybyddu ei chrefydd. Ond mae'n bosibl ystyried ei hagwedd mewn ffordd sy'n rhoi golwg mwy cadarnhaol ar ei hymdrechion. Gellir dehongli ei chais i'r brenin fel cais am ganiatâd i amddiffyn yn hytrach nag ymosod. Yr hyn oedd o bwys i'r Iddewon oedd eu diogelwch, nid dial ac ennill eiddo; dywedir ddwywaith iddynt beidio â chyffwrdd â'r ysbail, er iddynt gael cyfle i wneud hynny wedi ennill y frwydr (9:10,15). Nid yw'r ffaith fod Haman wedi ei grogi'n lleihau'r bygythiad o hil-laddiad, ddim mwy nag y byddai llofruddio Hitler wedi cael unrhyw effaith ar bolisi gwrth-Iddewig y Natsïaid. Os oedd Esther am lwyddo i arbed ei chenedl, roedd yn ofynnol iddi achub y blaen ar ei chaseion trwy arfogi ei chyd-Iddewon. Mae hyn yn rhoi hwb sylweddol i Iddewon y Gwasgariad, ac yn caniatáu iddynt eu llongyfarch eu hunain. Er bod dull y llyfr o drosglwyddo'i neges yn wahanol i holl lyfrau eraill yr Hen Destament, lle mae'n amlwg mai Duw sy'n rheoli'r gweithgareddau, yr un yw'r diben – rhoi hyder i'r genedl Iddewig a chadarnhau ei hunaniaeth fel cenedl etholedig.

Mae'n wir i Mordecai ac Esther ddod i amlygrwydd trwy anwybyddu Cyfraith Moses, sy'n gorchymyn y genedl i warchod ei harbenigedd trwy wahardd priodas gymysg (rhywbeth sydd wedi poeni esbonwyr Iddewig). Ond nid argymell i Iddewon y Gwasgariad gymysgu â'r Cenhedloedd a cholli eu statws breintiedig a wna'r awdur. Dyfais lenyddol er mwyn hyrwyddo cynllun y stori sydd yma. Y bwriad yw dangos i ba eithafion yr oedd dau Iddew'n barod i fynd yn eu cyfathrach â'r Cenhedloedd i achub eu cenedl-ddynion a 'hyrwyddo ffyniant' yr 'holl genedl' (10:3). Y dyhead hwn am ffyniant a diogelwch oedd wrth wraidd ymgais Iddewon gwlatgar i roi cynllun ar y gweill ar ddechrau'r ugeinfed ganrif i gael gwlad iddynt eu hunain. Elfen amlwg yn nathliad Gŵyl

Pwrim heddiw yw llwyddiant Seioniaeth.

Goddefgarwch

Agwedd gwbl negyddol oedd gan broffwydi Israel at y Gaethglud. Yn eu barn hwy, cosb am anwadalwch y genedl oedd cwymp Jerwsalem a'r cyfnod a dreuliodd miloedd o Iddewon ym Mabilon; egwyl ddiffaith yn hanes y genedl. Pa syndod, felly, mai ffocws eu pregethau wrth i'r Gaethglud ddirwyn i ben yn 538 CC oedd dychwelyd i Jwda. Ar wahân i lyfrau Daniel ac Esther, prin yw'r sylw a roddir yn y llên ôl-Gaethglud i'r Iddewon a ddewisodd aros yn y Gwasgariad a gwrthod dychwelyd i Jwda pan ddaeth cyfle i wneud hynny.

Prif neges Eseia i'w gyfoedion oedd dyletswydd yr alltudion i gydnabod pechodau eu cyndadau, derbyn maddeuant Duw a dychwelyd i Jwda. Nid oedd unrhyw reswm dros aros yn y Gwasgariad. Roedd y genedl 'wedi cwblhau ei thymor gwasanaeth' a'i 'chosb wedi ei thalu' (Es. 40:2). Treuliodd Daniel flynyddoedd fel caethwas yng ngwasanaeth brenin Babilon; ond nid anghofiodd ei dreftadaeth, ac ni phallodd ei ddyhead i ddychwelyd i Jwda. Gweddïai deirgwaith y dydd, gyda 'ffenestri ei lofft yn agor i gyfeiriad Jerwsalem' (Dan. 6:10). Ei weddi daer oedd y byddai Duw'n trugarhau wrth ei 'gysegr anghyfannedd' ac yn adfer y ddinas a'r Deml (9:17–19).

Wrth annog y caethgludion i ddychwelyd i Jwda, mae proffwydi'r chweched ganrif CC yn darogan oes aur pan fyddai Duw'n trigo gyda'i bobl unwaith eto yn ei ddinas sanctaidd. Annog y dychweledigion i ail-godi'r Deml oedd cenhadaeth Haggai a Sechareia (Hag. 2:23; Sech. 4:6–10). Gan fod Duw wedi dychwelyd 'i Seion a thrigo yng nghanol Jerwsalem' (Sech. 8:3), dyletswydd y trigolion oedd adeiladu cysegr addas iddo. Proffwydodd Obadeia y byddai 'tŷ Jacob' yn meddiannu 'ei eiddo'i hun' ar Fynydd Seion ac yn gorchfygu ei elynion (Ob. 17–21). Erbyn hanner olaf y bumed ganrif, roedd y dyhead ymhlith y gwasgaredigion i ddychwelyd i Seion yn gryf. Adroddir am Nehemeia a oedd, fel Mordecai, yn swyddog Iddewig yn y llys brenhinol yn Susan a'r un mor driw i'w dreftadaeth, yn wylo pan glywodd fod muriau Jerwsalem yn parhau'n adfeilion. Gofynnodd am gael ei ryddhau o'i swydd a mynd i Jwda i'w hailgodi. Cafodd ganiatâd parod y brenin (Neh. 1:1–4; 2:5–6). Er iddo gael ei eni a'i fagu yn y Gwasgariad, roedd calon Nehemeia yn Seion.

Bwriad Esra, pan ddaeth o Fabilon i Jwda'n llwythog o arian ac aur rai blynyddoedd yn ddiweddarach, oedd 'harddu tŷ'r ARGLWYDD yn Jerwsalem' (Esr. 7:27). Rhan arall o'i agenda oedd torri pob cysylltiad â diwylliant paganaidd y Gwasgariad er mwyn gwarchod neilltuoliaeth cenedl etholedig Duw. Llwyddodd i wneud hynny trwy ddiddymu priodasau cymysg rhwng Iddewon a merched estron (Esr. 10:10–11). I bob Iddew ffyddlon, roedd unrhyw gyfathrach â phaganiaid yn haeddu cosb. Dyna'r gyfraith. Gorchymyn Moses i'r Israeliaid ar eu ffordd i feddiannu Canaan oedd: 'Nid ydych i ddilyn arferion y cenhedloedd yr wyf yn eu hanfon allan o'ch blaenau' (Lef. 20:23).

Ond mae awdur Esther yn anghytuno, ac yn cyfansoddi stori i fynegi ei farn. Nid yw'r llyfr yn cyfeirio unwaith at wlad yr addewid. Yn lle galw am ddychwelyd i Jwda, ailgodi muriau Jerwsalem, ailsefydlu addoliad y Deml a chreu cymdeithas gaeedig, mae'r awdur yn cefnogi aros yn y Gwasgariad. Yn ei farn ef, nid melltith oedd alltudiaeth ond cyfle i'r Iddewon ddatblygu'n gymuned gref a llwyddiannus mewn gwlad estron. Er mai blaenoriaeth Esther oedd diogelwch Iddewon Persia, mae'n arwyddocaol na ddefnyddiodd ei dylanwad sylweddol, pan aeth ar ofyn y brenin, i sicrhau eu bod yn cael eu hanfon adref er mwyn osgoi hil-laddiad.

Llyfr a ysgrifennwyd yn y Gwasgariad ar gyfer y Gwasgariad yw hwn. Bwriad yr awdur yw calonogi'r alltudion trwy ddangos ei bod yn bosibl i Iddew ffyddlon ddringo i'r brig mewn sefydliad paganaidd heb gyfaddawdu ei egwyddorion. Nid oes unrhyw densiwn rhwng teyrngarwch i'r wladwriaeth a theyrngarwch i Dduw. Nid troi cefn ar y diwylliant paganaidd trwy eu cyfyngu eu hunain i'w cymunedau, neu ddychwelyd i Jwda, y dylai Iddewon y Gwasgariad ei wneud, ond dod yn rhan o'r byd o'u cwmpas, manteisio arno a chyfrannu ato. Mae'n bosibl gwasanaethu dau feistr. Apêl sydd yma i ddilyn cyngor Jeremeia trwy ehangu gorwelion a pheidio â bod mor ynysig. Yn y Gwasgariad, nid oes lle i anoddefgarwch, neilltuoldeb a chenedlaetholdeb cul. Dylai Iddewon sy'n cael gyrfa foddhaol a chreadigol mewn cymdeithas baganaidd ennyn edmygedd a pharch eu cyd-Iddewon, yn hytrach na bod yn destun dirmyg a sarhad gan y rhai sy'n mynnu eu cadw eu hunain ar wahân.

Gan fod Llyfr Esther wedi ei gynnwys yn y Beibl, aeth ei neges ymhell y tu hwnt i ffiniau ymerodraeth Persia'r bumed ganrif CC. Caiff ei ddarllen yn gyhoeddus ym mhob synagog o leiaf ddwywaith bob blwyddyn ar Ŵyl Pwrim. Dros y canrifoedd, ysgrifennwyd mwy o lawer o esboniadau Iddewig arno nag am yr un o lyfrau eraill yr Hen Destament. Ond nid yr awdurdodau crefyddol yn unig sy'n gyfrifol am iddo oroesi. Sicrhaodd apêl y stori i'r Iddew cyffredin le allweddol iddo hefyd ym mywyd y genedl. Hyd heddiw, rhoddir lle anrhydeddus i'r 'Sgrôl' ar bob aelwyd Iddewig. Mae wedi rhoi gobaith a hyder i'r Iddewon mewn cyfnodau tywyll yn eu hanes am ei fod yn tystio i ofal rhagluniaethol Duw am ei etholedigion.

I rai Iddewon, cynrychioli cenedlaetholdeb eithafol a wna Llyfr Esther. Ond i eraill, esiampl ydyw o'r penderfyniad i ymdopi'n llwyddiannus yn y Gwasgariad trwy gyd-fyw â chymdogion cenhedlig, ac ar yr un pryd barhau'n ffyddlon i Dduw o fewn diwylliant estron. Yn nheyrngarwch Esther i'w chenedl, a'i pharodrwydd i wynebu perygl ar ei rhan trwy ymddiried yn Nuw, gwêl Iddewon wroldeb, aberth a ffydd.

❖ Cwestiynau i'w trafod

1. A ydych yn credu fod Duw'n gweithredu ar lwyfan hanes? Os ydyw, ym mha ffyrdd?

2. Yn eich barn chwi, a yw nifer o gyd-ddigwyddiadau yn gallu bod yn arwydd o'r goruwchnaturiol?

12. Llyfr Esther yn y Traddodiad Cristnogol

Er i'r rabiniaid geisio cadw Llyfr Esther allan o'r Beibl, mae'n hawdd deall apêl y stori i'r Iddew. Mae naws cenedlaethol y stori, yn ogystal â'r lle canolog sydd iddi yng nghalendr crefyddol y Synagog, yn tanlinellu ei phwysigrwydd. Ond agwedd tra gwahanol fu gan y traddodiad Cristnogol o'r dechrau. Hyd heddiw, mae'r ddadl yn parhau ymysg esbonwyr ynglŷn â gwerth y llyfr i'r Cristion. Ym marn llawer, ni fu'r un o lyfrau eraill yr Hen Destament yn llai buddiol a ffrwythlon i'r diwinydd na hwn.

Mae eraill yn anghytuno ac yn dadlau bod i stori Esther le teilwng yn y Beibl. Mae ei hymateb i Mordecai'n profi ei bod yn cofio'i gwreiddiau, ac yn meithrin ynddi'r ymwybyddiaeth o'i chyfrifoldeb i achub ei chenedl. Defnyddir ei hesiampl gan Gristnogion yn America i annog eu cyd-gredinwyr du mewn swyddi cyfrifol i beidio ag anghofio'u tras yn y frwydr dros iawnderau dynol. Er nad yw Esther, yn fersiwn Hebraeg gwreiddiol y stori, yn enwi Duw, y mae'n dangos ei ffydd ynddo trwy ymprydio.

Wrth ystyried statws y llyfr o fewn Cristnogaeth, rhoddwn sylw i'r ddwy agwedd, negyddol a chadarnhaol. Yn y drafodaeth, perthnasol yw ystyried pa fersiwn sydd dan sylw: y Beibl Hebraeg, lle mae Duw y tu ôl i'r llenni, yw testun y Protestaniaid; y Beibl Groeg, gyda'i bwyslais diwinyddol amlwg, yw testun y Catholigion Rhufeinig.

Agwedd negyddol

Pan ddaeth Beibl yr Iddewon yn rhan o Ysgrythur yr Eglwys Gristnogol, ni chafodd Llyfr Esther fawr o groeso. Mewn sawl rhestr o lyfrau'r Beibl sy'n tarddu o gyfnod cynnar yr Eglwys, nid oes unrhyw gyfeiriad ato. Bu'n rhaid aros hyd yr wythfed ganrif nes iddo gael ei ystyried yn ysgrythur ysbrydoledig a'i gynnwys ym Meibl Eglwys y Dwyrain. Llugoer hefyd oedd agwedd Eglwys y Gorllewin tuag ato. Caiff ei enwi ymysg ei llyfrau sanctaidd, ond yn aml iawn dyma'r llyfr olaf ar y rhestr. Rhoddwyd lle iddo yn y Beibl yn ystod degawd olaf y bedwaredd ganrif ar yr amod fod yr ychwanegiadau a wneir yn y fersiwn Groegaidd yn cael eu cydnabod fel rhan swyddogol o'r llyfr. Serch hynny, ychydig iawn o sylw a gafodd gan ddiwinyddion am ganrifoedd. Prin yw'r cyfeiriadau ato yng ngweithiau tadau'r Eglwys Fore. Dim ond yn y nawfed ganrif yr ymddangosodd yr esboniad Cristnogol cyntaf arno. Beth oedd i gyfrif am hyn? Pam y cafodd ei anwybyddu a'i ystyried yn ymylol i Gristnogaeth yn y cyfnod cynnar?

Roedd y ddadl ymysg yr Iddewon ynglŷn â natur y llyfr, a barhaodd ymhell wedi i'r canon Hebreig gael ei gwblhau, yn siŵr o fod wedi milwrio yn erbyn rhoi derbyniad gwresog iddo gan Gristnogion. Sylwodd y tadau eglwysig, fel y gwnaeth y rabiniaid, ar gynnwys seciwlar y stori ar draul y diwynyddol. Yn eu barn hwy, roedd dau beth arall yn arwyddocaol: y ffaith nad oes ddyfyniad o'r llyfr yn y Testament Newydd, a'r ffaith fod Esther yn absennol o'r rhestr faith o wroniaid y grefydd Iddewig yn y Llythyr at yr Hebreaid, y 'torf o dystion' a ddylai ysbrydoli Cristnogion i redeg yr yrfa sydd o'u blaen heb ddiffygio (Heb. 11:4 – 12:2).

Y cyntaf i gondemnio stori Esther heb flewyn ar dafod oedd Martin Luther. 'Rwy'n casáu'r llyfr hwn gymaint', meddai, 'nes fy mod yn dymuno na fyddai'n bod o gwbl'. Mae'n ei wrthod am ddau reswm. Y rheswm cyntaf oedd ei fod yn rhy *Iddewig*. Hynny yw, mae'n rhy genedlaethol ei naws. Nid yw'r sylw a roddir yn y stori i achub yr Iddewon yn gwneud dim i gefnogi'r athrawiaeth sy'n greiddiol i ddiwinyddiaeth Luther, fod yr Hen Destament yn rhagfynegi'r Newydd. Fel y dywedodd Awstin Sant, ei arwr mawr: 'Mae'r Newydd yn guddiedig yn yr Hen; mae'r Hen yn ddatguddiedig yn y Newydd'. Nid oes yn Llyfr Esther yr un testun sy'n proffwydo'r Meseia. Mae felly'n ddiwerth i ddiwinyddiaeth sy'n gweld y berthynas rhwng y ddau destament yn nhermau addewid a chyflawniad.

Ail reswm Luther dros wrthod y llyfr oedd ei fod yn rhy *baganaidd*. Yn lle trin pynciau megis bywyd rhinweddol Iddewon y Gwasgariad, a gofal rhagluniaethol Duw ohonynt, mae'r awdur yn morio yn oferedd y llys brenhinol a diwylliant di-gred y Persiaid. Roedd y fath ddifaterwch ynglŷn â chred a moes yr un mor annerbyniol i Luther ag ydoedd i'r tadau cynnar. Cofier bod Luther yn darllen Esther yn yr Hebraeg gwreiddiol. Nid oedd yn cydnabod ychwanegiadau'r fersiwn Groegaidd, sy'n rhoi lle amlwg i Dduw a duwioldeb yn y stori, fel rhan o'r Ysgrythur.

Daw llawer o esbonwyr Protestannaidd, ysgolheigion dylanwadol ym myd beirniadaeth Feiblaidd o ddiwedd y ddeunawfed ganrif ymlaen, i'r un casgliad â Luther. Pan ddechreuwyd cyhoeddi cyfresi o esboniadau ar y Beibl cyfan yn ystod hanner cyntaf yr ugeinfed ganrif, daeth eu hagwedd negyddol tuag at Lyfr Esther i'r amlwg. Yn ysbryd dialgar Iddewon Susan, gwelant *genedlaetholdeb eithafol*. Yn eu barn hwy, byrdwn y stori yw'r gynnen dragwyddol rhwng Iddew a chenedl-ddyn. Gwêl un esboniwr waith cenedlaetholwr wedi mynd o'i go yn y llyfr! Ni ddylai'r grefydd Gristnogol, sy'n croesawu pob cenedl, arddel stori mor genedlaethol, milwriaethus ac anoddefgar ei naws.

Maen tramgwydd arall i amryw o Gristnogion wrth ystyried y llyfr yw *neilltuoliaeth hunangyfiawn* yr Iddewon. Mae natur ac egwyddorion Iddewiaeth yn ei gwneud yn amhosibl i Iddewon gymhathu neu addasu i'r byd o'u cwmpas. Sail apêl Haman i Ahasferus orchymyn hil-laddiad oedd bod yr Iddewon yn eu cadw eu hunain ar wahân (Esth. 3:8), ac felly'n bygwth sefydlogrwydd y deyrnas. Adleisiodd y cyhuddiad hwn o 'greu cenedl o fewn cenedl' i lawr y canrifoedd gyda chanlyniadau alaethus; creodd agendor rhwng yr Iddew a'i gymydog, boed bagan neu Gristion, na ellid ei bontio. Roedd yr ymresymiad a oedd wrth wraidd deddfau'r Hen Destament ynglŷn â neilltuo oddi wrth gymdeithas a byw ar wahân yn ddirgelwch llwyr i genedl-ddynion. Roedd hybu neilltuoliaeth yn hollol groes i Gristnogaeth, lle nad oes Iddew na Groegwr, caeth na rhydd.

Efallai fod gwir yn y dywediad, 'good fences make good neighbours'. Ond gellir ystyried ffiniau hefyd fel bygythiad sy'n arwain at amheuaeth ac ofn, ac ymhen amser, at erledigaeth. Tuedd diwinyddion Cristnogol yw canolbwyntio ar neges gyfanfydol neu hollgyffredinol llyfrau megis Jona, Amos ac Eseia ac anwybyddu safbwynt Esra, Nehemeia a'r Croniclydd, lle mae'r pwyslais ar y berthynas rhwng Duw a'i genedl etholedig. Ymateb yr Eglwys i'r fath agwedd wrthgymdeithasol oedd sarhau a difrïo'r Iddewon bob cyfle posibl. Y mae'r nifer o lyfrau sy'n dwyn y teitl cyffredinol *Yn erbyn yr Iddewon* gan awduron Cristnogol yn y canrifoedd cynnar OC, yn ogystal â deddfau gwrth-Iddewig yr Ymerodraeth Rufeinig, yn tystio i'r atgasedd a ddeuai i'r wyneb yn gyson.

Gwnaeth y Natsïaid ddefnydd helaeth o'r llên a'r deddfau yn eu propaganda.

Rheswm pellach dros yr agwedd negyddol yw diben y stori, sef cyfreithloni *cadw gŵyl genedlaethol* yn dathlu buddugoliaeth Iddewig. Gan nad yw Pwrim yn ŵyl Gristnogol, yn wahanol i wyliau Iddewig eraill megis y Pasg a'r Pentecost a addaswyd gan yr Eglwys, camgymeriad mawr oedd cynnwys y llyfr ym Meibl y Cristion, hyd yn oed gydag ychwanegiadau duwiolfrydig y fersiwn Groeg. A pha un bynnag, prin fod gan Pwrim unrhyw arwyddocâd defosiynol hyd yn oed i Iddew; rhialtwch a gloddesta fu prif nodweddion yr ŵyl o'r dechrau.

Ymhlith Protestaniaid, dadl ychwanegol yn erbyn y llyfr yw ei *ddiffygion diwinyddol*. Mae amryw o'r cyfrolau safonol sy'n ymdrin â diwinyddiaeth yr Hen Destament yn ei anwybyddu'n llwyr am nad yw'n ymwneud â themâu mawr y Beibl, megis cyfamod, cyfraith, iachawdwriaeth a gras, heb sôn am y ffaith na chaiff Duw ei enwi ynddo. Tyst ydyw, meddir, i dueddiadau tywyll yr enaid: eiddigedd, casineb, balchder a dicter. Fe'i disgrifir gan un ysgolhaig fel 'diffeithwch digroeso' i'r diwinydd am nad oes yr un cymeriad rhinweddol yn y llyfr cyfan; ei brif nodwedd yw creulondeb didostur sy'n arwain at ddiweddglo 'yn drewi o waed'. O gofio cefndir, cynnwys a diben y llyfr, mae amryw o esbonwyr yn argyhoeddedig na ddylai'r un pregethwr Cristnogol godi testun ohono. Digalon yw canfod cymaint o wrth-Iddewiaeth yn cael ei fynegi mewn esboniadau Cristnogol cyfoes.

Agwedd gadarnhaol

Yn ystod y trigain mlynedd diwethaf gwnaed ymgais i geisio cywiro'r rhagfarn yn erbyn stori Esther trwy weld ynddi ddiben amgenach na hybu gwladgarwch Iddewig. Gan ei bod yn y Beibl, cred amryw o ysgolheigion Cristnogol ei bod yn ofynnol cynnig esboniad sy'n ei gwneud yn berthnasol i'r Cristion. Un ffordd o gael neges ddiwinyddol o'r stori yw defnyddio alegori. Ffordd arall yw gweld ynddi gadarnhad o etholedigaeth y genedl Iddewig, a chydnabod arwyddocâd hynny i Gristnogaeth. Gellir hefyd gyfiawnhau ei hystyried fel testun sy'n rhoi gobaith i leiafrifoedd yn byw dan orthrwm.

Alegori. Wrth ddefnyddio alegori, mae'r esboniwr yn turio dan yr wyneb i chwilio am neges ysbrydol yn y digwyddiadau a'r cymeriadau. Golyga hyn fynd heibio i ystyr llythrennol y stori ac anwybyddu ei chyd-destun gwreiddiol. Rhaid ceisio darganfod ynddi arwyddocâd dyfnach a phwysicach sy'n rhagfynegi neu gadarnhau neges yr Efengyl. Sylwn ar ddwy esiampl o alegoreiddio'r stori sy'n ei gosod mewn fframwaith Cristnogol.

Yn gyntaf, darllen y stori fel alegori o *Grist a'r Eglwys*. Wrth iddo arbed ei bobl a derbyn clod ganddynt mae Mordecai'n rhaglun o Grist yn achub dynoliaeth ac yn cael ei addoli gan ei ddilynwyr. A rhaglun o'r Synagog yn cael ei ddiarddel gan Dduw am i'r Iddewon wrthod derbyn bedydd yw alltudiaeth y Frenhines Fasti o'r llys am iddi anufuddhau i'r brenin. Alegori o'r Eglwys yn cymryd lle'r Synagog yng nghariad Duw a'i gynllun ar gyfer dynoliaeth yw hanes Esther yn dod i'r orsedd yn lle Fasti. Mae hyn yn gweddu'n berffaith i'r syniad fod Cristnogaeth yn rhagori ar Iddewiaeth, sef nodwedd greiddiol o ddiwinyddiaeth y tadau cynnar gyda'u pwyslais ar yr Israel Newydd (yr Eglwys) yn disodli'r Hen Israel (y Synagog). Rhaglun o Satan yn ceisio dinistrio'r Eglwys, neu o Jwdas yn derbyn arian am ei anfadwaith, yw gorchymyn Haman i ladd yr Iddewon.

Yn ail, gweld yn y stori alegori o'r *Forwyn Fair*. Rhagddelw neu brototeip o Fair oedd Esther. Sylwer ar y nodweddion sy'n gyffredin i'r ddwy. Cânt eu dewis i bwrpas arbennig: Esther gan y brenin i fod yn frenhines, a Mair gan Dduw i fod yn fam i'w Fab. Er bod y dasg yn ymddangos yn amhosibl, mae'r ddwy'n ymateb yn ostyngedig i'r alwad: Esther i orchymyn Mordecai, a Mair i air Duw. Mae'r ddwy'n eiriol dros y rhai sydd angen eu cymorth: Esther dros yr Iddewon ar y brenin, a Mair dros bechaduriaid ar Dduw. (Mae'r gred fod Mair yn gwrando gweddïau'r ffyddloniaid ac yn eiriol drostynt yn tarddu o'r bedwaredd ganrif.) Mae'r ddwy'n achub y rhai y maent yn eiriol drostynt: Esther yn achub ei chyd-Iddewon rhag hil-laddiad, a Mair yn achub dynoliaeth trwy roi genedigaeth i Fab Duw. Mae'r ddwy'n derbyn coron: Esther fel brenhines Persia a Mair fel Brenhines y Nefoedd. 'Gwelwyd arwydd mawr yn y nef, gwraig wedi ei gwisgo â'r haul, â'r lleuad dan ei thraed a deuddeg seren yn goron ar ei phen. Yr oedd yn feichiog' (Dat. 12:1).

Mae'r dull hwn o ddehongli'r llyfr fel rhaglun o'r grefydd Gristnogol yn tarddu o'r esboniad cyntaf a wnaed ohono gan Archesgob Mainz yn yr Oesoedd

Canol. Er na fu erioed yn boblogaidd ymysg Protestaniaid, mae'n dal ei dir yn yr Eglwys Gatholig Rufeinig.

Etholedigaeth. Bu bodolaeth y genedl Iddewig yn ddraen yn ystlys diwinyddion Cristnogol am ganrifoedd. Esgorodd agwedd negyddol y tadau cynnar ar ddeddfau gwrth-Iddewig yr Ymerodraeth Rufeinig, erledigaeth y Croesgadwyr, creulondeb y Chwilys yn Sbaen, atgasedd Martin Luther, a'r gyflafan dan y Natsïaid. Ond daeth tro ar fyd gyda'r Holocost, ac yn ei gysgod aeth yr Eglwys ati i ail-ystyried ei hagwedd at yr Iddewon. Canolbwyntiodd ar dri thestun yn y Testament Newydd sy'n cydnabod lle arbennig Iddewiaeth yn arfaeth Duw; testunau sy'n rhoi pwyslais amlwg ar y syniad fod Israel wedi cael ei dewis gan Dduw i bwrpas arbennig.

Ioan 4:22. Ar un o'i deithiau pregethu, mae Iesu'n aros wrth ffynnon Jacob ar gyrion Samaria. Daw gwraig o'r dref i dynnu dŵr, ac mae'n sgwrsio â hi. Mae'n gwrthod crefydd y Samariaid trwy ddweud yn hollol bendant: 'Oddi wrth yr Iddewon y mae iachawdwriaeth yn dod'. Tanlinellir neilltuoliaeth ac etholedigaeth yr Iddewon trwy ddweud fod ganddynt le arbennig yn arfaeth Duw.

Rhufeiniaid 9:3–5. Wrth gyfeirio at ei gyd-Iddewon, mae gofid Paul yn fawr drostynt: 'Israeliaid ydynt; eu heiddo hwy yw'r mabwysiad, y gogoniant, y cyfamodau, y Gyfraith, yr addoliad a'r addewidion ... ac oddi wrthynt hwy, yn ôl ei linach naturiol, y daeth y Meseia'.

Rhufeiniaid 11:1–2a, 28–29. Yma eto, mae Paul yn pwysleisio statws etholedig y genedl Iddewig: 'A yw'n bosibl fod Duw wedi gwrthod ei bobl ei hun? Nac ydyw, ddim o gwbl! ... Nid yw Duw wedi gwrthod ei bobl, y bobl a adnabu cyn eu bod ... O safbwynt eu hethol gan Dduw, y maent yn annwyl ganddo, ond y maent felly o achos yr hynafiaid. Oherwydd nid oes tynnu'n ôl ar roddion graslon Duw, a'i alwad ef.' Pobl â rhan allweddol ganddynt yng nghynllun Duw ar gyfer ei greadigaeth yw'r Iddewon.

Syniadau cadarnhaol fel hyn a gafodd sylw gan ddiwinyddion yn ystod y trigain mlynedd diwethaf, yn hytrach na rhai negyddol megis: 'Boed ei waed arnom ni ac ar ein plant' (Mt. 27:25); 'Plant ydych chwi i'ch tad, y diafol'

(In. 8:44); 'Nid ydynt yn boddhau Duw, ac y maent yn elyniaethus i bawb' (1 Thes. 2:15). Rhoddwyd lle canolog i'r adnodau gelyniaethus hyn, a rhai tebyg iddynt, yn nysgeidiaeth yr Eglwys am ganrifoedd. Ond yng ngoleuni'r testunau cadarnhaol, mae ysgolheigion bellach yn cydnabod llaw Duw yn hanes Israel. Etholwyd y genedl i ddiben arbennig. Cafodd ei hamddiffyn a'i harwain trwy bob cyfnod cythryblus yn ei hanes am fod ei pharhad yn berthnasol i fwriad yr un a'i dewisodd.

Goroesiad yr Iddewon a'u hunaniaeth fel cenedl etholedig Duw yw byrdwn Llyfr Esther. Mae cadwraeth y genedl yn bwnc o bwys ynddo'i hun. Gan mai Iddewiaeth yw crud Cristnogaeth, yn yr ystyr mai ohoni hi y daeth Gwaredwr (Iddewig) y byd, mae gan yr Eglwys gyfiawnhad dros weld bwriad rhagluniaethol Duw yn ymdrechion y genedl i sicrhau ei pharhad. Un o wersi stori Esther yw nad yw Duw'n goddef erlid yr Iddewon; gwers sydd ag arwyddocâd arbennig i gredinwyr Cristnogol yn y cyfnod wedi'r Holocost.

❖ Cwestiynau i'w trafod

1. A ydych yn credu fod Llyfr Esther yn teilyngu lle yn y Beibl Cristnogol?

2. Sut y gellir defnyddio stori Esther fel sylfaen i drafod gwrth-semitiaeth?

Llyfr Jona: Hir Oes Stori Fer

Rhagarweiniad

Ein testun yw stori fer yn cynnwys pedair pennod, cyfanswm o bedwar deg wyth o adnodau. *'One of the smallest strands in the mighty cable of the Scriptures'*, yw disgrifiad y Tad Mapple ohono ar ei bregeth yn y nofel enwog *Moby Dick*. Ond er mai un o lyfrau byrraf y Beibl ydyw, mae'r diddordeb ynddo dros y canrifoedd wedi bod yn aruthrol. Yn y byd seciwlar, mae llenorion ac arlunwyr wedi defnyddio'r stori fel sylfaen i'w gwaith. Mewn cylchoedd diwinyddol, mae ysgolheigion wedi pendroni drosti mewn esboniadau, llyfrau ac erthyglau. Yn ôl un esboniwr, Llyfr Jona yw un o lyfrau mwyaf dyrys a phryfoclyd yr Hen Destament.

Daw'r cymhlethdod yn amlwg o ystyried rhai o'r cwestiynau sy'n codi wrth drafod y llyfr:

- Ai hanes ffeithiol ynteu gynnyrch dychymyg yr awdur yw'r cynnwys? Ffaith ynteu ffansi?

- O ystyried patrwm llenyddol y llyfr, a yw ei leoliad ymhlith y llyfrau proffwydol yn gamarweiniol?

- Beth oedd arwyddocâd diwinyddol y stori i'r awdur, ac i'r sawl a benderfynodd ei chynnwys rhwng cloriau'r Beibl?

- Pa wirioneddau mae Iddewon, Cristnogion a Moslemiaid wedi eu canfod yn y llyfr?

- Beth yw'r ymateb priodol i agwedd Jona at ei alwad i broffwydo – cydymdeimlo ynteu gollfarnu?

- Ai gwaith un awdur yw'r llyfr cyfan, ynteu a oes ôl mwy nag un llaw arno?

Y ffaith nad oes un ateb syml ac uniongyrchol i'r cwestiynau hyn, ac eraill tebyg iddynt, sydd wedi arwain at drafodaeth fanwl ymhlith ysgolheigion dros y canrifoedd. Cyn i ni fynd at y testun ei hun a cheisio'i esbonio, rhoddwn sylw i rai o nodweddion amlwg y llyfr, ac i'w arwyddocâd diwinyddol.

Stori adnabyddus

Er gwaethaf ei maint, stori Jona yw un o'r mwyaf cyfarwydd ac adnabyddus yn hanes llên. Cafodd ei chymharu ag octopws am ei bod wedi treiddio i ymron pob diwylliant, ac wedi cael dylanwad ymhell y tu hwnt i'r cyddestun gwreiddiol. Heblaw efallai am stori Noa, stori Jona o bosibl yw'r stori Feiblaidd fwyaf adnabyddus. O holl broffwydi Israel, mae'n debyg mai Jona yw'r mwyaf cyfarwydd i bobl yn gyffredinol. Go brin fod Obadeia, Joel, Seffaneia, a'r proffwydi eraill a roes eu henwau i lyfrau proffwydol yr Hen Destament, yn enwau cyfarwydd. Mae hyd yn oed bobl nad ydynt erioed wedi agor y Beibl yn gwybod rhywbeth am hynt a helynt Jona. Cofiaf gydweithiwr yn Rhydychen, ysgolhaig Beiblaidd, yn dweud wrthyf iddo grybwyll wrth ffrind ei fod yn ymchwilio i gefndir stori Jona er mwyn cyfrannu at gyfres o esboniadau ar yr Hen Destament. Ymateb ei ffrind oedd: 'O, ydi stori Jona yn y Beibl, ydi hi?' Roedd y stori, neu o leiaf un elfen ohoni, yn wybyddus; ond roedd ei chefndir a'i tharddiad yn ddirgelwch llwyr.

O'r stori gyfan, y ffaith i'r arwr gael ei lyncu gan bysgodyn a byw i ddweud yr hanes yw'r hyn sy'n aros yn fyw yn y cof. Mae llawer yn meddwl am y proffwyd a'r pysgodyn fel rhyw fath o act ddwbl, debyg i *Laurel a Hardy* neu *Gilbert a Sullivan*. Yr hyn y byddai'r mwyafrif o esbonwyr yn ei ystyried yn elfen chwedlonol sydd wedi goroesi, er nad yw'r profiad yn ganolog i neges y llyfr, ac er mai tair adnod yn unig yn y llyfr cyfan sy'n cyfeirio ato – Jona ym mol y pysgodyn.

Stori anghyffredin

Mae'r stori'n peri syndod i'r darllenydd am ei bod yn gwbl groes i synnwyr cyffredin. '*The Book of Jonah gives common sense a battering*,' meddai un esboniwr. Mae bron y cyfan sy'n digwydd yn tanseilio ein syniadau am y ffordd y mae'r byd yn gweithio. Ceir ym mhob pennod rywbeth mor anghyffredin nes bod y stori yn ei chrynswth yn gwrthbrofi ein rhagdybiaethau. Er enghraifft, nid yw'n bosibl i unrhyw un fyw am dridiau ym mol pysgodyn, pa mor fawr bynnag y bo hwnnw, heb sôn am gyfansoddi gweddi fydryddol yr un pryd; ni fyddai'r Asyriaid, pobl rymus, greulon a dialgar, yn debygol o ddiwygio eu ffordd o fyw ar gorn bygythiad gan broffwyd Iddewig y caent eu dinistrio; ac ni all planhigyn, sy'n ddigon trwchus i roi cysgod rhag yr haul, dyfu a gwywo mewn llai na diwrnod.

Mae'n amlwg fod byd dychmygol y stori'n mynd â ni i gyfeiriad gwahanol iawn i realiti'r byd yr ydym yn ei adnabod trwy brofiad a synnwyr cyffredin. Dyma ymateb Martin Luther i'r disgrifiad o Jona ym mol y pysgodyn: 'Myn Duw, mae hwn yn llyfr rhyfeddol! Pwy all ddeall yn hollol sut y bu rhywun fyw am dri diwrnod a thair noson mewn pysgodyn yng nghanol y môr, ar ei ben ei hun, heb oleuni, heb fwyd, a dod allan yn fyw? Mordaith arbennig oedd honno. Pwy fyddai'n credu stori mor anhygoel, pe na bai yn y Beibl?' Byddwn yn dilyn y trywydd hwn, sef natur anghyffredin y stori, am beth o'r ffordd wrth sylwi ar ei hir oes. Ond yn bennaf, talwn sylw i'w harwyddocâd crefyddol i'r Iddew a'r Cristion.

Llyfr unigryw

Yn y traddodiad Iddewig, cyfrifir Jona yn un o'r proffwydi bychain. Pan luniwyd y Beibl, cafodd y llyfr ei gynnwys gan y rabiniaid o fewn sgrôl y deuddeg proffwyd sy'n ymestyn o Hosea i Malachi. Hynny yw, nid llyfr annibynnol megis Ruth, Esther neu Daniel mohono, ond rhan gydnabyddedig o lên broffwydol Iddewiaeth. Serch hynny, mae'r llyfr yn unigryw ymysg llyfrau'r proffwydi eraill. Ystyriwn beth, o safbwynt llenyddol, sy'n gwahaniaethu Jona oddi wrth y lleill.

Gorchymyn annodweddiadol

Mae'r gorchymyn a gaiff Jona, a'i ymateb yntau iddo, yn unigryw. Dyma'r unig enghraifft yn y Beibl o Dduw'n anfon cennad i ddinas baganaidd i broffwydo ei dinistr. Bron yn ddieithriad, eu cyd-Israeliaid yw cynulleidfa'r proffwydi. Cânt eu galw i bregethu i'w pobl eu hunain. Ond anfonir Jona at elynion pennaf ei genedl ei hun. Pa ryfedd ei fod yn ystyried y dasg yn gwbl afresymol ac amhosibl? Ef yw'r unig broffwyd sy'n gwrthod ufuddhau i Dduw. Ym mhob achos arall, mae'r sawl a elwir yn derbyn yr alwad, os nad ar unwaith, yna'n sicr ymhen amser.

Neges y proffwyd

Prif amcan llyfr proffwydol yw cyflwyno neges y proffwyd i'w gyfoedion. Oraclau neu bregethau, geiriau'r proffwyd a gasglwyd ac a gofnodwyd gan ei ddisgyblion, yw naw deg y cant o gynnwys pob llyfr. Er mai rhybudd a barn, gydag ambell lygedyn gobeithiol, yw pwnc y rhan fwyaf ohonynt, mae pob un yn cynnwys neges gyfamserol ac awdurdodol i'r gwrandawyr oddi wrth Dduw. Bron yn ddieithriad, 'Fel hyn y dywed yr Arglwydd' yw'r geiriau agoriadol. Er i Jona gael ei gyfrif ymysg y proffwydi, mae un gwahaniaeth sylfaenol rhyngddo a'r proffwydi eraill. Mewn llyfr o bedair pennod, dim ond hanner un adnod sy'n cynnwys neges gan Jona ei hun, sef 'Ymhen deugain diwrnod fe ddymchwelir Ninefe' (3:4b). Mae yna lyfrau byrrach na Jona – er enghraifft, Obadeia, Nahum a Haggai – ond nid yw'r un proffwyd yn traddodi pregeth fyrrach.

Natur y llyfr

Ychydig iawn o fanylion hanesyddol a bywgraffyddol a roddir yn y llyfrau proffwydol, yn enwedig yn achos y proffwydi bychain. Ond unwaith eto, mae Jona'n eithriad. Mae llyfrau'r proffwydi eraill yn gyforiog o bregethau. Ond stori, nid casgliad o bregethau sydd yma. Mae'r gofod a roddir i'r stori'n awgrymu fod y proffwyd a'i brofiadau'n bwysicach na'i bregeth yng ngolwg yr awdur. Nid yn y pregethu, ond ym mywyd ac ymddygiad Jona a'r ddeialog rhyngddo a Duw y mae neges y llyfr. Yr elfen storïol ynddo yw un nodwedd sy'n ei wneud yn unigryw ymysg llyfrau proffwydol y Beibl. Mae'r stori'n cynnwys llawer o wamalu a thynnu coes; mae'n llyfr ysmala, ac yn llawn hwyl a digrifwch. Mae hefyd yn gyforiog o'r gwyrthiol; a cheir ynddo amryw o gyfeiriadau at Dduw'n ymyrryd yng nghwrs y byd.

Lleoliad y llyfr

Y llyfr tebycaf i Lyfr Jona yw Llyfr Daniel, sy'n neilltuo'i chwe phennod gyntaf i ddweud hanes yr arwr, er mwyn i'r darllenwyr ddysgu gwers oddi wrth ei ffydd a'i dduwioldeb. Ond yn y Beibl Hebraeg, ni osodwyd Llyfr Daniel gyda llyfrau'r proffwydi, sef ail ran yr Ysgrythur sy'n dilyn y Tora. Fe'i rhoddwyd yn hytrach gyda'r Ysgrifeniadau, rhan olaf yr Ysgrythur. Yn ôl rhai esbonwyr, yno hefyd y dylai Jona fod. Gan mai hynt a helynt y proffwyd, yn hytrach na'i neges, a gaiff sylw'r awdur, bernir ei fod yn y rhan anghywir o'r Beibl. Un eglurhad yw iddo gael ei gynnwys yn sgrôl y proffwydi bychain er mwyn sicrhau deuddeg ohonynt. Ond pam deuddeg? Eglurhad arall yw ei fod yn llyfr delfrydol i olynu Obadeia, sy'n cyfeirio'n ôl at gennad a anfonwyd 'i blith y cenhedloedd' (Ob. 1); disgrifiad a fyddai'n addas iawn i Jona.

Y nodweddion hyn sy'n arwain esbonwyr i'r casgliad fod Llyfr Jona'n sefyll ar ei ben ei hun o safbwynt llên. Fe'i cyfrifir yn eithriad yn yr Ysgrythur, yr '*odd-man-out*' ymhlith llyfrau'r Hen Destament.

Arwyddocâd crefyddol

O safbwynt ei ddiwinyddiaeth, mae Llyfr Jona wedi herio a symbylu credinwyr ers dros ddau fileniwm. Er bod y stori'n hanu o'r byd Iddewig ymhell cyn y cyfnod Cristnogol, cafodd ei mabwysiadu gan Gristnogaeth ac Islam. Ond mae'r tair crefydd yn rhoi eglurhad gwahanol iddi. Yn hyn o beth, mae'r llyfr yn hyblyg iawn.

Iddewiaeth

Mae'r ffaith i'r llyfr gael ei gynnwys yn y Beibl yn golygu fod iddo arwyddocâd arbennig i'r Iddewon. Ni fyddai wedi cael lle ymhlith eu llyfrau awdurdodedig heb fod ganddo neges o bwys i'w thraddodi.

Cristnogaeth

Y tri chyfeiriad yn yr efengylau at 'arwydd Jona' a roddodd le i'r stori yn y Testament Newydd. O'r canrifoedd cynnar ymlaen, rhoddwyd sylw arbennig iddi gan ddiwinyddion Cristnogol, yn enwedig yng nghyd-destun yr anghydfod parhaus rhwng yr Eglwys a'r Synagog.

Islam

Er bod y Beibl Hebraeg yn cynnwys pymtheg o lyfrau proffwydol, Jona yw'r unig broffwyd y mae'r Corân yn cyfeirio ato. Fe'i disgrifir fel 'dyn y pysgodyn', a rhestrir ei ragoriaethau. Haedda glod am iddo edifarhau am ei anufudd-dod, galw ar Dduw i'w achub mewn argyfwng, a llwyddo i droi ei wrandawyr oddi wrth eilunod trwy bregethu undduwiaeth. Tystiolaeth yw ei stori fod Duw'n gwobrwyo'r ffyddloniaid yn y byd hwn ac yn y byd a ddaw.

Yn y penodau sy'n dilyn, cawn olwg led fanwl ar y llyfr er mwyn ymgyfarwyddo â'i gynnwys cyn rhoi sylw i'r defnydd a wnaed, ac a wneir, ohono mewn Iddewiaeth a Christnogaeth. Byddwn hefyd yn ystyried ei batrwm llenyddol, ei ddyddiad a'i neges. Er mwyn hwyluso'r astudiaeth, bwriedir ystyried y stori fel drama mewn dwy act, y gyntaf ar y môr a'r ail ar y tir. Canlyniad anufudd-dod yw pwnc yr act gyntaf (1:1 – 2:10). Disgrifio'r genhadaeth i Ninefe a wna'r ail act (3:1 – 4:11). Y cymeriadau yw Duw, Jona, y llongwyr a thrigolion Ninefe. Y celfi pwysicaf yw llong, pysgodyn, caban a choeden.

1. Cennad Cyndyn
Jona 1:1-3

Mae paragraff cyntaf unrhyw stori'n bwysig. Ceir ynddo amlinelliad, neu o leiaf awgrym, o'r hyn sydd i ddigwydd, fel bod y darllenydd yn gwybod yn fras beth i'w ddisgwyl yn y tudalennau sy'n dilyn. Yn Llyfr Jona, mae geiriau agoriadol yr act gyntaf yn hoelio ein sylw ar dair agwedd o'r stori. Yn gyntaf, y *cymeriadau*. Ar wahân i Dduw, y prif gymeriad yw Jona, ac mae'n amlwg y bydd datblygiad y stori'n dibynnu'n uniongyrchol arno ef. Yn ail, *cynnen*. Daw pwnc canolog y stori'n amlwg yn yr ail adnod, sef y gwrthdaro rhwng daioni Duw a drygioni Ninefe, a gall y darllenydd ddisgwyl gweld y gwrthdaro hwn yng nghwrs y stori. Yn olaf, *cymhlethdod*. Cyfyd problem sydd am amharu ar rediad y stori a chreu dryswch i'r darllenydd, sef anufudd-dod Jona; a chyn y ceir gwybod canlyniad yr anghydfod rhwng Duw a Ninefe, rhaid delio â'r gyfathrach rhyngddo a'r proffwyd penstiff, cyfathrach sy'n dechrau gyda gorchymyn.

Gorchymyn (1:1-2)

Elfen amlwg mewn llawer o'r llyfrau proffwydol yw adroddiad neu ddisgrifiad o alwad y proffwyd. Fel rheol, daw un ai ar ddechrau'r llyfr neu'n fuan wedyn. Mae iddo ddiben arbennig. Ym mhob achos bron, mae'r adnodau perthnasol yn gosod y proffwyd mewn cyfnod cythryblus yn hanes Israel. Caiff ei anfon at ei bobl i bregethu barn, i gondemnio anghyfiawnder, i alw am edifeirwch, ac i addo gwawr wedi hirnos. Mae'r alwad yn cyfreithloni gweithredoedd a geiriau'r sawl sy'n cynrychioli Duw trwy roi iddo awdurdod. Adrodd hanes yr alwad yw dull yr awdur o sicrhau ei ddarllenwyr o hygrededd neges y proffwyd. Nodwedd gyffredin ym mhob hanesyn yw bod Duw'n cael ei ffordd, er i'r proffwyd ar brydiau deimlo'n anniddig a phetruso cyn ufuddhau i'r gorchymyn. Dechreuwn trwy sylwi sut y mae galwad Jona'n adlewyrchu'r nodweddion cyffredinol hyn.

Mae'r adnod gyntaf yn dilyn arddull y llyfrau proffwydol trwy ddefnyddio'r fformiwla draddodiadol i gyflwyno neges y proffwyd: 'Daeth gair yr ARGLWYDD at Jona fab Amittai' (1:1). Roedd gan bob cenedl ei duw ei hun. Enw priod Duw Israel yw 'Arglwydd' neu 'Yahweh'. Fe'i defnyddir gan yr awdur yn yr adnod agoriadol er mwyn dynodi awdurdod y sawl sy'n siarad. Mae'r ffaith fod yr enw'n ymddangos chwe gwaith ar hugain mewn llyfr o bedair pennod yn tanlinellu diddordeb diwinyddol yr awdur.

Yn Israel gyfoes, mae 'Jona' yn enw ar fab neu ferch. Ei ystyr yw 'colomen'. Anfonodd Noa golomen allan o'r arch i chwilio am dir sych; daeth yn ôl gyda deilen olewydd werdd yn ei phig. Trwy ddewis yr enw hwn ar ei brif gymeriad, tybed a yw'r awdur am i'r darllenydd gredu y gellir dibynnu ar Jona i gwblhau ei dasg yn llwyddiannus? Yn y traddodiad Iddewig, defnyddir y golomen fel symbol o Israel (gweler Sal. 74:19; Hos. 7:11;11:11). 'Gwirionedd' neu 'ffyddlondeb' yw ystyr 'Amittai'. Defnyddia'r iaith Hebraeg 'mab' i olygu categori, neu i ddisgrifio cymeriad. Er enghraifft, gelwir Jwdas yn 'fab colledigaeth', hynny yw 'person colledig'. Ar sail ei enw, gellid cymryd yn ganiataol fod Duw wedi darganfod yn Jona'r cennad delfrydol, un a fyddai'n ffyddlon a geirwir. Rhesymol hefyd fyddai disgwyl i 'Colomen ap Ffyddlondeb' ufuddhau i orchymyn Duw. Ond mae'r stori'n mynd â ni i gyfeiriad hollol wahanol, sy'n awgrymu defnydd bwriadol o eironi a dychan.

Mynegir dyletswydd Jona gyda dwy ferf yn y modd gorchmynnol, y naill yn dilyn y llall heb gysylltair: 'Cod, dos i Ninefe, y ddinas fawr' (1:2). Mae'r arddull yn awgrymu brys. Er bod yr adnod gyntaf yn cyflwyno'r llyfr yn y dull traddodiadol, trwy grybwyll Ninefe, dinas baganaidd, gŵyr y darllenydd ar unwaith bod gwahaniaeth rhwng hwn a phob llyfr proffwydol arall. Eu cydwladwyr, nid paganiaid, oedd cynulleidfa proffwydi Israel. Mae maes cenhadol Jona'n awgrymu'n gryf y bydd cynnwys y stori hon yn eithaf anghyffredin.

Ond ar wahân i fod yn ddinas baganaidd, dewisir Ninefe fel cefndir i'r stori am fod ganddi le arbennig yn y traddodiad Iddewig cynnar. Hon oedd prif ddinas Asyria ar lan yr afon Tigris, dros bum can milltir i'r gogledd-ddwyrain o Israel. Yn ôl Genesis 10:8, hi oedd y ddinas gyntaf i gael ei hadeiladu gan Nimrod wedi'r dilyw. Yn ôl yr archeolegwyr, fe'i sefydlwyd tua 6000 CC.

Cyfeiriad at ei maint, ei diwylliant a'i statws yw disgrifiad awdur Jona ohoni fel dinas 'fawr iawn' (3:3). Tyfodd dros y canrifoedd yn ddinas foethus, ddiwylliedig ac unigryw yn yr hen fyd. Mewn olion llyfrgell yn dyddio o'r seithfed ganrif CC, pan oedd yr ymerodraeth yn ei hanterth yn ystod teyrnasiad y brenin Ashurbanipal, darganfuwyd dros ugain mil o dabledi clai yn cynnwys cyfreithiau, emynau, cyfarwyddiadau meddygol, swynion a chwedlau megis Stori Gilgamesh, sef sail stori Noa yn Genesis. Mae cyfran helaeth o'r darganfyddiadau yn yr Amgueddfa Brydeinig. Heddiw, y ddinas agosaf i'r adfeilion yw Mosul yng ngogledd Irac.

Roedd Ninefe hefyd yn symbol i bob Israeliad o rym a chreulondeb paganaidd. Cefndir hanesyddol stori Jona yw canol yr wythfed ganrif, tua 750 CC. Dyma'r cyfnod pan oedd ymerodraeth Asyria, y gelyn didostur o'r gogledd, yn dechrau datblygu'n rym peryglus yn y Dwyrain Canol. Ymledodd yn raddol i'r gorllewin gan lyncu'r gwledydd bychain o'i chwmpas. Yn 722 CC cipiodd teyrnas Israel, a'i gwneud yn rhan o'r ymerodraeth fel Talaith Samaria. Alltudiwyd miloedd o Israeliaid i Asyria. Dyma ddechrau'r traddodiad Iddewig am y deg llwyth coll, sef llwythau'r deyrnas ogleddol a ddiflannodd i'r dwyrain. Yn 701 CC, ymosododd Asyria ar Jwda, y deyrnas ddeheuol, a gosod gwarchae ar Jerwsalem. Esboniodd y proffwydi'r argyfwng trwy ddweud fod Duw'n defnyddio'r Asyriaid i gosbi ei bobl am eu hanufudd-dod. Meddai Eseia: 'Dônt o wlad bell, o eithaf y nefoedd – offer llid yr ARGLWYDD – i ddifa'r holl dir' (Es. 13:5). Dim ond o ganlyniad i weddi'r brenin Heseceia a thrwy wyrth y cafodd Jerwsalem ei harbed (gweler Es. 37:33–38).

Mynegir casineb yr Iddewon tuag at Asyria yn huawdl gan ddau broffwyd o'r seithfed ganrif, Nahum a Seffaneia. Caiff y ddau flas anghyffredin ar ddarogan dinistr haeddiannol Ninefe, a datgan mai dyna ewyllys Duw. Cenhadaeth Nahum yw cysuro'i bobl. ('Cysurwr' yw ystyr ei enw.) Gwna hynny trwy orfoleddu dros dranc a dioddefaint Ninefe. Bydd y trybini a ddaw arni'n erchyll. Ond ni fydd neb yn gofidio dros frenin Asyria: 'Ni ellir lliniaru dy glwyf; y mae dy archoll yn ddwfn. Bydd pob un a glyw'r newydd amdanat yn curo'i ddwylo o'th blegid. A oes rhywun nad yw wedi dioddef oddi wrth dy ddrygioni diddiwedd?' (Na. 3:19). Yr un neges sydd gan Seffaneia. Caiff y 'ddinas fostfawr' ei throi yn ddiffeithwch, yn 'lloches i anifeiliaid gwylltion!

Bydd pob un a â heibio iddi yn chwibanu ac yn codi dwrn arni' (Seff. 2:15). Gwireddwyd geiriau'r proffwydi yn 612 CC pan orchfygwyd Asyria gan y Babiloniaid. Dinistriwyd Ninefe, ac ni wnaed unrhyw ymgais i'w hailadeiladu. Cafodd yr henebau ac olion llyfrgell enwog Ashurbanipal eu hanrheithio ymhellach gan eithafwyr Moslemaidd yn OC 2015. Un o'r ychydig bethau sydd ar ôl erbyn hyn ymysg yr adfeilion yw bedd Jona.

Pa syndod fod Israel yn casáu Asyria â chas perffaith? Os oedd awduron yr Hen Destament eisiau symbol neu esiampl o fygythiad i barhad y genedl, roedd Asyria'n ateb y diben i'r dim. Y darlun cyfatebol i Iddewon yr ugeinfed ganrif fyddai Almaen y Natsïaid. Dinas 'waedlyd, sy'n dwyll i gyd, yn llawn anrhaith a heb derfyn ar ysbail' yw disgrifiad Nahum o Ninefe (Na. 3:1). Os oes angen gwireddu'r disgrifiad, gellir dyfynnu geiriau brenhinoedd Asyria ar eu coflechau yn ymffrostio yn eu creulondeb. Ond nid yw awdur Llyfr Jona'n manylu. Nid oedd angen iddo wneud hynny; roedd enwi'r ddinas yn ddigon. Gallai gymryd yn ganiatol fod y cefndir hanesyddol yn hysbys i'w ddarllenwyr, cefndir sydd yr un mor berthnasol i'r sawl sydd am ddeall y llyfr heddiw.

Felly, wrth lunio'i stori, nid ar hap y dewisodd yr awdur drigolion Ninefe fel cynulleidfa ar gyfer un o broffwydi Israel yn yr wythfed ganrif. Mae enwi'r ddinas yn hoelio sylw'r darllenydd ar unwaith. O gofio'r cyd-destun hanesyddol, mae nodi pen y daith yn sicrhau fod y stori'n cynnwys elfen o densiwn o'r dechrau. Nodwyd eisoes mai cynulleidfa pob proffwyd yn ddieithriad yw ei gyd-Israeliaid; ond i Ninefe, o bobman, yr anfonir Jona. Gwir fod y mwyafrif o'r proffwydi'n cyfeirio yn eu pregethau at genhedloedd eraill, ac yn eu barnu am eu drygioni. Ond gwnânt hynny o'u diogelwch o fewn terfynau Israel neu Jwda. Mae gofyn i broffwyd bregethu barn yn uniongyrchol i genedl elyniaethus yn ychwanegiad syfrdanol at ei swydd, a dweud y lleiaf.

Am fod profiad Jona'n mynd yn groes i'r traddodiad proffwydol, mae'r stori'n deffro ac yn cadw chwilfrydedd y darllenydd o'r dechrau. Ni chawn wybod beth yn hollol y mae Duw am i Jona ei ddweud yn Ninefe. Ond a chymryd ei fod yn mynd yno i bregethu barn, faint o groeso fydd iddo? A phan ddaw'r genhadaeth i ben, beth fydd tynged y ddinas fawr, ddrwg? Gwahoddir y darllenydd i ddyfalu.

Ond mae diben diwinyddol i enwi Ninefe fel cyrchfan y genhadaeth, sef dangos fod gan Dduw Israel ofal dros genhedloedd eraill yn ogystal â'i genedl ei hun. Diwinyddiaeth gynhwysol sy'n nodweddu'r llyfr o'r dechrau.

Gwrthwynebiad (1:3)

O gofio casineb oesol Israel tuag at Asyria, byddai mynd i Ninefe i broffwydo barn a darogan dinistr, er bod hyn yn fenter go fawr, yn orchwyl a roddai foddhad mawr i unrhyw broffwyd – gofynner i Nahum a Seffaneia. Ond mae Jona'n gwrthod mynd; ac mae'n defnyddio'i draed yn hytrach na'i dafod i brotestio. Yn groes i bob disgwyliad, mae Colomen ap Ffyddlondeb yn ehedeg i ffwrdd. Daw i Jopa, porthladd a gysylltwyd yn chwedloniaeth yr hen fyd â bwystfilod y môr. Roedd yno long ar gychwyn i Tarsis. Mae ailadrodd enw cyrchfan arfaethedig y fordaith deirgwaith yn y drydedd adnod yn dangos pa mor allweddol ydyw i ddatblygiad y stori.

Ond nid oes unrhyw sicrwydd ble yn union oedd Tarsis. Yn ôl rhai, Rhodes; ond Sardinia medd eraill. Dewis John Calfin oedd Tarsus yn Cilicia (de-ddwyrain Twrci heddiw), cartref yr apostol Paul. Erbyn hyn, Tartessus yw'r awgrym mwyaf poblogaidd; canolfan fasnachol a phorthladd prysur yn ne-orllewin Sbaen. Os yw hynny'n gywir, y prif reswm dros y dewis yw arwyddocâd symbolaidd y lle. Roedd Tartessus ym mhen pellaf Môr y Canoldir, cyfeiriad cwbl groes i Ninefe. Prin fod unrhyw Israeliad erioed wedi bod yno. Mae'r pellter a'r cyfeiriad yn tanlinellu anufudd-dod Jona.

Roedd Tarsis hefyd y tu allan i gylch dylanwad Duw Israel. Enwir y ddinas gan Dduw ei hun fel un o'r lleoedd 'na chlywsant sôn amdanaf na gweld fy ngogoniant' (Es. 66:19). Yn ôl diwinyddiaeth gynnar yr Hen Destament, nid oedd gan unrhyw dduw, gan gynnwys Arglwydd Dduw Israel, rym na dylanwad y tu hwnt i'w diriogaeth ei hun. Enghraifft o hyn yw stori Eliseus a Naaman yn 2 Brenhinoedd 5. Yr un yw safbwynt y Salmydd wrth afonydd Babilon pan yw'n argyhoeddedig na fedr foli ei Dduw 'mewn tir estron' (Sal. 137:4).

I'r sawl a oedd am ddianc oddi wrth Dduw, yr unig ddewis oedd mynd cyn belled â phosibl o'r wlad. Yn hyn o beth roedd y môr hefyd yn fantais, oherwydd fe'i cyfrifid fel rhyw fath o dir neb diwinyddol. (Ceir cadarnhad o hyn yn ddiweddarach yn y stori: ni sonnir am Dduw yn dweud unrhyw beth wrth Jona yn ystod y fordaith, nac ym mol y pysgodyn, er i Jona weddïo ar Dduw; a dim ond wedi i Jona ddychwelyd i dir sych y cysylltodd Duw ag ef eto.) Fel y digwyddai, roedd llong yn Jopa ar fin hwylio i Tarsis. 'Llongau Tarsis' oedd gan Solomon i gario llwythi 'o aur, arian, ifori, epaod a pheunod' i Israel o bedwar ban y byd (1 Bren. 10:22). Yn ôl Eseia, bydd 'llongau Tarsis ar y blaen i ddod' ag Iddewon y Gwasgariad yn ôl i'w gwlad (Es. 60:9). Disgrifio *math* o long a wna'r enw, sef llong fasnach fawr a fedrai deithio ymhell. 'Llongau Tarsis' oedd llongau Blue Funnel yr hen fyd.

'Wedi talu ei dreuliau', aeth Jona i'r llong. Cyfyd pwynt gramadegol diddorol a pherthnasol yn y cymal hwn. Yn ôl *BCND*, sy'n dilyn y cyfieithiad Groeg o'r Hebraeg gwreiddiol, ystyr 'treuliau' yw'r pris a dalodd Jona am ei docyn; pris uchel, mae'n debyg, gan y byddai'r fordaith yn para blwyddyn. Ond *'ei threuliau'* sydd yn y testun Hebraeg: mae'r rhagenw meddiannol 'ei' yn cyfeirio yn yr Hebraeg at yr enw benywaidd 'llong', ac nid at Jona. Mae *WM* yn ffyddlon i'r Hebraeg: 'talodd ei llong-log hi'.

Ar gorn y gwreiddiol, mae esbonwyr Iddewig wedi dehongli'r cymal trwy ddweud fod Jona wedi llogi'r llong a'i chriw. Os dyna'r esboniad cywir, rhaid casglu ei fod nid yn unig yn ddyn cyfoethog ond hefyd yn awyddus iawn i osgoi mynd i Ninefe. Diau i'w lwc dda wrth gael llong yn Jopa beri iddo gredu iddo lwyddo i ddianc oddi wrth Dduw. Ond mae'r darllenydd yn synhwyro y bydd ei ffawd yn newid, a bod mwy i'r stori na hynny. Beth fydd canlyniad ei anufudd-dod?

Yn ôl hanes eu galwad yn y llyfrau proffwydol, un o nodweddion y proffwydi oedd eu hamharodrwydd i broffwydo am fod Duw'n gofyn gormod. Yn achos pob unigolyn, mae ufuddhau i Dduw yn golygu anufuddhau iddo ef ei hun. Weithiau, ceir mynegiant clir o hynny yn y disgrifiad o'r ymdrech ysbrydol sy'n rhagflaenu ufudd-dod pan fo'r proffwyd yn dadlau â Duw. Teimlai Eseia'n annheilwng; roedd Jeremeia'n argyhoeddedig ei fod yn rhy ifanc; diffyg cymhwyster oedd esgus Amos; roedd gan Moses lu o esgusion. Ufuddhaodd pob un ohonynt yn y diwedd, ond nid cyn iddynt fynegi eu hanfodlonrwydd a'u diffyg hyder.

I raddau, felly, mae Jona'n nodweddiadol o'r gwir broffwyd. Ond yn wahanol i'r lleill, nid yw'n trafod y mater gyda Duw. Nid yw'n ceisio ymresymu ac esbonio'i anfodlonrwydd, nac yn rhoi unrhyw gyfle i Dduw ddylanwadu arno. Rhaid aros hyd ddechrau'r bedwaredd bennod i glywed ei gyfiawnhad dros anufuddhau. Heb yngan gair, mae'n ffoi oddi wrth yr Arglwydd. Mae golygfa gyntaf yr act gyntaf yn diweddu gyda'r unig esiampl o broffwyd yn troi ei gefn yn fwriadol ar Dduw.

Esboniad

Dim ond tair adnod (Jon. 1:2; 3:3–4) sy'n disgrifio cenhadaeth Jona. Pwnc llywodraethol y llyfr yw anufudd-dod y gŵr hwn. Ond am fod ei ystyfnigrwydd mor annodweddiadol o'r proffwydi, teimla esbonwyr dan bwysau i roi rhyw fath o eglurhad. Cynigiwyd nifer o ddamcaniaethau. Ofn dioddef niwed yw un rheswm eithaf teilwng. Roedd Ninefe'n ddigon o fwgan i Jona i beri iddo anufuddhau am ei fod yn ofni am ei fywyd. Beth fyddai ymateb dinas baganaidd i bregethwr barn o wlad arall? Byddai'r sawl a fentrai fynd yno, â'r ymerodraeth yn ei hanterth, mewn perygl dybryd. Cyn iddi gwympo, roedd Ninefe'n golygu'r un peth i Israeliaid ag yr oedd Berlin yn ei olygu i Iddewon Ewrop yn yr ugeinfed ganrif. Roedd anfon rhywun i Ninefe'n gyfystyr â'i anfon i ffau'r llewod. Ymateb i'r reddf i oroesi a wna Jona trwy anufuddhau. Awgrym arall yw bod Jona'n argyhoeddedig mai gwastraff amser llwyr fyddai'r genhadaeth. Pa sail oedd dros gredu y byddai gair Duw Israel yn cael unrhyw effaith ar drigolion di-gred Ninefe?

Hoff esboniad y rabiniaid am anufudd-dod Jona yw ei fod yn gwybod y byddai Duw, yn ei drugaredd, yn maddau i Ninefe pe byddai ei phobl yn edifarhau. (Esboniad sy'n seiliedig ar eiriau Jona yn 4:2.) I ufuddhau i'r gorchymyn, byddai raid i Jona herio'r gred sylfaenol fod Duw Israel yn Dduw cyfiawn, un a oedd yn gwobrwyo'r da ac yn cosbi'r drwg. Felly, gan ei fod yn tybio na fyddai'r ddinas ddrygionus yn dioddef, mae'n gwrthod mynd.

Ond yn ogystal â'r anhawster moesol, gwelai'r rabiniaid ddwy anfantais i Israel yn edifeirwch Ninefe. Yn gyntaf, byddai'n *codi cywilydd* ar Israel. Byddai parodrwydd paganiaid i edifarhau, wedi gwrando ar ddim ond un proffwyd, yn tynnu sylw at y ffaith fod y genedl etholedig wedi gwrthod gwneud yr un peth, er iddi dderbyn yr un neges gan nifer fawr o broffwydi. Byddai esiampl Ninefe'n tanlinellu anffyddlondeb Israel. Yn ail, byddai'r *bygythiad milwrol* yn parhau. Pe byddai Ninefe'n goroesi wedi i'w phobl edifarhau, byddai Asyria'n dal yn elyn peryglus a fyddai, yn hwyr neu hwyrach, yn ymosod yn ddidrugaredd ar Israel.

Yr argyhoeddiad nad yw'r gorchymyn yn gwneud unrhyw fath o synnwyr moesol, ynghyd â'i deyrngarwch i'w genedl ei hun, sy'n peri i Jona anufuddhau i Dduw. Mae'n gwrthod mynd am ei fod yn ymwybodol o ganlyniadau niweidiol edifeirwch a maddeuant Ninefe i Israel. Teimla fod Duw'n galw arno i garu ei elynion yn fwy na'i gyd-wladwyr. Yng ngolwg y rabiniaid, roedd ei ymgais i ffoi yn deilwng. Caiff Jona glod ganddynt am beidio â chodi cywilydd ar Israel trwy arwain y Cenhedloedd i edifarhau.

❖ Cwestiynau i'w trafod

1. I ba raddau y mae ufuddhau i Dduw yn golygu anufuddhau i ni ein hunain?

2. Pa sail sydd i'r farn fod yr Eglwys ar ddisberod heddiw am iddi 'godi i ffoi' oddi wrth Dduw trwy anwybyddu ei air?

2. Digofaint Duw
Jona 1:4–6

Yn yr hen fyd, dim ond am gyfnod byr o'r flwyddyn yr oedd yn ddiogel i hwylio Môr y Canoldir: llai na chwe mis ar y mwyaf, o ddechrau Mai i ganol Hydref. Ceir disgrifiad o fordaith olaf Paul yn Actau'r Apostolion. Yn ôl yr awdur, wedi iddynt gyrraedd ynys Creta roedd 'morio bellach yn beryglus, oherwydd yr oedd hyd yn oed gŵyl yr Ympryd drosodd eisoes' (Ac. 27:9-12). Cyfeiriad sydd yma at Ddydd y Cymod, diwrnod o ympryd ac edifeirwch a gedwir gan yr Iddewon tua diwedd Medi neu ddechrau Hydref. Rhoddir cyngor tebyg i forwyr gan ddihareb Iddewig: 'Pan fyddi'n rhwymo dy *lwlaf*, rhwyma dy long'. Brigyn palmwydden yw'r *lwlaf* a rwymir gyda brigau dwy goeden arall i greu un o symbolau Gŵyl y Pebyll, a gedwir pum diwrnod wedi Dydd y Cymod. Rhyfyg fyddai codi angor mor hwyr â hynny yn y flwyddyn.

Mewn testun yn tarddu o'r bumed ganrif OC, ceir cadarnhad o ba mor beryglus oedd hwylio yn ystod misoedd y gaeaf: roedd golau dydd yn brin, y nos yn hir, gwelededd yn wael, gwyntoedd yn gryfion a chymylau'n drwchus. Roedd y cymylau'n broblem neilltuol: roeddent yn cuddio'r mynyddoedd a'r creigiau liw dydd, ac yn ei gwneud yn amhosibl defnyddio'r sêr am gyfeiriad liw nos. Rheswm arall mai dim ond mordeithiau cwbl angenrheidiol fyddai'n cymryd lle yn ystod y gaeaf oedd na fyddai neb yn fodlon gadael y lan i achub y criw mewn llongddrylliad.

Ond heblaw am fod yn ymwybodol o beryglon hwylio, nid oedd gan yr Iddew fawr o ddim i'w ddweud wrth y môr. Un cyfeiriad sydd yn yr Hen Destament at longwyr Iddewig (Sal. 107:23–32). Er i Solomon greu llynges, ni allai hwylio heb help llongwyr profiadol o Phoenicia (1 Bren. 9:26–28). I fwy nag un awdur Beiblaidd, symbol o ddinistr ac anhrefn yw'r môr; gelyn sydd angen ei drechu ydyw (gweler Sal. 46:3; 65:7; 93:4; Job 38:7–11; Es. 27:1). Yng ngweledigaeth Ioan o 'nef newydd a daear newydd ... nid oedd môr mwyach' (Dat. 21:1), byd heb fôr oedd y ddelfryd.

Am fod pawb yn ymwybodol o beryglon y môr, mae anfon Jona ar fordaith faith yn ychwanegu'n fwriadol at natur gyffrous y stori. Mae hefyd yn ychwanegu dimensiwn arall at benderfyniad Jona i fynd i Tarsis yn lle Ninefe: gwell ganddo fentro croesi'r cefnfor, er gwaethaf y peryglon, nag ufuddhau i orchymyn Duw. Dywed hyn rywbeth am gymeriad Jona. Prin y gellir ei ddisgrifio fel llwfrgi: mae'n barod i beryglu ei fywyd dros ei ddaliadau.

O'r badell ffrio i'r tân (1:4–5)

Nid trwy air ond trwy weithred y mae Duw'n ymddangos yr ail waith yn y stori: 'Cododd yr ARGLWYDD wynt nerthol ar y môr' (Jon. 1:4). Arwydd o'i bresenoldeb yn hytrach na'i absenoldeb yw'r storm. Defnyddia Duw fyd natur i gael y maen i'r wal. Fel dywed y Salmydd, mae llaw Duw'n cyrraedd hyd yn oed i bellafoedd y môr (Sal. 139:9–10); cred sy'n tanseilio'r syniad o Dduw tiriogaethol. I gosbi anufudd-dod un dyn, mae Duw'n creu helynt i bawb. Heb unrhyw esboniad nac ymddiheuriad, mae'n peryglu bywydau'r llongwyr dieuog er mwyn dial ar y troseddwr. Mynegiant o'i lid a'i rym dinistriol yw'r dymestl. Mae bron pob llyfr yn yr Hen Destament yn cynnwys trais o ryw fath, boed mewn gorchymyn, bygythiad neu anogaeth, heb sôn am weithred. Am fod i bob gweithred dreisgar rinwedd neu haeddiant ni cheir, yn ddieithriad bron, unrhyw sylw golygyddol yn ei chondemnio. Esiampl yw'r storm o drais cysegredig sydd â'i darddiad yn Nuw: Ef ei hun sy'n gyfrifol amdano.

Mae cyfeirio at storm ac at un o longau Tarsis ar yr un gwynt yn hoelio sylw'r darllenydd. Er bod llongau Tarsis yn enwog fel llongau masnach, roedd eu safon diogelwch yn siomedig. Ceir amryw o gyfeiriadau atynt yn mynd i drybini mewn tywydd mawr (gweler 1 Bren. 22:48; Sal. 48:4–7; Esec. 27:25–26). Gallai enwi'r llong fod yn gyfystyr â dweud fod Jona'n mynd i'r môr ar y *Titanic*. Yn sicr, y neges yw bod y proffwyd anufudd yn neidio o'r badell ffrio i'r tân trwy ddewis Tarsis dros Ninefe.

Mae'r storm yn creu anhrefn llwyr ar fwrdd y llong. Yn unol â chred gyffredinol yr hen fyd amldduwiol, digofaint y duwiau yn hytrach na byd natur neu newid hinsawdd oedd yn gyfrifol am drychinebau'n effeithio ar gymuned gyfan. Roedd pob llong mewn perygl os oedd rhywun ar ei bwrdd wedi digio'i dduw. Dial y duw oedd y storm. Un o ddinasyddion blaenllaw Athen yn y bumed ganrif CC oedd Antiphon, athro'r hanesydd enwog Thucydides. Mewn achos llys yr oedd yn gweithredu fel amddiffynnydd ynddo, ceisiodd brofi fod y carcharor yn cael ei gyhuddo ar gam am fod y llong yr hwyliodd arni wedi glanio'n ddidrafferth. Ei ymresymiad oedd na fyddai wedi cyrraedd y porthladd yn ddiogel pe bai troseddwr ymysg y teithwyr.

Gan nad oedd modd gwybod pa dduw oedd wedi cael ei gythruddo ar y fordaith o Jopa i Tarsis, yr unig obaith i'r llong oroesi'r dymestl oedd i bob un o'r criw alw ar ei dduw ei hun. Yn nannedd y ddrycin, mae'r llongwyr diniwed a ddaliwyd yn yr ymrafael rhwng Duw a Jona, yn chwilio am gymorth ysbrydol. Geilw'r argyfwng am weddi ac offrwm. Ond ni cheir ymateb gan yr un o'r duwiau, un ai am eu bod hwythau hefyd wedi eu parlysu gan ofn, neu am nad ydynt yn bod o gwbl. Mewn cyfyng-gyngor, nid oes gan y criw ddewis ond ysgafnhau'r llong trwy daflu'r 'gêr' oedd arni i'r môr. Er bod gan yr Hebraeg amryw o eiriau am 'cargo' neu 'nwyddau', ni ddefnyddir yr un ohonynt yn y cyd-destun hwn; ond rhaid cymryd yn ganiataol mai dyna a olygir. Er mai gweithred gwbl ymarferol oedd taflu'r cargo, ar wahân i'r bwyd, dros y bwrdd, mae'n bosibl fod elfen o ddewiniaeth hefyd yn perthyn iddi, sef y gred y byddai aberthu pethau o werth yn dofi llid y duwiau. Ond un awgrym a gafwyd yw bod y 'gêr' a daflwyd i'r dŵr yn cynnwys eilunod o'r duwiau, wedi i'r llongwyr sylweddoli eu bod yn gwbl ddiwerth mewn argyfwng.

Sylwer pa weithred a gaiff y flaenoriaeth gan yr awdur. Mae'r pwyslais ar weddi'n awgrymu fod ganddo agwedd ffafriol at y llongwyr: nid yn unig eu bod yn ymdrechu'n egnïol i achub y llong, y maent hefyd yn dduwiol ac yn ddieuog o unrhyw drosedd. Adlewyrchir agwedd gadarnhaol y testun at longwyr yn y Talmwd, y casgliad enfawr o ddraddodiadau ôl-Feiblaidd yr Iddewon: 'Mae'r mwyafrif o yrwyr asynnod yn ddrygionus, y mwyafrif o yrwyr camelod yn rhinweddol, a'r mwyafrif o longwyr yn dduwiol'. Yr esboniad yw bod morwyr yn byw mewn perygl cyson, ac felly'n ymwybodol o'u dibyniaeth ar Dduw i'w hamddiffyn, fel y dywed y Salmydd (Sal. 107:23–32). Cawn ein hatgoffa o hen ddywediad: 'Bydded i'r sawl sydd am ddysgu gweddïo fynd i'r môr'.

Ond ar waethaf yr argyfwng, 'yr oedd Jona wedi mynd i grombil y llong i orwedd, ac wedi cysgu' (1:5). Yn y cymal hwn, mae arddull yr Hebraeg gwreiddiol yn wahanol i'r arfer. Yn ôl y drefn arferol, mae'r enw'n dilyn y ferf, fel yn y Gymraeg: 'Aeth Jona ...'. Yma, daw'r enw'n gyntaf a'r ferf yn ail. Newidir y gystrawen naturiol yn fwriadol er mwyn pwysleisio'r gwahaniaeth rhwng Jona a'r llongwyr: *A beth am Jona? Wel, roedd ef wedi mynd i grombil y llong i orwedd.*

Ond ar wahân i'r gystrawen anarferol, mae amser y ferf yn amwys yn yr Hebraeg. Gellir cyfieithu *iarad*, 'mynd i lawr', un ai fel amser perffaith y ferf, 'aeth', neu fel y gorberffaith, 'roedd wedi mynd'. Dynoda'r gair pryd yr aeth Jona i orwedd. Rhaid i'r darllenydd benderfynu pa un ai *cyn* neu *yn ystod* y storm. Os aeth i lawr yn anterth y storm, mae gennym gymeriad hunanol nad yw'n bwriadu gwneud dim i ddiogelu'r llong. Ond os oedd wedi mynd i grombil y llong cyn i'r gwynt godi, ac yna syrthio i gysgu, caiff o leiaf rywfaint o gydymdeimlad. Mae amryw o esbonwyr Iddewig yn dewis darllen y ferf yn y gorberffaith, gan gymryd fod Jona eisoes wedi mynd i orwedd.

Ond yn ôl un traddodiad hynafol, nid mynd i gysgu yn unig a wnaeth Jona. Ar ddiwedd y bumed adnod mae'r cyfieithiad Groeg yn ychwanegu, 'a dechreuodd chwyrnu': ymgais efallai i roi elfen o hiwmor i'r disgrifiad o'r storm, neu i bwysleisio difaterwch Jona. Mae Martin Luther yn adlewyrchu hyn yn ei esboniad ar y llyfr: 'Yno mae'n gorwedd, yn chwyrnu yn ei bechod'. Ond chwyrnu neu beidio, nid cwsg tangnefeddus, digynnwrf yw hwn. Cwsg gwahanol iawn yw cwsg Jona i gwsg Iesu yn stori Luc am ostegu'r storm ar Fôr Galilea (Lc. 8:23). Ystyr y gair Hebraeg *tardema*, a ddefnyddir yn y cyd-destun hwn, yw 'trwmgwsg'. Yn stori Gardd Eden, parodd Duw 'i drwmgwsg syrthio ar' Adda er mwyn cymryd un o'i asennau i greu gwraig iddo (Gen. 2:21). Am fod Sisera, capten byddin y Canaaneaid 'mewn trwmgwsg ar ôl ei ludded' y llwyddodd Jael i bwyo 'hoelen trwy ei arlais i'r llawr' a'i ladd (Barn. 4:21). Mewn Hebraeg cyfoes, mae'r gair *tardema* yn golygu 'llesmair' (*trance, stupor, catalepsy*). Bron mai dyma gwsg y gweledydd.

Ond a fedr unrhyw un gysgu mor drwm, a hyd yn oed chwyrnu, nes ei fod yn gwbl anymwybodol o'r storm? Dyma un elfen sy'n ychwanegu at natur ddychmygol y stori. Efallai fod ystyr symbolaidd i'r trwmgwsg. Trwy 'fynd i lawr' i Jopa (Jon. 1:3) a chwilio am long, mae Jona'n dianc yn gorfforol oddi wrth Dduw. Trwy 'fynd i lawr' i grombil y llong (yr un yw'r gair Hebraeg yn y ddau destun) mae'n ceisio mynd ymhellach fyth oddi wrtho. Wrth syrthio i gysgu, cyn neu yn ystod y storm, mae'n dianc yn seicolegol. Mae fel petai'n croesawu marwolaeth. Mae geiriau agoriadol cerdd enwog Francis Thompson, *The Hound of Heaven,* yn ddisgrifiad addas o'i ymgais i ffoi oddi wrth Dduw:

> *'I fled Him, down the nights and down the days;*
> *I fled Him, down the arches of the years;*
> *I fled Him, down the labyrinthine ways*
> *Of my own mind'.*

Ond ystyr symbolaidd neu beidio, mae'r sefyllfa'n anarferol iawn. Tra bo llongwyr profiadol ar bigau'r drain ac mewn panic llwyr, mae Jona'n cysgu ac yn gwrthod cymryd unrhyw ran yn yr ymdrech i osgoi llongddrylliad.

Cymeriad crefyddol (1:6)

Mewn llyfr o bedair pennod fer, ceir pedwar ar ddeg o gwestiynau. Caiff un ar ddeg ohonynt eu cyfeirio at Jona. Y capten sy'n gofyn y cwestiwn cyntaf. Aeth i lawr i grombil y llong i chwilio am Jona a'i herio: 'Beth yw dy feddwl, yn cysgu? Cod, a galw ar dy dduw' (1:6). Er bod i'r cwestiwn gyhuddiad, mae'n amlwg fod y capten yn ddyn goddefgar. Nid yw'n cosbi'r cysgadur nac yn ei orchymyn i dynnu ei bwysau i ysgafnhau'r llong, ond yn gofyn iddo weddïo. Cymer yn ganiataol fod Jona'n addoli rhyw dduw neu'i gilydd.

Mae'r eironi'n amlwg. Daw'r ateb i'r argyfwng o gyfeiriad cwbl annisgwyl. Nid y proffwyd, y golomen ffyddlon, sy'n cynnig ffordd allan o'r trybini, ond y capten paganaidd. Ef yw cymeriad mwyaf crefyddol y stori, ac mae'n ymddangos ei fod yn eciwmenaidd ei ddiwinyddiaeth: 'Efallai y meddylia'r duw amdanom' (1:6). Er bod yr 'efallai' yn mynegi gobaith, profiad o weddi ddiateb sydd y tu cefn iddo; gan nad yw duwiau'r llongwyr wedi achub y sefyllfa, mae'n bosibl y gwnaiff duw Jona. Gallai help un duw arall wneud byd o wahaniaeth, ond nid yw'r capten yn cymryd hynny'n ganiataol. Serch hynny, mae ei eiriau'n rhagfynegi cred y llongwyr mai dim ond gan Dduw Jona y mae'r gallu i dawelu'r dymestl.

Er i Jona gael ei ddeffro, nid yw'n yngan gair. Ni cheir unrhyw awgrym iddo wneud yr hyn a ofynnwyd iddo, na'i fod hyd yn oed wedi clywed y capten. Gellid hyd yn oed dybio iddo fynd yn ôl i gysgu. Caiff ei gondemnio gan

Luther am beidio â galw ar ei Dduw, ac am wrthod cydnabod wrth y capten mai ef ei hun oedd yn gyfrifol am yr argyfwng. Dim ond wedi bwrw coelbren y gorfodwyd iddo syrthio ar ei fai. Fel y datblyga'r stori, mae Jona'n mynd yn is ac yn is wrth geisio ffoi oddi wrth Dduw. Erbyn hyn, sef diwedd ail olygfa'r act gyntaf, mae wedi cyrraedd crombil y llong. Aiff yn is fyth yn yr olygfa nesaf.

❖ Cwestiynau i'w trafod

1. A yw'r Eglwys yn euog o daflu cyfran o'i 'gêr' dros y bwrdd yn ei hymgais i ganlyn y ffasiwn?

2. A yw Duw'n defnyddio byd natur (daeargryn, dilyw, tymestl, sychder) i gosbi dynoliaeth ddrygionus?

3. Bwrw Coelbren
Jona 1:7–16

Rhoddir cryn dipyn o sylw yn y Beibl i'r arferiad o fwrw coelbren. Er na cheir esboniad o'r dull, gwreiddyn y gair Hebraeg am goelbren yw 'carreg'. Mae hyn yn awgrymu mai taflu llond llaw o gerrig ar lawr neu i gelwrn neu i'r gôl, ac yna sylwi ar y patrwm, a olygir wrth fwrw coelbren. Y rhagdybiaeth wrth wraidd y weithred yw ei bod yn mynegi ewyllys Duw. Meddai Llyfr y Diarhebion: 'Er bwrw'r coelbren i'r arffed [côl], oddi wrth yr ARGLWYDD y daw pob dyfarniad' (16:33).

Fe'i defnyddid i ddewis brenin, offeiriad neu swyddog, fel yn achos Mathias yn cymryd lle Jwdas fel apostol (Ac. 1:26); i ddewis diwrnod ffafriol ar gyfer rhyw orchwyl (Esth. 3:7); i benderfynu gan bwy oedd yr hawl i fyw yn Jerwsalem pan ddychwelodd y caethgludion o Babilon (Neh. 11:1). Ond y defnydd mwyaf cyson a wneir ohono yw dosbarthu tir ymysg etifeddion (Jos. 18:6), a rhannu eiddo neu ysbail, fel y gwnaeth y milwyr wrth y Groes wedi cymryd meddiant o ddillad Iesu (Mc. 15:23; gweler hefyd Sal. 22:19), oherwydd, 'Rhydd y coelbren derfyn ar gwerylon, ac y mae'n dyfarnu rhwng y cedyrn' (Diar. 18:18). Yn achos Jona, caiff ei ddefnyddio i adnabod troseddwr.

Holi Jona (1:7–13)

Ar sail yr egwyddor nad oes mwg heb dân, daeth y llongwyr i'r casgliad fod rhywun ar fwrdd y llong wedi cythruddo'i dduw. Y cam cyntaf i leddfu dicter y duw oedd ei gyfarch wrth ei enw. Ond yr unig un a fyddai'n gwybod yr enw oedd y troseddwr, a'r unig ffordd i ddarganfod pwy oedd y troseddwr oedd bwrw coelbren. Syrthiodd y coelbren ar Jona. Gan fod Jona'n bwriadu mynd i Tarsis, byddai'n naturiol i'r llongwyr gymryd yn ganiataol ar ddechrau'r fordaith mai masnachwr ydoedd. Ond pan syrthiodd y coelbren arno, dechreusant amau.

Serch hynny, nid ydynt yn ei daflu i'r môr, er ei bod yn amlwg mai ef yw achos yr helbul. Trwy ofyn rhes o gwestiynau iddo, rhoddant gyfle iddo'i amddiffyn ei hun. Mae'r arddull stacato, gyda phawb yn ei holi ar unwaith, yn tanlinellu difrifoldeb y sefyllfa. Yn ôl y testun Hebraeg, y cwestiwn cyntaf yw: 'O achos pwy y daeth y drwg hwn arnom?' (1:7). Am fod y llongwyr yn gwybod yr ateb trwy'r coelbren, mae rhai cyfieithiadau cyfoes, gan gynnwys y *BCND,* yn dilyn y cyfieithiad Groeg ac yn hepgor y cymal hwn. Ond gellir amddiffyn y testun gwreiddiol trwy ddweud mai'r bwriad oedd cael cyffes yn hytrach na gwybodaeth, yn union fel y mae mam yn gwybod yr ateb wrth ofyn i'w phlentyn: 'Pwy dorrodd y gwpan?'

Mae ystyr y cwestiwn nesaf, 'Beth yw dy neges?' yn amwys. Mae'r cyfieithiadau Saesneg yn amrywio: *'What are you doing here?' (GNB)*; *'What is your business?' (REB).* Mae'n debycach i gwestiwn dros swper na sgwrs mewn storm. Y cwestiwn olaf, yr un sy'n holi am ei gefndir a'i genedl, yw'r unig un y mae Jona'n dewis ei ateb, a hynny trwy wneud dau ddatganiad. Yn y cyntaf, mae'n cydnabod ei *genedligrwydd:* 'Hebrëwr wyf fi'. Ef yw'r unig Iddew ar fwrdd y llong. Yng nghanol criw o baganiaid, mae'r dieithryn yn sefyll allan fel aelod o genedl etholedig. Yn yr ail, mae'n datgan ei *gred* yn yr Arglwydd 'a wnaeth y môr a'r sychdir' (1:9). Tybed a yw'n defnyddio'r disgrifiad 'Duw'r nefoedd' yn fwriadol yn y cyd-destun hwn am fod y bygythiad i'r llong yn amlwg yn dod o'r awyr. Ond mae Jona am i'r llongwyr wybod fod ei Dduw ef yn fwy na Duw'r nefoedd yn unig; dyma'r Duw a greodd y byd cyfan. Mae'r datganiad mai ei Dduw ef yw'r un 'a wnaeth y môr' yn awgrymu fod yna gysylltiad rhwng Jona a'r storm. Serch hynny, nid oes gysondeb rhwng ei ymgais i ffoi oddi wrth Dduw trwy hwylio i Tarsis a'i gred fod Duw wedi creu'r môr yn ogystal â'r sychdir.

Cadarnhaodd y coelbren fod Jona wedi dod â thrybini ar y llong. Mae ei gyffes ffydd yn dwysáu'r trybini. Ym meddwl y llongwyr, roedd crëwr y môr yn gallu rheoli'r môr; ef oedd yn gyfrifol am y ffordd yr oedd y môr yn bihafio. Mae'r panic yn amlwg yn yr 'ofn mawr' sy'n dod drostynt (1:10). Yn eu dychryn, gofynnant i Jona beth a wnaethai. Rhaid tybio un ai fod Jona wedi dweud wrthynt iddo ddianc oddi wrth ei Dduw oherwydd rhyw anghydfod, neu eu bod hwy wedi rhoi dau a dau ynghyd a chasglu mai dyna a ddigwyddodd. Efallai iddo ddweud mwy nag a fwriadodd yn ei gyffes ffydd. Nid cerydd sydd yn y cwestiwn 'Beth yw hyn a wnaethost?', ond syndod at y ffordd y mae yn trin ei Dduw. Mae'r llongwyr yn argyhoeddedig fod yna ddimensiwn diwinyddol i'r storm. Er eu bod hwy eu hunain yn ddieuog, maent yn dioddef cosb ddwyfol.

Gyda chwestiwn pellach, maent yn gofyn i Jona am arweiniad: 'Beth a wnawn â thi ...?' (1:11). Yn eu barn hwy, mae'n amlwg fod yna gysylltiad rhyngddo a'r storm. Nid ei gosbi yw eu bwriad na'u deisyfiad, ond tawelu'r storm. Mae Jona'n ymateb trwy roi cyfarwyddiadau pendant iddynt i'w daflu i'r môr. Ond fel y gwelwn ymhellach ymlaen, maent hwy ymhell o fod yn hapus i wneud hynny. Mae ymateb Jona'n awgrymu dau beth. Yn gyntaf, *cyfaddefiad*. Mae'n cydnabod mai ef yw'r broblem: o'i achos ef 'y daeth y storm arw hon' arnynt (1:12). Ni fyddai'r gwynt yn gostegu tra byddai ef ar fwrdd y llong. Ac yn ail, *cyfrifoldeb*. Er iddo gyfaddef ei euogrwydd a derbyn ei fod yn haeddu cosb, nid yw'n fodlon neidio i'r môr o'i wirfodd: 'Cymerwch fi a'm taflu i'r môr' (1:12). Y criw fydd yn gyfrifol am ei foddi.

Ond mae'r llongwyr yn hwyrfrydig i gytuno â'i gais. Er y byddai gwrthod ei ddymuniad yn arwain at drybini, byddai ei foddi yn eu gwneud hwy'n euog o drosedd yn erbyn un nad oedd wedi gwneud dim i'w tramgwyddo. Gwyddant mai annoeth yw mynd yn agos i'r tir mewn tywydd mawr, ond maent yn awyddus i osod Jona ar dir sych er mwyn iddo fedru cymodi â'i Dduw, ac iddynt hwythau gael eu hachub. Dibynnant ar air Jona y bydd ei Dduw ef yn eu harbed am iddynt wrthod lloches i broffwyd anufudd.

Gweddi ac Offrwm (1:14–16)

Wedi methu â darbwyllo'u duwiau eu hunain i dawelu'r storm (1:5), gwna'r llongwyr yr hyn y gwrthododd Jona ei wneud ar gais y capten, sef galw ar yr Arglwydd am help. Yn eu hymgais i gyrraedd y lan, maent mewn cyfyng-gyngor. Mae'n amlwg nad ydynt yn derbyn yn ddi-gwestiwn yr hyn a ddywed Jona, ac nad ydynt yn fodlon cydsynio â'i gais. O adael Jona ar fwrdd y llong, byddant yn eu peryglu eu hunain, ond o'i daflu i'r môr gallant fod yn euog o lofruddio dyn di-fai. Rhoddant y cyfrifoldeb o setlo'r mater yn nwylo Duw Jona: 'Ti yw'r ARGLWYDD, ac yr wyt yn gwneud fel y gweli'n dda' (1:14). Yna, wedi trechu eu cydwybod a'u petruster trwy gydnabod arglwyddiaeth Duw Israel ar eu bywyd, taflant Jona i'r dŵr. Gostegodd y storm ar unwaith.

Disgrifiad o ymateb y llongwyr i ganlyniad taflu Jona dros fwrdd y llong yw adnod 16: 'Ac ofnodd y gwŷr yr ARGLWYDD yn fawr iawn, gan offrymu aberth i'r ARGLWYDD a gwneud addunedau'. Math o atodiad ydyw i'r brif stori. Rhoddir sylw i dri pheth yn yr adnod hon. Yn gyntaf, *ofni'r Arglwydd.* Pwy bynnag oedd y bod dwyfol gyda'r fath rym yn perthyn iddo, fe ddylid ei addoli. Dyna ystyr 'ofni' yn y cyd-destun hwn. Mae'r llongwyr yn sylweddoli fod Arglwydd Dduw Israel yn eu mysg ym mherson yr Iddew. Cânt dröedigaeth, a chydnabyddant fodolaeth y grym dwyfol sy'n gallu rheoli'r môr.

Yn ail, *offrymu aberth.* Mynega'r llongwyr eu cred trwy weithred, sef aberthu anifail. Ond mae hyn yn achosi problem ddiwinyddol i esbonwyr Iddewig. Gan bwy ac ym mhle yr oedd yr hawl i ladd anifail fel aberth i'r Arglwydd? Mae'r syniad o baganiaid ar fwrdd llong yng nghanol y môr yn aberthu yn amlwg yn annerbyniol i gyfieithwyr y Targwm, y cyfieithiad Aramaeg o'r Beibl Hebraeg. Nid 'gan offrymu aberth' sydd yn y Targwm, ond 'gwnaethant addewid i aberthu'. Mae'r rabiniaid yn dilyn y trywydd hwn trwy ddweud iddynt hwylio'n ôl i Jopa, a mynd i'r Deml yn Jerwsalem i aberthu yn ôl cyfarwyddiadau Cyfraith Moses, a thrwy hynny gofleidio Iddewiaeth. Mae'n eironig fod yr un a oedd yn dianc oddi wrth yr Arglwydd yn ddiarwybod yn ysgogi'r llongwyr i'w addoli. Ac yn drydydd, *gwneud addunedau.* Er na chawn wybod beth oedd yr addewidion, dyma'r dull cyffredin o fynegi diolchgarwch am fendithion.

Yma, mae'r stori'n cyrraedd rhyw fath o derfyn. Mae'r storm yn gostegu, y llong heb ei dryllio, a'r criw'n ddiogel. Mae'r llongwyr yn diflannu o'r stori cyn gynted ag y diflanna Jona dan y dŵr. Ond mae'r cwestiwn yn aros: beth sydd wedi digwydd i Jona? Mae'n amlwg fod y stori i'w pharhau.

Cymeriadau amrywiol

Cyn symud ymlaen gyda'r testun, purion yw ystyried pwy o gymeriadau'r stori hyd yma sy'n debygol o ennill y parch mwyaf gan y darllenydd: Duw, Jona ynteu'r llongwyr.

Gwêl rhai yma bortread o natur fympwyol **Duw** mewn tair ffordd. Mae'n *ddi-hid.* Defnyddia Jona fel teclyn neu robot i wneud ei ewyllys. Pan fo'r teclyn yn anufuddhau, nid yw Duw'n ceisio esbonio, cysuro na pherswadio. Ei unig ymateb yw gweithredu'n uniongyrchol. Mae'n Dduw *grymus*. Mae'r cwbl yn llaw'r Duw hollalluog sy'n defnyddio byd natur i'w ddibenion ei hun. Fel cadfridog yn trefnu ei luoedd, mae am ddangos yn ddigamsyniol gan bwy y mae'r gair olaf trwy godi 'gwynt nerthol ar y môr' (1:4) er mwyn cosbi Jona. Mae hefyd yn Dduw *dialgar.* Defnyddia'i rym i ddinistrio yn hytrach na chreu. Heb unrhyw esboniad nac ymddiheuriad, caiff y llongwyr diniwed eu dychryn a'u cystwyo. Darlun ydyw o Dduw sy'n amddifad o gyfiawnder, Duw dideimlad ac anhrugarog sy'n cosbi'r dieuog oherwydd trosedd un. Wedi creu'r trybini, mae'n diflannu. Nid oes iddo ran amlwg yn y coelbren, nac yn nhawelu'r storm.

Caiff agwedd haelfrydig *Jona* wrth iddo feddwl am y llongwyr ei chymeradwyo gan rai esbonwyr Cristnogol cynnar. Er nad yw am wneud pethau'n hawdd iddynt trwy eu gorchymyn i'w foddi, mae'n fodlon bod yn fwch dihangol er mwyn eu harbed: 'Cymerwch fi a'm taflu i'r môr, ac yna fe dawela'r môr ichwi' (1:12). Nid paganiaid ydynt iddo bellach, ond cyd-ddioddefwyr. Meddai Jerôm, un o hoelion wyth yr Eglwys Fore: 'Mae'n barod i farw rhag i eraill farw o'i achos ef. Ei ddymuniad yw osgoi ychwanegu llofruddiaeth at wrthgiliad'.

Gwêl eraill adlais o stori Jona ym mhrofiadau Paul mewn stormydd a llongddrylliad (2 Cor. 11:25–27; Ac. 27). Ond ystyriant Jona'n wahanol iawn i Paul, gan ei weld yn gymeriad hunangyfiawn, hunanol, di-hid ac amharod i godi bys i helpu'r sefyllfa; un sy'n malio dim am eraill. Er iddo'i gynnig ei hun yn aberth i dawelu'r dyfroedd, ei les ei hunan yn hytrach na lles y llongwyr sydd ganddo mewn golwg. Gwell ganddo farw nag ufuddhau i'r alwad. Mae yna hefyd ddiffyg diffuantrwydd yng nghyffes un sy'n mynegi ei gred yn y Duw 'a wnaeth y môr a'r sychdir' (1:9) ond sy'n gwrthod gweddïo arno mewn argyfwng. Hyn sy'n arwain un esboniwr i ddweud fod Jona ar ei waethaf ar fwrdd y llong pan fo'n siarad crefydd ond yn gwrthod gweithredu (1:9-12). Mae'r golomen ffyddlon yn ei brofi ei hun yn gymeriad cymhleth.

Er bod y *llongwyr* yn gwybod mai Jona sy'n gyfrifol am eu trafferthion, nid ydynt yn ei feio. Nid dial arno am yr hyn a wnaeth a wnânt, ond ceisio'i arbed rhag boddi. Rhoddant eu bywydau eu hunain mewn perygl trwy rwyfo'n galed i gyrraedd tir er mwyn ei achub. O fewn y testun, cânt eu portreadu fel dynion rhesymol a goddefgar; a dilynir yr un trywydd gan y rabiniaid sy'n cydnabod eu natur drugarog. Yn ôl un esboniad Iddewig cynnar, gollyngwyd Jona i'r môr yn araf – ei draed yn unig yn gyntaf, yna ei bengliniau, ei gluniau a'i ganol – er mwyn gweld a fyddai ei foddi'n dofi rhyferthwy'r storm. Er iddynt gael gorchymyn i ladd, ac er bod y môr yn dymhestlog a'r storm yn ei hanterth, maent yn anghofio eu perygl eu hunain ac yn meddwl yn unig am achub un arall. Canlyniad syfrdanol tawelu'r storm oedd tröedigaeth.

Mae'r gwahaniaeth rhwng gwas yr Arglwydd a'r llongwyr amldduwiol yn drawiadol: paganiaid yn hyfforddi proffwyd yng ngoblygiadau ei grefydd; diwydrwydd y criw o'i gymharu ag agwedd ddigymorth y teithiwr; haelioni'r llongwyr mewn cyferbyniad i hunanoldeb Jona; y morwyr yn aberthu a gwneud addunedau i Dduw Israel, ond y cennad yn gwrthod gweddïo. Yr eironi yw mai i genedl-ddynion y perthyn cyfiawnder, ffyddlondeb a thrugaredd, nid i'r proffwyd. Yma, ceir paganiaid yn rhagori ar aelod o'r genedl etholedig.

❖ Cwestiynau i'w trafod

1. A yw'n fuddiol i ni wrando ar lais y sawl nad yw'n arddel ein cred?

2. Pa mor bwysig i Gristnogion yw defnyddio'u dychymyg wrth feddwl am y rhai sy'n fyr o'u breintiau?

4. Ym Mol y Pysgodyn
Jona 1:17 – 2:10

Erbyn diwedd ail olygfa'r act gyntaf mae Jona wedi diflannu, y storm wedi gostegu a'r llongwyr paganaidd wedi troi at yr Arglwydd. Gallai'r stori fod wedi dod i ben yn 1:16 trwy ddangos ei bod yn amhosibl dianc oddi wrth Dduw. Ond mae'r hanes yn mynd rhagddo i'r drydedd olygfa. Ynddi, aiff Jona ymhellach fyth, nid yn unig yn gorfforol ond hefyd yn ysbrydol, oddi wrth Dduw. Mae'r ymdrech rhyngddynt yn parhau. Cefndir yr olygfa yw bol y pysgodyn, a'r cymeriad gweithredol ar ei dechrau a'i diwedd yw Duw. Dull Duw o alw Jona yn ôl at ei dasg fel proffwyd yw trefnu i bysgodyn ei lyncu.

Tridiau tyngedfennol (1:17)

Trafodwyd yn ddi-ben-draw hunaniaeth a swyddogaeth y pysgodyn. Er mai 'pysgodyn mawr' sydd yn y testun Hebraeg, 'morfil' neu 'anghenfil' sydd yn y cyfieithiad Groeg, sef y gair *ketos*, sy'n awgrymu niwed a pherygl. Yn ôl Mathew, dyma'r gair a ddefnyddiodd Iesu wrth gyfeirio at y stori (Math. 12:40). Mae'r Fwlgat, y Beibl Lladin, yn defnyddio ymadrodd pen agored, sef *piscis grandis,* 'pysgodyn mawr', sy'n rhoi rhwydd hynt i ddychymyg y darllenydd ond yn nes at yr Hebraeg gwreiddiol. Ceir thema debyg, sef unigolyn yn cael ei achub gan anifail, yn llenyddiaeth Groeg a'r Aifft. Mae'n ymddangos hefyd yn anturiaethau Pinnochio. Pan aeth eu llong ar y creigiau, achubwyd y bachgen pren a'i grëwr Gepetto rhag boddi trwy gael eu llyncu gan bysgodyn a'u dychwelyd i dir sych yn fyw ac iach.

Ond mae swyddogaeth y pysgodyn yn y stori hyd yma'n amwys. Ai carchar ydyw i gosbi Jona, ynteu dacsi i'w gario i dir sych a'i arbed rhag boddi? Ar y naill law, mae wedi dewis neidio o'r badell ffrio i'r tân er mwyn osgoi mynd i Ninefe. Nid amherthnasol yn y cyd-destun yw'r ffaith mai ystyr negyddol sydd i'r gair Hebraeg am 'lyncu' bob amser. 'Llyncodd y ddaear' Pharo a'i gerbydau wrth iddo ymlid yr Israeliaid o'r Aifft (Ex. 15:12). Am i Cora, Dathan ac Abiram wrthryfela yn erbyn Moses yn yr anialwch, 'agorodd y ddaear ei genau a'u llyncu hwy a'u tylwyth ... Felly disgynasant hwy, a phawb oedd gyda hwy, yn fyw i Sheol' (Num. 16:30–34). Ym mol y pysgodyn, nid gorffwysfa dragwyddol sy'n aros Jona, ond carchar heb unrhyw sicrwydd o ryddhad. Ar y llaw arall, yn groes i'w ddymuniad, fe'i hachubir gan y pysgodyn rhag boddi, a rhoddir cyfle iddo am 'dri diwrnod a thair noson' i ystyried ei ymateb i orchymyn Duw. Yn y traddodiad Hebreig mae arwyddocâd arbennig yn perthyn i'r rhif 'tri'. Bwydodd y brenin Dafydd yn y diffeithwch Eifftiwr llwglyd nad oedd 'wedi bwyta tamaid nac yfed diferyn ers tri diwrnod a thair noson' (1 Sam 30:11–13). Adfywiodd plentyn marw wedi i Elias ymestyn arno 'dair gwaith' (1 Bren. 17:21). Cyfeiria'r proffwyd Hosea at argyhoeddiad ei gyfoedion y byddai Duw yn eu hachub o'u treialon trwy eu hadfywio a'u 'codi ar y trydydd dydd' (Hos. 6:2). Mewn cyfnod diweddarach, datblygodd y gred ymysg yr Iddewon fod yr enaid yn aros o gwmpas corff yr ymadawedig am dri diwrnod gan obeithio dychwelyd, ond os gwelai fod yr wyneb wedi newid, gadawai'n derfynol. Uchafbwynt galar y teulu oedd y pedwerydd dydd am nad oedd wedi hynny obaith am adfywiad. Hyn sy'n esbonio tristwch y ddau ddisgybl ar y ffordd i Emaus (Lc. 24:21), a galar Mair a Martha wedi marwolaeth Lasarus (In. 11:17–21). Duw yn unig allai adfer y meirw wedi'r trydydd dydd. Os yw Jona am gael ei achub, dim ond Duw fedr wneud hynny.

Mae'r esbonwyr Iddewig cynnar yn ceisio deall teimladau Jona ym mol y pysgodyn, ac yn rhoi disgrifiad manwl o'i brofiad. Dyfalant sut y gallodd ymdopi â'r sefyllfa, yn seicolegol a chorfforol. Byddai'r sudd yng nghylla'r pysgodyn wedi gwneud bywyd yn annioddefol trwy doddi ei ddillad, andwyo'i groen, a pheri iddo golli ei wallt. Sylwer fod amryw o ddarluniau o Jona yn y traddodiad Cristnogol yn ei ddangos yn foel, sy'n awgrymu dylanwad y traddodiad Iddewig. Rhaid bod y gwewyr meddyliol hefyd yn hunllefus.

Gweddi Jona (2:1–9)

Trwy ei achub rhag boddi, rhydd y pysgodyn gyfle i Jona ddechrau eto. Mae cyffro a brys y bennod gyntaf yn peidio. Yn sydyn, mae Jona ar ei ben ei hun gyda'i Dduw; ef yn unig, a'i ymateb i'r sefyllfa, sy'n hawlio sylw'r darllenydd. O'r diwedd, mae'n gwneud yr hyn y gofynnodd y capten iddo'i wneud ar fwrdd y llong, sef chwifio'r cadach gwyn a gweddïo. Mae disgrifiad Aldous Huxley o'r sefyllfa yn ei gerdd *Jonah* yn drawiadol:

133

'Seated on the convex mound of one vast kidney,
Jonah prays and sings his canticles and hymns
Making the hollow vault resound God's goodness and mysterious ways,
Till the great fish spouts music as he swims.'

Yn gorfforol, mae Jona ym mol y pysgodyn; ond yn ysbrydol, mae mewn lle gwaeth ac is o lawer: 'O ddyfnder Sheol y gwaeddais, a chlywaist fy llais' (2:2). Mae'r daith i lawr, a ddechreuodd yn Jopa, cyn mynd i grombil y llong ac i ddyfnder y môr ac i fol y pysgodyn, yn parhau hyd y lefel isaf posibl, sef gwreiddiau'r mynyddoedd, y pileri oedd yn dal y byd mewn cefnfor tanddaearol (2:5). Daw i ben yn Sheol, lle nad oes modd dianc oddi yno, y 'wlad y caeodd ei bolltau arnaf am byth' (2:6). Pan fo mewn gwaeledd, cyfeiria'r Salmydd at glymau Sheol sy'n ei amgylchu, a 'maglau angau' sydd o'i flaen (Sal. 18:5). Sheol oedd cartref y meirw. Gair arall amdano yw'r 'pwll', tir 'tywyllwch a'r fagddu' (Job 10:21). O gofio'r gred gyffredinol nad oes modd cael cymdeithas â Duw yn Sheol (gweler Sal. 6:5; 28:1; 30:9; 88:3–12), gellir dadlau mai mynegi gobaith, ac nid ffaith, a wna Jona wrth ddweud fod Duw wedi clywed ei weddi.

Cyhudda Jona Dduw o'i daflu i'r môr er nad dyna a ddigwyddodd yn y stori. Ond trwy feio Duw am ei drybini, caiff y boddhad o deimlo'n hunangyfiawn. Serch hynny, mynegi anobaith a wna'r cwestiwn, 'Sut y caf edrych eto ar dy deml sanctaidd?' (2:4). A chymryd mai'r Deml ddaearol yn hytrach na'r deml nefol a olygir, ei gŵyn yw na fydd ganddo gyfle mwyach i ymuno yn yr addoliad am ei fod yn nyfnderoedd Sheol. Ond pam yw'r un sy'n gwneud ei orau i osgoi Duw yn dyheu am gael bod yn ei bresenoldeb? Nid oes gysondeb rhwng gair a gweithred.

O fod yn ddialydd, yn sydyn mae Duw'n troi'n achubwr: 'Dygaist fy mywyd i fyny o'r pwll' (2:6). Mewn cyfyngder, mae Jona'n ei ddarlunio'i hun fel esiampl berffaith o'r crediniwr ffyddlon sy'n cofio am yr Arglwydd. Yn gynharach, bu'n erfyn am gael *edrych* ar y Deml; erbyn hyn, mae wedi cyrraedd ac yn addoli a chael clust Duw, er ei fod yn dal ym mol y pysgodyn: 'Daeth fy ngweddi atat i'th deml sanctaidd' (2:7). Wedi pwysleisio'i ffyddlondeb i Dduw, mae'n barod iawn i weld bai ar y rhai sydd yn 'gwadu eu teyrngarwch' trwy 'addoli eilunod gwag' (2:8). Ni wyddom at bwy y mae'n cyfeirio. Nid at y llongwyr, oherwydd maent hwy erbyn hyn yn addoli'r Arglwydd. Ond wrth addo aberthu i Dduw 'â chân o ddiolch' (2:9), mae'r pwyslais yn y gystrawen Hebraeg yn awgrymu fod Jona'n gwneud gwrthgyferbyniad bwriadol rhyngddo a phaganiaid: 'Ond [cyn belled ag yr wyf fi yn y cwestiwn] aberthaf i ti â chân o ddiolch' (2:9). Mae'r weddi'n gorffen gydag addewid i aberthu a chadw addunedau yn y Deml yn Jerwsalem, ond nid oes sôn fod Jona wedi gwneud y naill beth na'r llall.

Er mor daer yw'r weddi, nid yw Duw'n dangos iddo glywed Jona na sylwi ar ei newid agwedd. Mae'n siarad â'r pysgodyn (2:10), ond nid yw'n cynnig gair o gysur na maddeuant i'w broffwyd. Y cwbl sydd ar Dduw ei eisiau yw cydweithrediad ei was; wedi sicrhau ufudd-dod, mae'n ei ollwng yn rhydd. Dyma'r eildro yn y Beibl i Dduw siarad ag anifail; yr unig enghraifft arall yw melltithio'r sarff yng ngardd Eden (Gen. 3:14–15). Ceir dau ymateb gwahanol gan yr esbonwyr Iddewig cynnar i hyn. Yn ôl rhai, ystyr 'llefarodd' yw gwneud i'r pysgodyn deimlo'r awydd i gael gwared â Jona trwy achosi camdreuliad; techneg a gafodd lwyddiant digymysg. Diben yr esboniad hwn yw osgoi cydnabod fod gan anifeiliaid yr un gallu â'r proffwydi i ufuddhau i air yr Arglwydd. Mae eraill yn derbyn fod Duw wedi llefaru'n llythrennol wrth y pysgodyn. Yn eu barn hwy, mae'r darlun yn werthfawr iawn am ei fod yn dangos fod hyd yn oed anifeiliaid mud yn ufudd i orchmynion Duw.

Sylwadau esboniadol

'Cân o Ddiolchgarwch' yw'r disgrifiad a geir mewn rhai esboniadau o weddi Jona. Mae cynnwys barddoniaeth mewn darn o ryddiaith yn batrwm llenyddol eithaf cyffredin yn y Beibl. Ceir sawl enghraifft o brif gymeriad mewn stori'n cyfansoddi cân o fawl i fynegi eu teimladau. Er enghraifft, Miriam yn Exodus 15; Moses yn Deuteronomium 32; Debora a Barac yn Barnwyr 5; a Mair yn Luc 1. Y mae i fwyafrif y math hwn o ganeuon bedwar peth yn gyffredin.

Trwy newid yr arddull o ryddiaith i farddoniaeth, mae'r gân yn *amharu ar rediad* y stori; mae'r ddau ben yn gwau i'w gilydd yn berffaith hebddi. Yn aml, *cysylltiad llac* neu arwynebol sydd rhwng y gân a'r cyd-destun. Esgorodd hyn ar yr honiad mai *ychwanegiad diweddarach,* nid cynnyrch y cymeriad hanesyddol neu awdur gwreiddiol y stori, yw pob cân. Gan fod y geiriau a'r syniadau a geir ynddi'n rhai cyffredin, gall fod yn berthnasol i fwy nag un cyfnod, ac i unrhyw ddigwyddiad yn hanes y genedl. Yn olaf, mae pob cân *yn cynnwys gwers* trwy fynegi gwirionedd diwinyddol sydd o bwys i gredinwyr.

Mae'r tebygrwydd rhwng gweddi fydryddol Jona a rhai o'r Salmau'n amlwg. Mewn amryw o'r Salmau galar sy'n britho Llyfr y Salmau, mae'r awdur yn ei osod ei hun yn y gwaelodion, neu o leiaf mewn dyfroedd dyfnion, wrth fynegi ei ing a'i ofid (gweler Sal. 69:1–2; 88:1–7; 130:1–2.) Cyfeiria Jona hefyd at ddŵr neu ddyfnder. Defnyddia eirfa a phriod-ddulliau addas. Serch hynny, mae cynnwys y weddi'n anghyson â'r cyd-destun mewn sawl ffordd.

Yn y lle cyntaf, nid yw mynegiant o ddiolch a mawl ym mol y pysgodyn, a dweud y lleiaf, yn *gweddu i'r sefyllfa*. Nid gorfoledd am achubiaeth a ddisgwyliem, ond un ai galarnad am ei drybini neu edifeirwch ac apêl am gymorth. Nid yw Jona'n dangos ei fod yn edifar am ddiystyru dymuniad Duw. Nid yw'n erfyn am drugaredd, nac yn gofidio am ei gyflwr. Yn ail, mae *amseriad y weddi* yn od. Mae Jona'n diolch am gael ei achub cyn i hynny ddigwydd. Sylwer mai amser gorffennol y ferf a ddefnyddir: 'gelwais, dywedais, euthum, cofiais'. Os yw'r weddi'n perthyn i'r stori wreiddiol, oni fyddai'n fwy buddiol iddi gael ei lleoli wedi iddo gael ei daflu i'r lan (2:10)? Yn ei sefyllfa bresennol, mae'r drol o flaen y ceffyl.

Pwnc arall i'w ystyried yw *agwedd Jona*. Cymeriad gwahanol iawn yw Jona'r weddi i Jona'r stori. Mae'r ysbryd diolchgar a welir yn y weddi'n anghyson â'i natur groes a phwdlyd yng ngweddill y llyfr, ar wahân i'w werthfawrogiad am y planhigyn a dyfodd i'w gysgodi rhag yr haul (4:6). Y mae ei agwedd yn y bennod gyntaf yn awgrymu ei bod yn annhebygol y byddai'n awyddus i weddïo o gwbl, heb sôn am dalu diolch. Nid yw'n barod i gydnabod ei gyfrifoldeb ei hun am ei drybini; haws ganddo feio Duw. Yn olaf, mae'n amlwg oddi wrth ei gais i gael ei daflu i'r môr (1:12) mai *gwell ganddo farw* nag ufuddhau i Dduw a chael ei anfon eilwaith i Ninefe. A fyddai'n debygol o ddiolch i Dduw am ei achub, ac yntau'n gwybod mai'r canlyniad fyddai ailadrodd y gorchymyn? Prin y byddai caethiwed o'r fath yn debygol o ysbrydoli cân o fawl a diolch. Onid cwyn fyddai'n fwy addas?

Y nodweddion hyn sy'n arwain y mwyafrif o esbonwyr i'r casgliad nad oedd y weddi'n rhan o'r stori wreiddiol, ac mai awdur neu olygydd diweddarach a'i hychwanegodd trwy gyfansoddi neu ddewis cân, a oedd yn ei dyb ef yn addas, a'i gosod yn y stori fel helaethiad at adnod agoriadol yr ail bennod. A rhaid cyfaddef ei bod, o ran cynnwys ac arddull a geirfa, yn debyg iawn i lawer o'r Salmau. Yn nhyb rhai, felly, cyfansoddiad mwy diweddar na'r stori ei hun yw'r weddi.

Cyn gadael y weddi, nodwn un anhawster pellach ynglŷn â hygrededd y stori, sef rhyw'r pysgodyn yn yr Hebraeg gwreiddiol. Cyfeirir ato bedair gwaith. Mewn tri o'r cyfeiriadau (yn 1:17 a 2:10) mae'n wrywaidd *(dâg)*, ond yn y cyflwyniad i'r weddi (yn 2:1) mae'n fenywaidd *(dâgah)*. Ai camgymeriad y copïwr ynteu newid bwriadol yw hyn? O gymryd nad camgymeriad ydyw, mae esbonwyr Iddewig cynnar yn egluro'r newid trwy ddweud fod Jona mor gyfforddus ym mol y pysgodyn gwrywaidd nes iddo esgeuluso diolch i Dduw am ei arbed rhag boddi. Aeth tri diwrnod heibio heb iddo yngan gair; ymateb cwbl ddealladwy, oherwydd y demtasiwn mewn hawddfyd yw peidio â gwerthfawrogi'r hyn sydd gennym. Digiodd Duw am hyn, a phenderfynodd wneud pethau'n llai cysurus. Trefnodd i bysgodyn benywaidd, a oedd yn feichiog â thros dri chant a hanner o filoedd o bysgod bach, i lyncu Jona. Aeth at ei phartner a dweud wrtho am daflu Jona allan, gan fygwth: 'Os na wnei di, llyncaf y ddau ohonoch'. Nid oedd gan y gwryw ddewis. Ond roedd croth y fam yn garchar tra gwahanol. Gyda chymaint o bysgod bach yn gwmni iddo, ac yn brathu ei sodlau, ni chai Jona funud o lonydd. Nid oedd iddo le hyd yn oed i droi rownd. Galwodd ar Dduw mewn gweddi'n ddiymdroi.

Yn ôl yr esbonwyr, newidiodd yr awdur ryw'r pysgodyn er mwyn tanlinellu ystyfnigrwydd Jona. Gwrthododd y cennad gwrthnysig â gweddïo nes i'r amgylchiadau ei orfodi i wneud hynny. Y wers yw: cofia ddiolch am dy fendithion. Os mai dyma'r dull dysgu yn ysgolion Saboth synagogau'r Oesoedd Canol, roedd y disgyblion yn cael hwyl yn ogystal â gwers yn y dosbarth Beiblaidd.

❖ Cwestiynau i'w trafod

1. Caethiwed ym mol y pysgodyn sy'n ysgogi Jona i droi at Dduw. Trafodwch y syniad fod tystiolaeth yr Eglwys yn fwy trawiadol ac effeithiol mewn cyfnod tywyll o erlid a gormes.

2. Ar wahân i fod yn saib yn y ddrama, beth yw cyfraniad y weddi at y stori?

5. Ufudd-dod Jona
Jona 3:1-10

Ar sail ei weddi, disgwyliem i Jona fynd i'r Deml yn Jerwsalem i aberthu a chadw ei addunedau fel yr addawodd. Ond nid felly y mae golygfa gyntaf yr ail act yn agor. Serch hynny, yma y ceir calon yr hanes, er mai cynnwys yr act gyntaf sydd fwyaf adnabyddus. Tybed mai trydedd a phedwaredd bennod Llyfr Jona oedd y stori wreiddiol, ac mai ychwanegiad yw'r ddwy bennod gyntaf er mwyn dangos fod Jona'n broffwyd dilys, trwy adrodd hanes ei alwad a nodi ei anfodlonrwydd i ufuddhau.

Taith-bregethu Jona (3:1–3)

O gymharu dechrau'r ail act â geiriau agoriadol yr act gyntaf, mae'n amlwg nad yw plot y stori wedi symud ymlaen o gwbl. Ailadroddir y gorchymyn i bregethu i bobl Ninefe. Yr un yw'r genhadaeth; a'r un yw'r mynegiant, ac eithrio un gair. Yn wahanol i'r bennod gyntaf, 'llefara *wrthi*' yn hytrach nag 'yn ei herbyn' a geir yma (3:2). Er na chawn y tro hwn chwaith wybod beth oedd cynnwys y neges, mae'r eirfa'n awgrymu nad neges o farn a olygir o angenrheidrwydd. Ond mae ufuddhau i'r alwad yn ymddangos yr un mor ynfyd ag ydoedd cyn hynny. Nid yw'r amgylchiadau wedi gwneud y gorchymyn ronyn mwy rhesymol. Serch hynny, nid codi 'i ffoi' ond codi 'a mynd' yn ddiymdroi a wna Jona'r tro hwn. Mae'n derbyn yr anorfod heb air o gŵyn na phrotest. Ni chawn wybod sut y cyrhaeddodd ben ei daith, ond mae'n amlwg iddo fynd i'r cyfeiriad cywir.

Er mwyn cynnal y tensiwn, mae'r awdur yn troi ei sylw oddi wrth Jona at Ninefe. Dyma'r unig enghraifft o broffwyd yn cael ei anfon i gerdded strydoedd dinas baganaidd gan ddarogan dinistr. Enwir Ninefe chwe gwaith mewn deg adnod, a disgrifir hi fel 'dinas fawr iawn' (3:2). Y cyfieithiad llythrennol o'r testun gwreiddiol yw 'dinas fawr i Dduw', ymadrodd a ddefnyddir i fynegi'r radd eithaf yn yr iaith Hebraeg. O gymryd y disgrifiad air am air, gellir gweld mwy ynddo na'r hyn a awgrymir yn y cyfieithiadau. Mae ynddo elfen ddiwinyddol yn ogystal â daearyddol. Gwnaeth maint y ddinas hon argraff hyd yn oed ar Dduw. Deirgwaith yn y stori, mae Duw ei hun yn nodi mor fawr yw hi (1:2; 3:2; 4:11).

Ymhelaethir ar y disgrifiad o'i maint trwy ddweud y byddai angen tri diwrnod i gerdded 'ar ei thraws' (3:3). Yn ôl Herodotus, yr hanesydd Groeg, taith diwrnod arferol i fyddin oedd dwy filltir ar bymtheg. Golygai hynny y byddai'r ddinas dros hanner can milltir o led. Ond yn ôl yr archeolegwyr, tua thair milltir oedd hi o un ochr i'r llall ar ei lletaf. Os felly, wedi dewis esiampl amlycaf yr hen fyd o ddrygioni a chreulondeb, mae'r awdur yn chwyddo maint y ddinas y tu hwnt i bob rheswm. A yw hyn yn awgrymu ei fod yn cyfeirio at ddinas ddychmygol na fu erioed ynddi? A yw'n defnyddio gormodiaith yn fwriadol er mwyn cyfleu maint y dasg a wynebai unrhyw un a anfonid yno i bregethu barn?

Er i Jona ufuddhau ar unwaith, mae dweud iddo gyhoeddi ei neges 'wedi mynd daith un diwrnod' yn amwys. Gallai hynny olygu iddo fynd trwy'r maestrefi, sef un rhan o dair o'r ddinas, cyn *dechrau* pregethu. Dyna awgrym rhai cyfieithiadau Saesneg. '*Jonah began by going a day's journey into the city. Then he proclaimed ...*', yw cyfieithiad yr *REB*. '*After walking a whole day, he proclaimed ...*', sydd yn y *GNB*. Awgryma'r cyfieithiadau hyn iddo gyrraedd canol y ddinas cyn cyhoeddi ei neges. Ond yn ôl cyfieithiadau eraill, dechreuodd bregethu ar unwaith. '*On the first day Jonah started into the city. He proclaimed ...*', meddai'r *NIV*. '*Jonah began to go into the city, going a day's walk. And he cried out ...*', sydd gan yr *NRSV*.

Ple bynnag y traddodwyd y bregeth, pa iaith a ddefnyddiwyd? Sut allai Jona ddisgwyl i ddieithriaid ei ddeall? Aramaeg oedd iaith fasnach yr Hen Ddwyrain Canol. Ond er bod hon yn croesi ffiniau, prin y byddai'n ddealladwy i bobl gyffredin. Iaith lafar Ninefe oedd Asyrieg, iaith ddieithr iawn i Israeliad. Dywed y proffwyd Eseia fod yr iaith 'yn rhy ddieithr i'w dirnad' a bod 'eu tafod yn rhy floesg i'w ddeall' (Es. 33:19). Mae'n ymddangos nad yw awdur Jona'n poeni am y manylion, mwy nag yw awdur Genesis yn dyfalu ym mha iaith y siaradodd Duw ag Adda. Rhaid cymryd yn ganiataol fod estroniaid yn gallu deall proffwyd o Israel.

Beth bynnag oedd y cyfrwng cyfathrebu, pregeth Jona yw'r bregeth broffwydol fyrraf yn y Beibl. Datganiad moel, dideimlad o bum gair sydd yn yr Hebraeg gwreiddiol. Yn wahanol i broffwydi eraill, nid yw Jona'n cyfeirio at gamwedd arbennig i esbonio'r dinistr. Nid yw'n disgrifio'r gosb nac yn erfyn ar y trigolion i edifarhau, dim ond darogan dinistr yn blwmp ac yn blaen: 'Ymhen deugain diwrnod fe ddymchwelir Ninefe' (3:4).

Mae dyddiad arfaethedig y dinistr yn amwys. Ai yn *ystod* ynteu ar *ddiwedd* y deugain diwrnod y dymchwelir y ddinas? Mae deugain yn rhif confensiynol. Boed yn gyfeiriad at nifer o ddyddiau neu nifer o flynyddoedd, ar ddiwedd yn hytrach nag yn ystod y cyfnod y ceir rhyw ddigwyddiad o bwys fel rheol. 'Ymhen deugain diwrnod, agorodd Noa ffenestr yr oedd wedi ei gwneud yn yr arch, ac anfon allan gigfran' (Gen. 8:6). Ar alwad Duw, dringodd Moses Fynydd Sinai, 'a bu yno am ddeugain diwrnod a deugain nos' cyn dychwelyd gyda'r Gyfraith (Ex. 24:18). Dychwelodd yr ysbiwyr a anfonodd Moses i Ganaan ymhen deugain diwrnod gyda'r wybodaeth angenrheidiol am y trigolion (Num. 13:25). Bu Iesu yn yr anialwch 'am ddeugain dydd a deugain nos' yn cael ei demtio gan y diafol (Math. 4:1-2).

A chymryd mai ar ddiwedd y tymor penodedig y digwyddai'r gyflafan, roedd gan Jona beth amser i aros cyn gweld cyflawniad ei broffwydoliaeth. Mewn un llawysgrif Hebraeg a ddilynir gan y cyfieithiad Groeg a'r Hen Ladin, ceir 'tri' diwrnod yn lle 'deugain'. O bosibl mai ymgais yw hynny gan awdur diweddarach i gydymdeimlo â Jona trwy roi llawer llai o amser iddo ddioddef gwres yr haul a'r gwynt poeth wrth eistedd y tu allan i'r ddinas i weld ei dinistr.

Pregeth Jona (3:4)

Mae dau beth ynghylch cynnwys y bregeth yn haeddu sylw'r darllenydd. Yn gyntaf, *diffyg awdurdod*. Nid oes unrhyw awgrym mai dyma'r neges a gafodd Jona gan Dduw i'w chyhoeddi. Mae'r cyflwyniad arferol 'Fel hyn y dywed yr Arglwydd', sy'n rhoi awdurdod i eiriau'r proffwydi, ar goll. Er na fyddai cyflwyniad o'r fath yn golygu dim i bobl Ninefe, byddai'n ychwanegiad o bwys at neges Jona, petai ond i brofi i'w gyd-Israeliaid ei fod yn broffwyd dilys. Yn ail, *gair amwys* a ddefnyddir i ddisgrifio tynged Ninefe. Ystyr sylfaenol y gair Hebraeg *haphac,* a gyfieithir 'dymchwelir' yma, yw 'troi' neu 'newid'. Caiff ei

141

ddefnyddio i fynegi'r negyddol neu'r cadarnhaol. 'Cyfansoddair cywasgedig' (*portmanteau word*), gair yn cynnwys mwy nag un ystyr, yw'r disgrifiad gramadegol ohono. Gall olygu un ai 'troi drosodd', sef 'dinistrio', neu 'troi rownd' yn yr ystyr o 'newid cyfeiriad'. Mewn cyd-destun diwinyddol, mae dau ystyr yn bosibl: un ai 'creu difrod, dymchwel', neu 'newid er da, edifarhau'.

A oedd Jona'n darogan fod Ninefe ar fin cael ei dinistrio oherwydd ei drygioni, ynteu am gael ei harbed wedi iddi edifarhau? Er na wyddai, cyn cychwyn ei daith, beth oedd byrdwn ei bregeth, gellir bod yn sicr nad oedd yn gobeithio gweld edifeirwch. Iddo ef, yr unig gyfiawnhad dros anfon unrhyw un i bregethu gair Duw i elynion pennaf Israel oedd dangos iddynt fod drygioni'n arwain yn anochel at ddinistr. Efallai fod cosb Sodom a Gomorra 'am fod y gŵyn yn fawr yn eu herbyn' (Gen. 19:13), a'r bygythiad i ddynolryw yn amser Noa am fod 'y ddaear yn llygredig gerbron Duw, ac yn llawn trais' (Gen. 6:11), yn fyw yn ei feddwl.

Ond tybed mai darogan edifeirwch oedd diben y bregeth? Os felly, proffwydoliaeth Jona oedd y byddai Ninefe ymhen deugain niwrnod wedi ei thrawsnewid yn ddinas wahanol iawn. Hynny yw, nid darlun o ddinas a 'newidir', yn yr ystyr o gael ei dinistrio, a geir yma; ond darlun o ddinas sydd ar fin newid cyfeiriad yn llwyr trwy ymateb yn ddiymdroi i air yr Arglwydd, ac o ganlyniad yn cael ei harbed. Y dehongliad hwn sy'n apelio at Awstin Sant, ac at amryw o esbonwyr cyfoes. Ac yn ôl diwedd y stori, dyna a ddigwyddodd; ni ddinistriwyd Ninefe. Fodd bynnag, nid oes unrhyw gofnod hanesyddol yn archifau Asyria o'r ymerodraeth yn edifarhau am ei chamweddau yn dilyn ymweliad gan broffwyd o bell.

Dinas edifeiriol (3:5–9)

Yn groes i ddisgwyliad a dymuniad Jona, mae pobl Ninefe'n cyhoeddi ympryd i ategu eu hedifeirwch (3:5). Mae'r ddinas sydd â'i henw'n gyfystyr â thrais a chreulondeb, y ddinas a gyhuddir gan Nahum o fod yn llawn drygioni, ar unwaith yn llawn duwioldeb. Mae'r ddinas gyfan yn edifarhau, er nad oes gan neb sicrwydd y bydd hynny'n gwneud unrhyw wahaniaeth os mai darogan dinistr a wna'r pregethwr. Mynega'r trigolion eu cred trwy ymprydio a gwisgo carpiau, yn y gobaith y bydd hyn yn gwneud argraff ar Dduw ac yn arbed y ddinas. Gwnânt hyn yn gwbl ddigymell, heb ymgynghori â'r awdurdodau i weld a yw'r fath ymddygiad yn amserol ac addas. Cyhoeddi ympryd a gwisgo carpiau yw dau o'r dulliau a enwir yn y Beibl o wneud penyd er mwyn ennill maddeuant am drosedd. Defodau eraill yw cyflwyno aberth, eistedd mewn lludw, eillio barf, a rhwygo dillad. Yn hanes Israel, mae cymunedau cyfan yn gwneud penyd er mwyn osgoi llid dwyfol, ond dyma'r unig esiampl yn yr Ysgrythur o genedl-ddynion yn gwneud hynny.

Treiddiodd pregeth Jona i galon y ddinas. Er bod y brenin yn annhebygol o orchymyn edifeirwch ar gorn bygythiad o ddinistr gan broffwyd estron di-nod, nid yw'n anwybyddu ymateb ei ddeiliaid: 'Cododd yntau oddi ar ei orsedd, a diosg ei fantell a gwisgo sachliain ac eistedd mewn lludw' (3:6). Yn ogystal â rhoi esiampl bersonol, mae'n gwneud datganiad sy'n cynnwys dau waharddiad: dim bwyd na diod i ddyn nac anifail am gyfnod amhenodedig. Ond am ba hyd y gall unrhyw greadur byw fod heb ddiod o leiaf? Yna daw tri gorchymyn cadarnhaol: gwisgo sachliain, gweddïo a throi oddi wrth ddrygioni. Yn ôl y testun Hebraeg, mae'r gorchymyn i weddïo a gwisgo sachliain yn berthnasol hyd yn oed i anifeiliaid. Ceir cyfeiriad yn Llyfr Judith hefyd, un o lyfrau'r Apocryffa, at anifeiliaid mewn sachliain (Jud. 4:10). Hyd yn oed heddiw, gwisgir y ceffylau sy'n tynnu'r hers mewn angladd yn debyg i'r galarwyr. Ond beth am y gorchymyn i anifeiliaid weddïo? Yn nhyb llawer o esbonwyr, mae'r gormodedd bwriadol yn y disgrifiad o'r diwygiad yn dystiolaeth eithaf cadarn mai gwamalu yw bwriad yr awdur.

Gŵyr y brenin fod edifeirwch yn golygu newid buchedd a phatrwm byw, oherwydd 'Pwy a ŵyr na fydd Duw ... yn troi oddi wrth ei ddig mawr, fel na'n difethir ni?' (3:9). Cymharer ymateb y brenin i 'efallai' y capten ar fwrdd y llong yn 1:6. Nid yw edifeirwch 'y ddinas waedlyd', na gweddi yn nannedd y ddrycin, yn gwarantu achubiaeth. Nid edifarhau er mwyn rhoi pwysau ar Dduw i drugarhau a wna'r brenin, ond cydnabod na ellir rheoli'r duwdod. Er nad yw Jona'n bwriadu i'w neges gynnwys y mymryn lleiaf o obaith i drigolion Ninefe, mae'r brenin yn barod i ymddiried yn y posibilrwydd y bydd Duw'n drugarog. Mae ei ddehongliad o neges Jona nid yn unig yn wahanol iawn i ddehongliad Jona ei hun ohoni, ond hefyd yn fwy priodol. Esiampl arall sydd yma o bagan yn hyfforddi proffwyd.

O gofio mai bwriad y proffwydi wrth ddarogan dinistr oedd cymell edifeirwch, fel bod y gosb yn dod yn ddiangen, Jona yw'r proffwyd mwyaf llwyddiannus yn hanes proffwydoliaeth yn yr ystyr o gael ymateb cadarnhaol gan ei wrandawyr. A chymryd mai proffwydo dinistr ydoedd, cafodd lwyddiant ysgubol heb yngan yr un gair o ddiwinyddiaeth. Dyma'r diwygiad mwyaf nodedig yn hanes dynoliaeth! Ni chafodd yr un pregethwr erioed y fath ymateb. Sachliain ac ympryd yn cael eu gwneud yn orfodol ar bawb, gan gynnwys plant tair oed ac anifeiliaid. Dywedir fod Ffransis Sant wedi pregethu i'r adar. Ond yn holl hanes pregethu, dim ond Jona lwyddodd i gael anifeiliaid i ymateb! Serch hynny, sail hanesyddol simsan sydd i barodrwydd dinas baganaidd i edifarhau wedi clywed neges fygythiol proffwyd estron.

Duw trugarog (3:10)

Ond nid y sachliain, yr ympryd a'r lludw, na hyd yn oed y weddi, sy'n arwain Duw i drugarhau. Nid ar ddefod y mae'r pwyslais yn y pendraw, ond ar weithred: 'Pan welodd Duw' fod pobl Ninefe 'wedi troi o'u ffyrdd drygionus, edifarhaodd am y drwg y bwriadodd ei wneud iddynt, ac nis gwnaeth' (3:10). Mae'n amlwg fod edifeirwch yn gweithio. Caiff y ddinas ei harbed. Fel y sylweddolodd proffwydi'r Gaethglud (Eseia, Jeremeia ac Eseciel), mae agwedd y bobl yn newid agwedd Duw. Ond yr eironi yw bod paganiaid yn deall Duw yn well na'r Hebrëwr, a wrthododd syrthio ar ei fai ac a anwybyddodd gais y capten i weddïo am help yn ystod y storm. Perthnasol yn y cyd-destun yw neges gynhwysfawr Duw ym mhroffwydoliaeth Eseia: '"Yr oeddwn yno i'm ceisio gan rai nad oeddent yn holi amdanaf, yno i'm cael gan rai na chwilient amdanaf. Dywedais, 'Edrychwch, dyma fi', wrth genedl na alwai ar fy enw"' (Eseia 65:1).

Mae'r sylw fod Duw wedi newid ei feddwl ac wedi arbed Ninefe yn ddiweddglo delfrydol i'r stori. Daw i derfyn addas a thaclus heb ddim i awgrymu y dylai barhau. Edifarhaodd Jona am ei anufudd-dod trwy gyflawni ei genhadaeth. Am i drigolion Ninefe ymateb yn syfrdanol i'w bregeth, maddeuwyd eu drygioni. Ciliodd y pwnc sy'n deffro chwilfrydedd darllenwyr ar y dechrau, sef y gynnen rhwng Duw ac Asyria. Ond pan atgyfodir ymateb negyddol Jona yn y bennod olaf, dryllir eu disgwyliadau. Mae parhad y stori'n peri syndod. Mae anufudd-dod Jona, a oedd yn broblem eilradd ar ddechrau'r llyfr (tynged

Ninefe oedd y broblem gyntaf), yn broblem ganolog erbyn y diwedd, ac felly'n hawlio llawer mwy o sylw. Dyma bwnc ail olygfa'r ail act.

❖ Cwestiynau i'w trafod

1. Yn ymateb brenin Ninefe i neges Jona, y mae'r di-gred yn cywilyddio'r crediniwr. Ym mha ffordd y mae'r byd yn cywilyddio'r Eglwys?

2. Pa mor gryf, a pha mor addas yw'r elfen o ddoniolwch a gormodiaith fwriadol yn Llyfr Jona?

6. Galw am Gyfiawnder
Jona 4:1–6

O'r cychwyn, mae dau gwestiwn yn greiddiol i'r llyfr: tynged Ninefe a thynged Jona. Erbyn hyn, mae tynged y ddinas ddrygionus sydd wedi cythruddo Duw yn amlwg: cafodd ei harbed wedi iddi edifarhau. Ond beth a ddigwydd i'r proffwyd anufudd? Gan nad oes modd iddo ddianc oddi wrth Dduw, mae'n rhaid ateb y cwestiwn hwn cyn i'r stori ddod i ben.

Yn ei ymateb i edifeirwch trigolion Ninefe, cawn gipolwg ar gyflwr emosiynol Jona. Disgwyliem iddo fod yn falch fod ei neges wedi cael y fath dderbyniad cadarnhaol. Ond nid felly y mae. Yn hytrach na llawenhau, mae'n 'anfodlon iawn am hyn, a theimlai'n ddig' (4:1). Yn ei olwg ef, dicter cyfiawn yw hwn, ac nid oes arno unrhyw gywilydd ohono. Ni all ei ddiwinyddiaeth gysoni'r Duw a wnaeth gyfamod â'i genedl etholedig â'r Duw sy'n ochri â'r gelyn. Ond mae ystyr y gair Hebraeg *charah*, sydd o'i gyfieithu yma'n disgrifio Jona fel cymeriad dicllon a gythruddwyd gan edifeirwch Ninefe, yn amwys. Ystyr sylfaenol y gair yw 'llosgi', ond fe'i defnyddir yn yr Hen Destament i ddynodi teimlo'n drist yn ogystal â mynegi dicter. Gan fod yr ystyr yn berthnasol i'n dealltwriaeth o'r testun, rhoddwn sylw i'r ddau ddehongliad.

Dicter ynteu dristwch? (4:1)

Mae dicter Jona'n peri syndod i'r darllenydd, oherwydd gellid tybio erbyn diwedd y drydedd bennod iddo dderbyn y sefyllfa'n rasol a dirwgnach. Ond nid yw'r syndod yn para'n hir wedi iddo droi at Dduw mewn gweddi. Yn wahanol i'r weddi ym mol y pysgodyn, mae hon yn addas yn y cyd-destun am ei bod yn egluro pam y gwrthododd ufuddhau a cheisio mynd i Tarsis yn lle Ninefe. Cyfeiria ynddi at rywbeth a ddywedodd yn gynharach wrth Dduw: 'Onid hyn a ddywedais pan oeddwn gartref?' (4:2). Er nad oes sôn am sgwrs rhyngddo a Duw yn hanes yr alwad yn y bennod gyntaf, mae'n ymddangos eu bod wedi trafod y genhadaeth cyn iddo ffoi, a bod Jona wedi mynegi ei farn.

Beth bynnag oedd cynnwys y drafodaeth, mae'r diwygiad yn Ninefe, a thrugaredd Duw tuag at y trigolion, yn cadarnhau safbwynt Jona ac yn ei gynddeiriogi. Mewn tymer wyllt, dywed ei fod yn amau mai fel hyn y byddai. Er iddo gredu mai barn ddigymrodedd oedd haeddiant Ninefe, gwyddai y byddai Duw'n maddau os byddai'r bobl yn edifarhau, gan mai dyna'i natur. Gwyddai mai trugaredd, nid cyfiawnder, fyddai'n ennill y dydd. Ond ei ddymuniad ef oedd gweld cyfiawnder yn cael ei weithredu heb i drugaredd ymyrryd. Nid oedd gan Dduw cyfiawn unrhyw reswm dros faddau i ddinas mor ddrygionus. Ym meddwl Jona, dim ond cosb fedrai ddileu pechod am fod perthynas amlwg rhwng drygioni a barn.

Esboniad amgen o agwedd Jona yw ei fod yn drist neu'n siomedig. Y fersiwn Groeg yw tarddiad y dehongliad hwn sydd wedi apelio at rai esbonwyr cyfoes. Yn ei esboniad ar Lyfr Jona, cyfieithiad J.M. Sasson o 4:1 yw: *'This outcome was so terribly upsetting to Jonah that he was dejected'*. Er iddo synnu at agwedd Duw at Ninefe, roedd Jona'n teimlo'n *drist* yn hytrach nag yn ddig. Cyfiawnheir y dehongliad hwn trwy fynnu bod y portread o'r cymeriad dicllon Jona'n troi at Dduw yn anghyson â gweddill yr Ysgrythur. Ceir enghreifftiau o unigolion trist yn gweddïo ar Dduw mewn dryswch ac anobaith, ond nid rhai dicllon.

Os mai digalon yn hytrach na dig yw Jona, beth sydd i gyfrif am ei dristwch? Un ateb yw ei fod yn anobeithio am ddyfodol ei genedl wrth iddo sylweddoli y bydd Asyria, am fod Ninefe wedi ei harbed, yn parhau yn arf yn llaw Duw i gystwyo Israel am ei hanffyddlondeb. Ateb arall, mwy derbyniol efallai, yw'r ffaith nad oedd ganddo ef ei hun unrhyw ran yn y maddeuant a gafodd Ninefe. Fe'i gorchmynnwyd i ddarogan dinistr, ond nid i sôn am drugaredd. Os oedd Duw'n barod i dosturio os byddai'r ddinas yn edifarhau, pam na fyddai wedi dweud hynny wrth ei gennad, er mwyn iddo fedru cynnwys y newydd da yn ei bregeth?

Esboniad pellach, a'r un mwyaf tebygol, yw bod Jona'n credu iddo gael ei fychanu gan Dduw. Teimla fod Duw wedi gwneud ffŵl ohono trwy faddau i Ninefe. Geiriau gwag oedd ei broffwydoliaeth o farn a dinistr. Am na wireddwyd ei eiriau, nid oes neb yn debygol o wrando arno bellach. Daw ei fywyd proffesiynol i ben, oherwydd fe'i cyfrifir ymysg y gau broffwydi, cyhuddiad difrifol iawn yn Israel gynnar. Y prawf fod proffwyd yn darogan y gwir oedd bod ei neges yn cael ei chyflawni (gweler Deut. 18:17–22). Cyll Jona ei swydd a'i enw da er mwyn i eraill gael byw. Pa ryfedd ei fod yn ddigalon?

Mewn unrhyw astudiaeth o neges y llyfr, mae'n ofynnol dirnad cyflwr emosiynol Jona wedi iddo glywed fod Ninefe wedi ei hachub. Dicter ynteu dristwch a fynegir yn y testun? Mae'r mwyafrif o gyfieithiadau cyfoes yn derbyn fod Jona'n ddig wrth Dduw, ac yn taranu yn ei erbyn am iddo ddangos trugaredd at genedl a oedd yn ddraen yn ystlys Israel. Defnyddir y cyfieithiad hwn gan esbonwyr i barddu o'i gymeriad. I Luther, mae ei agwedd yn ddirgelwch: 'Sant rhyfedd yw hwn sy'n ddig am fod Duw'n trugarhau wrth bechaduriaid. Mae'n gwarafun pob bendith ac yn dymuno iddynt bob drwg'. Dywed Calfin fod teimladau 'mileinig' Jona wedi mynd yn drech nag ef, er iddo droi at Dduw mewn gweddi ac ufuddhau i'w orchymyn yn y diwedd. *'Dour, and unlovely'*, yw disgrifiad un esboniwr cyfoes o Jona. Meddai un arall: *'a narrow, chauvinistic, hater of Gentiles'*.

Cafodd y syniad mai cymeriad dicllon, yn hytrach na digalon, oedd Jona ddylanwad andwyol ar y berthynas rhwng yr Iddew a'i gymdogion dros y canrifoedd. Gwelodd yr Eglwys yn nicter Jona a'i brotest yn erbyn rhannu cariad Duw â chenedl-ddynion, esiampl o gulni cynhennid Iddewiaeth. Defnyddiodd diwinyddion Cristnogol ymateb negyddol Jona i gyfreithloni erlid Iddewon oherwydd eu hagwedd wrthgymdeithasol, eu 'casineb at yr hil ddynol' chwedl yr hanesydd Rhufeinig Tacitus. Enghraifft berffaith ydoedd o agwedd sarhaus yr Iddewon at unrhyw un nad oedd yn perthyn i'r genedl etholedig. Roedd culni ac anoddefgarwch Jona'n nodweddu'r genedl Iddewig yn ei chrynswth. Esiampl yw dicter Jona o fethiant parhaol Iddewiaeth i rannu cariad Duw â'r Cenhedloedd.

Dewis testun (4:2–3)

Ar ddechrau'r stori, mae'r awdur yn fwriadol yn gadael anufudd-dod Jona'n ddirgelwch. Caiff y darllenydd ddefnyddio'i ddychymyg i esbonio pam ei fod mor anfodlon mynd i Ninefe. Ond prin y byddai unrhyw un wedi meddwl am y gwir reswm, oherwydd craidd cŵyn Jona yw natur raslon a thrugarog Duw Israel. Mae'r proffwyd yn ddigon hyddysg yn nysgeidiaeth grefyddol ei genedl i wybod mai maddeuant fyddai'r canlyniad pe byddai pobl Ninefe'n edifarhau. Ond nid dyna'i ddymuniad. Yn ei ddyhead am gyfiawnder a barn, nid yw'n fodlon rhoi cyfle i'r ddinas ei harbed ei hun rhag dinistr trwy edifarhau. Yng ngolwg Jona, mae'r fath bwyslais ar drugaredd yn tanseilio'r posibilrwydd o weld cysondeb rhesymegol yn y ffordd y mae Duw'n delio â dynoliaeth.

Boed ddig neu drist, mae Jona'n atgoffa Duw o'r datguddiad a wnaeth ohono'i hun i Moses cyn adnewyddu'r cyfamod rhyngddo ag Israel wrth droed Mynydd Sinai, yn union wedi'r pechu ynghylch y llo aur (Ex. 34:6–7). Mae'r testun creiddiol yma, y Tri Phriodoledd ar Ddeg fel y'i gelwir, yn disgrifio natur Duw. Duw 'trugarog a graslon, araf i ddigio, llawn cariad a ffyddlondeb ... yn maddau drygioni a gwrthryfel a phechod, ond heb adael yr euog yn ddi-gosb' yw Arglwydd Dduw Israel. Mae'n Dduw maddeugar, ond hefyd yn Dduw cyfiawn; nid yw'n diystyru camwedd ac anwiredd.

Defnyddir y disgrifiad hwn o leiaf hanner dwsin o weithiau yn yr Hen Destament fel cyffes ffydd neu gredo. Er enghraifft, mae Nahum yn dewis rhai o'r priodoleddau a geir ynddo i esbonio dinistr Ninefe yn 612 CC. Cwympodd y ddinas am fod Duw Israel yn 'un sy'n dial ... ac yn llawn llid ... ac nid yw'n gadael yr euog yn ddi-gosb' (Na. 1:2–3). Mae Joel a Micha yn dyfynnu priodoleddau eraill i sicrhau'r genedl fod maddeuant i'r edifeiriol (Joel 2:13. Mich. 7:18–20). Ceir elfennau o'r testun hefyd yng nghyd-destun addoliad y Deml i fynegi clod a mawl y gynulleidfa (gweler Sal. 111:4; 112:4; 116:5).

Ond nid ystyr cadarnhaol a gobeithiol sydd gan y Priodoleddau yn Llyfr Jona. Trwy ddyfynnu'n ddetholus, defnyddia Jona'r testun i gollfarnu Duw am ddangos trugaredd ac anwybyddu cyfiawnder. Dylai cariad Duw at ei genedl etholedig olygu ei fod yn cosbi ei gelynion. Os nad oedd Duw'n fodlon gadael 'yr euog yn ddi-gosb' (Ex. 34:7) fel yr addawodd wrth ei ddatguddio'i hun i Israel, fe ddylai, o safbwynt Jona, lynu wrth ei egwyddorion. Yn achos dinas baganaidd a bygythiol, dylai ei gyfiawnder fod yn drech na'i drugaredd. Er ei fod yn olau yn ei Feibl, gellir cyhuddo Jona o fethu â deall, neu o ddewis peidio â deall, un o destunau sylfaenol crefydd ei dadau trwy ddethol ei ddyfyniadau i gyfiawnhau ei ddig.

Ond dyhead am gyfiawnder sydd y tu cefn i'r dicllonedd. Nid methiant ei genhadaeth sy'n corddi Jona ond ei *llwyddiant;* y ffaith fod dinas ddrygionus wedi gwrando arno ac edifarhau, ac o ganlyniad wedi osgoi dinistr. Ni wna hyn unrhyw synnwyr iddo. Serch hynny, rhinwedd anodd ei ffrwyno yw dig cyfiawn. Gall arwain at chwerwder a chasineb dilywodraeth at bawb a phopeth, cyflwr a ddisgrifir gan y bardd Shelley fel *'eyeless with hate'*. Dyna a ddigwyddodd yn achos Jona. Oherwydd ei elyniaeth, ni fedr weld unrhyw ddaioni yn nhrigolion Ninefe. Ond er mor anodd yw dig cyfiawn i'w reoli, hebddo rhoddwn le i gerydd awdur Llyfr y Diarhebion: 'Fel ffynnon wedi ei difwyno, neu bydew wedi ei lygru, felly y mae'r cyfiawn yn gwegian o flaen y drygionus' (25:26).

Yn ei ddig, mae Jona'n ymateb yn wahanol iawn i bob proffwyd arall. Protestio yn erbyn digofaint Duw a galw am drugaredd a maddeuant i bechaduriaid a wna'r gweddill. Mae hyd yn oed Amos, sy'n barnu Israel yn ddidrugaredd am ei hanghyfiawnder, yn erfyn ar Dduw i dosturio wrthi: 'O Arglwydd DDUW, maddau! Sut y saif Jacob, ac yntau mor fychan?' (Am. 7:2). Ond gwarafun i Dduw drugarhau a wna Jona. Yn ei farn ef, dyletswydd Duw yw mynegi ei gariad tuag at ei genedl etholedig trwy gosbi ei gelynion. Ond ymddengys fod Duw Israel yn caru Ninefe hefyd. Er iddo adrodd y credo, mae Jona'n gofidio fod y disgrifiad o Dduw fel un sy'n 'araf i ddigio, mawr o dosturi ac yn edifar ganddo wneud niwed' yn wir (4:2). Mae fel petai'n poeri'r geiriau at Dduw, ac yn ei ddicter yn dangos agwedd gwbl groes i natur y Duw y mae'n credu ynddo.

Ymateb Duw (4:4–6)

O gofio'r darlun tywyll o fywyd y tu draw i'r bedd a geir yn y weddi o fol y pysgodyn, nid yw'n hawdd deall pam fod yn well gan Jona 'farw na byw' (4:3). Mynegir y dyhead hwnnw deirgwaith yn y llyfr. Yn ôl y rabiniaid cynnar, roedd yn dymuno marw am iddo golli ei wallt a'i ddillad yng nghylla'r anghenfil, ac felly heb ddim i'w amddiffyn ei hun rhag pryfed, chwain a morgrug a oedd yn ei bigo'n ddidrugaredd! Gwell gan Jona farw na byw mewn byd dan reolaeth Duw mor fympwyol; yr unig ddihangfa yw marwolaeth.

Ond methiant yw ei ymgais i lunio'r agenda a chael ei ffordd ei hun. Nid yw Duw'n cydnabod ei weddi nac yn cymryd unrhyw sylw o'i brotest a'i ddyhead am gael marw. Ei ymateb yw gofyn iddo esbonio'i agwedd: 'A yw'n iawn iti deimlo'n ddig?' (4:4). Aiff ein dehongliad o'r cwestiwn â ni'n ôl at ystyr *charah*. Os mai dicter a olygir, cerydd sydd yma: 'Pa hawl sydd gennyt i fod yn ddig?' Neu efallai wahoddiad i ystyried sail y dicter: 'Pa fantais sydd mewn dicter?' Ond os mai tristwch a fynegir, mae Duw'n cydymdeimlo â Jona, ac yn ceisio lleddfu ei boen meddwl. Dyna'r ystyr yn ôl y cyfieithiad Groeg: 'A wyt ti mor ddigalon â hynny?'

Sut bynnag y dehonglir y cwestiwn, ni chafodd Duw ateb. Mae mudandod Jona'n peri syndod, oherwydd dylai lawenhau fod Duw'n dangos unrhyw ddiddordeb ynddo, ac yn ceisio deall ei deimladau. Ond aeth allan o'r ddinas a chodi caban i'w gysgodi rhag yr haul a'r dwyreinwynt tra byddai'n disgwyl i weld cyflawniad ei broffwydoliaeth. A fyddai Duw'n trugarhau wrth yr edifeiriol, ynteu a fyddai Ninefe'n cael ei dinistrio am iddi flino ar fyw mewn sachliain a lludw, a mynd yn ôl i'w harferion drygionus?

Trugarhaodd Duw wrth Jona a threfnodd i blanhigyn dyfu drosto 'i fod yn gysgod dros ei ben ac i leddfu ei drallod' (4:6). *Cicaiôn* yw'r gair Hebraeg a gyfieithir 'planhigyn', a dyma'r unig enghraifft o'r gair yn yr Hen Destament. Nid yw'r disgrifiad chwedlonol ohono'n tyfu a marw mewn llai na diwrnod o unrhyw help i ni wybod beth yn hollol ydoedd. Ceir amryw o awgrymiadau, ond efallai mai'r llwybr doethaf i'w gymryd yw dilyn esiampl Beibl William Morgan a defnyddio'r gair Hebraeg heb geisio'i gyfieithu. Digon yw gwybod fod y cicaion yn gysgod effeithiol rhag yr haul, a bod Jona o'r diwedd yn fodlon ar ei fyd. Er i'r angen am fwy o gysgod awgrymu fod y caban yn ddiffygiol, mae'r hwyl ddrwg yn cilio a llawenydd yn cymryd ei lle. Er nad yw Jona'n deall pam fod Ninefe wedi cael maddeuant, daw Duw â gwên yn ôl i'w wyneb. Prawf yw'r cicaion fod Duw'n gofalu amdano, ac yntau'n tybio mai'r gwrthwyneb oedd yn wir. Dengys gweithred rasol Duw fod ffocws y stori wedi newid. Nid hynt a helynt Ninefe sydd dan sylw bellach, ond y berthynas rhwng Jona a Duw, perthynas sydd wedi ailgydio trwy wyrth.

❖ Cwestiynau i'w trafod

1. O dan ba amgylchiadau y gall Cristnogion gyfreithloni dicter yn eu perthynas ag eraill?

2. Trafodwch y syniad nad oes unrhyw gyfiawnhad dros fod yn ddig tuag at Dduw.

7. Dysgu Gwers i Jona
Jona 4:7–11

Wrth iddo eistedd yn obeithiol yng nghysgod y planhigyn i weld a fyddai ei brotest yn erbyn dangos trugaredd at bechaduriaid yn dwyn ffrwyth, daw Jona ato'i hun. Ond mae angen dysgu i'r proffwyd pwdlyd wers ynglŷn â thosturi a maddeuant. Dyna sy'n digwydd yn yr adran hon wrth i'r stori ddirwyn i ben. Gan Dduw y mae'r gair cyntaf a'r gair olaf yn y llyfr.

Digalondid Jona (4:7–8)

Ar ddechrau'r deialog rhyngddynt yn 4:4, mae Duw fel pe bai'n cydymdeimlo â Jona trwy ddarparu mwy o gysgod iddo. Ond 'gyda'r wawr drannoeth', mae'r awyrgylch yn newid yn ddirybudd: 'Trefnodd Duw i bryfyn nychu'r planhigyn, nes iddo grino' (4:7). Mae'r ymadrodd 'gyda'r wawr' yn arwyddocaol. Nid nodi amser yn unig yw ei ddiben. Fe'i defnyddir yn aml yn y Beibl i fynegi bod rhywbeth dramatig ar fin digwydd. Dihangodd Lot a'i deulu o Sodom 'ar doriad gwawr', funudau cyn y gyflafan (Gen. 19:15). Wrth iddi wawrio yr ymgodymodd Jacob â'r angel ar ei ffordd i gyfarfod ag Esau, y brawd a dwyllodd (Gen. 32:24-31). Ar doriad dydd yr ymosododd Josua ar Jericho (Jos. 6:12–15). Eneiniwyd Saul yn frenin ar Israel gan Samuel 'pan dorrodd y wawr' (1 Sam. 9:26). Enghreifftiau pellach yw Barnwyr 19:25 a Nehemeia 4:21. Gyda'r wawr y disgwyliai Jona weld cwymp Ninefe a chyflawniad ei broffwydoliaeth o ddinistr. Ond roedd yr hyn a ddigwyddodd yn gwbl groes i'r disgwyl: nid y ddinas ddrygionus a ddinistriwyd ond y planhigyn a oedd yn gysgod iddo. Dros nos, trodd Duw o fod yn warchodwr i fod yn boenydiwr.

Wedi anfon pryfyn i ddifa'r planhigyn, trefnodd Duw i ddwyreinwynt poeth chwythu dros Ninefe. Ar y cyfan, er mai bendith oedd y 'gwynt cryf o'r dwyrain' a holltodd y Môr Coch i alluogi'r Israeliaid i ddianc o afael Pharo (Ex. 14:21), newydd drwg yw gwynt y dwyrain yn y Beibl. Hwn a achosodd newyn yn yr Aifft trwy ddeifio'r tywysennau ŷd (Gen. 41:6). Y dwyreinwynt a gariodd y pla o locustiaid a greodd hafog pellach i amaethwyr yr Aifft (Ex.

10:3). Heddiw, ceir y *chamsin* neu'r *siroco*; y gwynt poeth sy'n chwythu dros ddiffeithwch Arabia'n llawn llwch a thywod.

Gan mai'r canlyniad fu i'r haul daro 'ar ben Jona nes iddo lewygu' (4:8), mae'n bosibl mai diben y gwynt oedd dinistrio'r caban er mwyn amddifadu Jona'n llwyr o gysgod rhag gwres y dydd. Yn sicr, mae'r gwynt a'r haul yn cydweithio i'w gystwyo. Heb gysgod, mae bywyd yn annioddefol i un a ddewisodd fynd i eistedd ar ochr ddwyreiniol y ddinas. Pa ryfedd iddo ofyn eto 'am gael marw' (4:8)? Yn llythrennol yr hyn a ddywedir yw 'Gofynnodd *i'w enaid* am gael marw'. Hynny yw, siarad ag ef ei hun a wna Jona. Y tro hwn, yn wahanol i'r hyn a wnaeth yn flaenorol (4:3), nid gofyn i Dduw gymryd ei einioes a wna ond bwriadu cyflawni hunanladdiad. Am yr eildro yn y ddeialog, mae'n datgan mai gwell ganddo 'farw na byw', nid yn unig am nad oes ganddo gysgod digonol, ond am fod y goeden grin yn arwydd fod Duw wedi troi cefn arno. Sut mae delio â Duw sydd nid yn unig yn ffafrio'r gelyn, ac yn gwrthod cosbi'r drygionus, ond hefyd yn gwneud tro gwael trwy ymddwyn mor anwadal tuag at ei broffwyd ei hun?

Yn ei argyhoeddiad fod marwolaeth yn rhagori ar fywyd, ymuna Jona yng ngorymdaith y rhai a alwyd gan Dduw i'w wasanaethu ond sy'n deisyfu marw am fod y dasg a roddwyd iddynt yn drech na hwy. Gofynnodd Moses ddwywaith i Dduw am gael marw: y tro cyntaf wrth geisio achub yr Israeliaid rhag llid Duw wedi'r pechu ynghylch y llo aur: 'Dilea fi o'r llyfr a ysgrifennaist' (Ex. 32:32); yr eildro pan fethodd â diwallu angen y genedl am fwyd yn ystod y daith i Ganaan trwy'r anialwch (Num. 11:10–15). Yng nghanol pwl o iselder, deisyfodd Elias farwolaeth wrth ffoi rhag llid Jesebel am iddo ladd proffwydi Baal yn ei ymgais i amddiffyn ei gred yn yr unig Dduw, yr Arglwydd, Duw Israel (1 Bren. 19:4). Melltithiodd Jeremeia ddydd ei eni, a'r gŵr a ddaeth â'r neges i'w dad: 'Ganwyd mab i ti' (Jer. 20:14–15).

Dau gwestiwn (4:9–11)

Defnyddia Duw'r goeden grin i barhau'r drafodaeth gyda dau gwestiwn sy'n pwysleisio'r agendor rhwng natur Duw a syniadau Jona. Mae eironi amlwg yn y cwestiynau. Yn y cyntaf gorfodir Jona i ganolbwyntio ar y cicaion fel achos ei hwyliau drwg: 'A yw'n iawn iti deimlo'n ddig o achos y planhigyn?' (4:9).

Dyma'r ail waith i Dduw ofyn i Jona esbonio'i deimladau. Ni chafodd ateb y tro cyntaf (4:4–5). Ond y tro hwn, mae'n ychwanegu gwrthrych penodol trwy gyfeirio at y planhigyn. Nid y planhigyn ei hun sydd o ddiddordeb i Dduw, ond ymateb Jona i blanhigyn gwywedig. Rhydd y cwestiwn gyfle i Jona weithio trwy ei deimladau. Nid taeru na dwrdio na gorchymyn a wna Duw, ond ceisio dysgu gwers i Jona trwy ymresymu, neu efallai trwy gydymdeimlo. Yma eto, fel yn 4:5, 'A wyt ti mor ddigalon â hynny o achos y planhigyn?' yw'r cyfieithiad Groeg o'r cymal.

Gwthia Duw Jona i bwyso a mesur y rheswm dros un ai ei ddicter neu ei ddigalondid. Os yw'n 'tosturio' (4:10) wrth y cicaion, onid poeni dros ei gyflwr ei hun a wna, yn hytrach na chyflwr y cicaion, am iddo golli'r cysgod rhag yr haul? Heb grybwyll y planhigyn, mae Jona'n ateb trwy ddweud fod ganddo berffaith hawl i deimlo'n ddig 'hyd angau' (4:9). Dyma briod-ddull Hebraeg sy'n disgrifio'r cyflwr eithafol. Cyfieithiad yr *REB* yw '*mortally angry*'. Defnyddiodd Iesu'r un ymadrodd ac yntau yng ngardd Gethsemane gyda thri o'i ddisgyblion: 'Y mae f'enaid yn drist iawn hyd at farw. Arhoswch yma a gwyliwch gyda mi' (Math. 26:38). Mae'n bosibl mai mynegi dyfnder ei ddicter o golli'r planhigyn a wna Jona. Ond mae'n fwy tebygol ei fod yn ategu'r dymuniad a gafwyd yn yr adnod flaenorol, sef marw. Beth bynnag fo'r dehongliad cywir, dyma'i eiriau olaf yn y stori. Mae'n gorffen fel y dechreuodd trwy wrthwynebu Duw.

Ond nid gan Jona y mae'r gair olaf. Mae gan Dduw un cwestiwn arall: mae'n gofyn iddo benderfynu p'run sydd bwysicaf, ai planhigyn ynteu ddinas. Os gall Jona 'dosturio wrth blanhigyn na fuost yn llafurio gydag ef nac yn ei dyfu' (4:10), onid oes gan Dduw hawl i dosturio wrth 'fwy na chant ac ugain o filoedd o bobl sydd heb wybod y gwahaniaeth rhwng y llaw chwith a'r llaw dde, heb sôn am lu o anifeiliaid?' (4:11). Sylwer nad edifeirwch Ninefe sy'n gwneud argraff ar Dduw yn y cyd-destun hwn ond maint y ddinas, a'r nifer mawr o anifeiliaid ynddi sy'n arwydd o'i chyfoeth. Ymddengys nad cariad at ei greadigaeth sy'n ei arwain i'w harbed, ond rhifyddeg ac economeg. Nid achub eneidiau sydd o bwys, ond achub y sefyllfa. Defnyddia Duw'r ddinas i berswadio Jona i ymwrthod â'i agwedd gul a didrugaredd. Y wers i Jona yw bod cariad Duw hyd yn oed yn drech na'i lid a'i gyfiawnder.

Ond nid hawdd yw esbonio'r disgrifiad hwn o Ninefe. Sut mae deall y cyhuddiad na ŵyr neb yn y ddinas gyfan 'y gwahaniaeth rhwng y llaw chwith a'r llaw dde'? Un awgrym yw mai methu â gwahaniaethu rhwng da a drwg yw'r ystyr. Mae'r cysylltiad rhwng y dde a'r da yn fwy amlwg mewn rhai ieithoedd na'i gilydd. Er enghraifft, yn Saesneg defnyddir yr ymadrodd 'doing that which is right' i olygu byw yn rhinweddol trwy wneud yr hyn sy'n gywir o safbwynt moes a chyfraith. Yn yr Hen Destament, yr unig enghraifft o roi ystyr moesol i'r chwith a'r dde yw adnod yn Llyfr y Pregethwr: 'Y mae calon y doeth yn ei arwain i'r dde, ond calon y ffôl yn ei droi i'r chwith' (Preg. 10:2).

Yn y traddodiad Cristnogol, mae cysylltiad rhwng y chwith a drygioni. Yn y disgrifiad o Ddydd y Farn yn Efengyl Mathew, bydd Mab y Dyn, pan ddaw yn ei ogoniant i farnu'r cenhedloedd, yn gosod 'y defaid ar ei law dde a'r geifr ar y chwith'. Caiff y defaid, y rhai cyfiawn, 'etifeddu'r deyrnas a baratowyd' iddynt 'er seiliad y byd', ond aiff y geifr, y rhai sydd dan felltith, 'i'r tân tragwyddol a baratowyd gan y diafol a'i angylion' (Mt. 25:31-41). Yn yr Oesoedd Canol, y chwith oedd ochr y diafol. Y gair Lladin *sinistra* (chwith) yw gwraidd y gair Saesneg 'sinister'. Mewn darluniau o'r Croeshoeliad, saif yr Iddewon a'r Rhufeiniaid bob amser i'r chwith o'r groes.

Awgryma rhai esbonwyr mai cyflwr moesol Ninefe sydd dan sylw wrth gyfeirio at ddiffyg gwybodaeth rhwng y llaw chwith a'r llaw dde, a bod Duw'n maddau i'r bobl eu hanwybodaeth o'r gwahaniaeth rhwng da a drwg. Ond os felly, sut mae esbonio ymateb parod y trigolion i bregeth Jona? Edifarhaodd y ddinas gyfan am ei drygioni a mynd ati'n ddi-oed i gyhoeddi 'ympryd a gwisgo sachliain' (3:5). Awgrym arall yw bod y disgrifiad o'r ddinas a geir yma'n rhannu'r boblogaeth yn ddwy garfan: yr holliach a'r gwan eu meddwl. Clefyd meddyliol, nid anfoesoldeb, sy'n esbonio'r methiant i wahaniaethu rhwng da a drwg.

Dehongliad pellach yw mai at blant ifainc yn unig, ac nid at y ddinas gyfan, y mae nifer y trigolion yn cyfeirio. Dyna farn y *GNB*: '*How much more, then, should I have pity on Nineveh, that great city. After all, it has more than 120,000 innocent children in it, as well as many animals*' (4:11). Sail y cyfieithiad yma yw'r ddamcaniaeth fod y gair *'adam*, a ddefnyddir yn y testun Hebraeg wrth gyfeirio at boblogaeth y ddinas, ac a gyfieithir gan 'pobl' yn y

BCND, yn golygu 'plant'. Ond ystyr gwreiddiol *'adam* yw 'bod dynol', megis yn Genesis 1:26: 'Dywedodd Duw "Gwnawn ddyn ar ein delw, yn ôl ein llun ni"'. Ni cheir yn y Beibl yr un enghraifft o'r gair yn dynodi plant yn unig. Prin hefyd fod plant yn ddigon pwysig yn niwylliant y cyfnod i gael sylw penodol gan y storïwr. Pwynt arall i'w ystyried yw goblygiadau'r esboniad mai plant yn unig a olygir wrth amcangyfrif maint poblogaeth Ninefe. Yn y disgrifiad hwn o'r ddinas, mae'n fwy tebygol bod *'adam* yn golygu 'pob enaid byw', sef gwŷr, gwragedd a phlant, megis yn y proclamasiwn a gyhoeddwyd gan y brenin: 'Na fydded i ddyn *('adam)* nac anifail ... fwyta nac yfed' (3:7).

❖ Cwestiynau i'w trafod

1. Pa gwestiynau sydd gan Dduw i'r Eglwys fyd-eang heddiw?

2. Trafodwch y syniad mai gofyn cwestiynau ac agor trafodaeth, yn ogystal â chynnig atebion, yw swydd y diwinydd.

8. Patrwm a Phwrpas Llyfr Jona

Wrth ystyried natur unrhyw ddogfen neu ddarn o ryddiaith, un egwyddor sylfaenol yw adnabod pa fath o lên ydyw. Y mae i bob dosbarth neu batrwm llenyddol ei nodweddion arbennig. Er enghraifft, mae llythyr serch yn wahanol iawn i lythyr cyfreithiol, o ran ei gynnwys ond hefyd o ran ei fynegiant. Mae arddull cofnod ffeithiol yn wahanol i arddull stori dylwyth teg. Mae dirnad y patrwm yn bwysig am fod ein hamgyffred o *ddiben* y llên yn dibynnu arno; a'n dealltwriaeth o'r diben sy'n ein galluogi i werthfawrogi'r neges y mae'r awdur yn ceisio'i chyflwyno. Dywed y patrwm llenyddol wrthym beth i'w ddisgwyl mewn unrhyw ddogfen, heb i ni hyd yn oed ddarllen trwyddi.

Mae'r diffyg cytundeb ymhlith arbenigwyr ynglŷn â natur Llyfr Jona'n awgrymu nad oes yr un disgrifiad ohono'n gwbl dderbyniol. Ai ffaith ynteu ffansi yw'r cynnwys? Ai adroddiad ffeithiol ydyw ynteu ffrwyth dychymyg yr awdur? Ai hanes ynteu ddameg? Ystyriwn y dadleuon o blaid y naill ddamcaniaeth a'r llall. Beth bynnag yw'n casgliad ynghylch y patrwm llenyddol, rhaid cofio mai'r peth pwysicaf yw ein bod yn gwerthfawrogi *neges* y llyfr. Nid yw'r gwirionedd a fynegir ynddo'n ddibynnol ar dderbyn fod y manylion yn ffeithiol gywir. Gall dameg fynegi meddwl Duw'r un mor effeithiol â hanes.

Hanes

Am dros ddwy fil o flynyddoedd, ystyriwyd Llyfr Jona yn adroddiad hanesyddol gan y mwyafrif llethol o Iddewon a Christnogion. Cred rhai esbonwyr cyfoes ei fod yn cynnwys disgrifiad ffeithiol o ddigwyddiad cofiadwy ym mywyd un o broffwydi cynnar Israel. Wedi gwyntyllu tystiolaeth y llyfr, a nodi dadleuon yr wrthblaid, casgliad David Payne yn *The New Bible Dictionary* (1962) yw: '*None of the objections to the historical interpretation of the book is insuperable*'. Ysgolhaig ceidwadol yw Payne, ond nid ei gyd-Brotestaniaid yn unig sy'n cytuno ag ef. Offeiriad ac aelod o urdd yr Ieseuwyr, urdd enwog am ei hysgolheictod, oedd Alberto Vaccari. Gresyna ef at duedd esbonwyr Pabyddol i gredu mai chwedl yw stori Jona. Mewn erthygl faith a manwl a gyhoeddwyd yn ystod chwedegau'r ganrif ddiwethaf, mae'n cefnogi'r esboniad traddodiadol o'r llyfr fel cronicl hanesyddol.

Mae dadl yr adain geidwadol yn troi o gwmpas defnydd Iesu o stori Jona. Yn eu barn hwy, credai Iesu mai adroddiad ffeithiol ydoedd; ac felly, mae'r sawl sy'n gwadu hyn yn euog o sarhau Iesu. Apeliant hefyd at destun yn yr Hen Destament i gefnogi eu safbwynt, sef 2 Brenhinoedd 14:23–27. Fel y gwelsom eisoes, disgrifiad sydd yma o deyrnasiad Jeroboam II brenin Israel, mewn cyfnod pan oedd Israel a Jwda yn ddwy deyrnas ar wahân (922–722 CC). Cymeriad grymus, a lwyddodd i amddiffyn ei wlad trwy adfer ei gororau, oedd Jeroboam. Er bod Israel dan fygythiad parhaus o du Asyria, ei deyrnasiad ef oedd y cyfnod hiraf o heddwch a ffyniant materol a gafodd y wlad erioed. Ond nid oedd heb ei feirniaid. Un o'i gyfoedion oedd y proffwyd Amos, a dreuliodd ei weinidogaeth gyfan yn darogan diwedd teyrnas Israel am iddi fynd ar gyfeiliorn yn ystod ei deyrnasiad (gweler Am. 6:14).

Serch hynny, cafodd Jeroboam gefnogaeth Jona fab Amittai, a ddisgrifir mewn termau cadarnhaol fel llefarydd a gwas yr Arglwydd, Duw Israel. Brodor o Gath-Hepher oedd Jona, pentref ym mryniau Galilea rhwng Nasareth a Cana. Roedd yn genedlaetholwr pybyr a oedd yn barod iawn i hybu, os nad cyfarwyddo, polisi'r brenin. Pan adferodd Jeroboam 'oror Israel', gwnaeth hynny 'yn unol â'r gair a lefarodd' Duw trwy Jona (2 Bren. 14:25). Ar wahân i hyn, ni wyddom ddim arall amdano. Ond er mor brin ein gwybodaeth, mae'n amlwg fod yna gefndir hanesyddol a daearyddol yn 2 Brenhinoedd 14 i stori Jona. Roedd yna broffwyd o'r enw Jona fab Amittai yn byw yn Israel yn ystod yr wythfed ganrif, un a gyfrifid yn llefarydd dilys dros Dduw Israel, er iddo gymryd agwedd tra gwahanol i Amos at bolisi Jeroboam. Ychwanegiad pellach at hygrededd y stori yw'r cyfeiriad at Ninefe yn Llyfr Jona. Mae ymgais Jeroboam i wrthsefyll yr Asyriaid trwy gryfhau ffiniau ei deyrnas yn cyfiawnhau disgrifiad Duw o Ninefe fel dinas ddrygionus (Jon. 1:2), ac yn esbonio pam fod Jona mor anfodlon i fynd yno.

Ond nid yw safbwynt y ceidwadwyr heb ei anawsterau. Un ohonynt yw'r tridiau y bu Jona nid yn unig yn byw, ond hefyd yn cyfansoddi salm, ym mol pysgodyn. Gwyrth oedd y digwyddiad yn ôl rhai esbonwyr. Ond ceisia eraill ddangos y gallai Jona fod wedi goroesi'r argyfwng. Er mwyn profi y gall byd y Beibl gyd-fyw'n gyfforddus â'r byd modern, rhoddwyd cryn sylw i stori debyg i stori Jona yn y wasg lai na chanrif a hanner yn ôl. Yn un o bapurau dyddiol dwyrain Canada yn 1891, adroddwyd hanes James Bartley, llongwr ar y *Star of the East,* llong forfila. Yng nghyffiniau ynysoedd y Falklands, anfonwyd dau gwch i ladd morfil enfawr. Ond yn yr ysgarmes, trodd y cwch yr oedd Bartley ynddo drosodd. Achubwyd pob un o'r llongwyr ond dau. Daeth corff un ohonynt i'r golwg yn fuan, ond nid oedd arlliw o Bartley. Aeth dau ddiwrnod llawn heibio cyn codi'r morfil i fwrdd y llong. Wedi agor ei fol, yno'r oedd Bartley, yn fyw ond yn anymwybodol. Daeth ato'i hun yn y man, a rhoddodd ddisgrifiad llawn o'i brofiad. Meddai adroddiad mewn papur newydd: *'The captain of the ship informs us that it is not such a rare thing for infuriated whales to swallow a man, but that this is the first occasion when the victim of so fearful a fate has been known to emerge from it alive'.* O ganlyniad i fod yn stumog y morfil, bu Bartley'n ddall am gyfnod, collodd ei wallt, trodd ei groen yn glaer wyn, a bu'n dioddef oddi wrth hunllefau cyson am weddill ei oes. Nid aeth yn ôl i'r môr. Cafodd waith fel crydd yng Nghaerloyw, ac yno bu farw. *'James Bartley 1870-1909, a modern day Jonah'* yw'r arysgrif ar ei garreg fedd.

Ymddangosodd yr hanes mewn amryw o bapurau eraill, ond pan wnaed ymchwil pellach, darganfuwyd mai ffrwyth dychymyg oedd y cwbl. Llong nwyddau oedd y *Star of the East,* nid llong hela morfilod. Hwyliodd o Seland Newydd a chyrraedd Efrog Newydd yn Ebrill 1891. Yn 1906, ysgrifennodd gwraig y capten lythyr a gyhoeddwyd yn yr *Expository Times.* Meddai: *'My husband has asked me to write to you to say that there is not one word of truth in the whale story. I was with my husband all the years he was on the Star of the East. There was never a man lost overboard while my husband was on her. The sailor has told a great sea yarn.'*

Stori ddychmygol neu beidio, bu'r pwnc yn fud losgi am flynyddoedd wedi cyhoeddi'r llythyr. Neidiodd y llythrenolwyr amdani a'i defnyddio i amddiffyn gwirionedd ffeithiol yr Ysgrythur. Un o'r rhai diweddaraf y gwn i amdano i gefnogi'r posibilrwydd y gallai Jona fod wedi byw ym mol y pysgodyn trwy ddyfynnu stori Bartley yw Gleason Archer. Athro Hen Destament yng ngholeg diwinyddol Fuller yn America oedd Archer, ac yn ei gyfnod un o brif ladmeryddion anffaeledigrwydd y Beibl. Mae'n cyfeirio at Bartley, a storïau tebyg, yn ei *Ragarweiniad i'r Hen Destament* (1964), cyfrol ddylanwadol iawn ymysg Efengyleiddwyr. Yn ei *Encyclopedia of Bible Difficulties* (1983) mae'n ailadrodd ei argyhoeddiad mai ffaith hanesyddol oedd profiad Jona gyda'r pysgodyn, damcaniaeth sy'n parhau i gael cefnogaeth ei ddilynwyr.

Ym marn y mwyafrif llethol o ysgolheigion cyfoes, mae o leiaf ddau beth yn milwrio yn erbyn dehongli stori Jona fel cronicl hanesyddol. Y cyntaf yw'r *elfen anhygoel.* Derbyniant y gallai pennod gyntaf y llyfr, er mor annisgwyl ac annodweddiadol ei chynnwys, ddisgrifio digwyddiad penodol: proffwyd yn cael ei alw i bregethu ond yn gwrthod mynd. Ond gwelant anawsterau pan ddywedir fod Jona wedi goroesi wedi tridiau ym mol pysgodyn, bod anifeiliaid Ninefe wedi llwyddo i ymprydio a byw heb ddŵr am ddeugain niwrnod o bosibl, bod coeden a dyfodd dros nos i gysgodi Jona rhag yr haul yn cael ei difetha gan bryfyn o fewn diwrnod.

Pwnc arall i'w ystyried o safbwynt yr hyn sy'n gredadwy yw tröedigaeth Ninefe. Cyfeiriwyd eisoes at ba mor annhebygol y byddai i'r trigolion edifarhau ac i'r brenin wisgo sachliain mewn ymateb i eiriau proffwyd estron a bregethai farn yn enw duw hollol ddiarth. Ac os bu diwygiad yn Ninefe, oni fyddai proffwydi cyfnod diweddarach yn hanes Israel yn debygol o gyfeirio ato wrth sôn am y ddinas? Yn sicr, rhesymol fyddai disgwyl gweld cofnod ohono yn archifau toreithiog Asyria. Y casgliad yw mai stori yw hon sy'n nes o lawer at ddarn o farddoniaeth na hanes ffeithiol. Rydym yn fwy tebygol o fod yng nghwmni Alys yng Ngwlad Hud na hanesydd proffesiynol.

Yr ail yw *arddull yr awdur.* Mae natur y llyfr yn ddigon o brawf i rai nad fel adroddiad ffeithiol y dylid ei ddarllen. Awgryma'r diffyg manylion nad yw'r awdur yn ymddiddori mewn pethau a fyddai'n sicr o fod o bwys i hanesydd Hebreig. Er enghraifft, ni cheir unrhyw wybodaeth ynghylch y man y taflwyd Jona i'r lan, na'r un gair am ei daith i ddinas Ninefe a oedd yn bell iawn oddi wrth unrhyw arfordir. Ni chaiff brenin Asyria na'i gyfnod ei enwi. Cyfeirir ato fel 'Brenin Ninefe', ond ni fu hwn erioed yn deitl swyddogol; nid oes gofnod ohono yn archifau Asyria tra parhaodd yr ymerodraeth, ac nis defnyddir chwaith yn y Beibl. Mae mor chwithig â disgrifio Harri VIII fel 'Brenin Llundain'. Ni chawn wybod beth oedd pechod Ninefe, na'i thynged

161

wedi iddi edifarhau. Ni wyddom chwaith beth a ddigwyddodd i Jona. Mae'r diffyg manylder, a natur amhenodol y llyfr, yn milwrio yn erbyn y syniad mai adrodd hanes ffeithiol oedd bwriad yr awdur.

Dameg

Er bod y gred mai adroddiad hanesyddol yw Llyfr Jona'n dal ei thir, ym marn y mwyafrif llethol o ysgolheigion nid hanes ond cynnyrch dychymyg yr awdur yw'r cynnwys. Defnyddir cymeriad hanesyddol fel sail i stori ddychmygol, yn union fel y defnyddir Judith a Tobit yn yr Apocryffa. Y disgrifiad mwyaf addas o'r patrwm llenyddol yw dameg, stori addysgiadol yn mynegi gwirionedd rhyw egwyddor sy'n agos at galon yr awdur; stori sy'n dwysbigo cydwybod; stori sy'n troi arferion crefyddol, confensiynau cymdeithasol a bywyd yr unigolyn wyneb i waered. Mae damhegion Iesu'n tystio i allu a grym stori i drawsnewid ymddygiad a syniadau. Enghreifftiau amlwg yw dameg y Samariad Trugarog a dameg y Mab Afradlon. Nid ydynt yn llai gwir am nad ydynt yn disgrifio digwyddiadau hanesyddol.

I gael y maen i'r wal, gwna awdur Llyfr Jona ddefnydd helaeth o ddychan. Nod dychan yw torri crib cymeriad neu fudiad sy'n annerbyniol gan y dychanwr. I hyrwyddo'i neges, nid mynd benben â'r gwrthrych a wna'r dychanwr, ond ymosod arno'n anuniongyrchol. Serch hynny, rhaid i'r unigolyn neu'r mudiad dan sylw fod yn adnabyddus ar unwaith i'r darllenwyr, megis mewn cartŵn. Hunaniaeth y gwrthrych sy'n gwneud y stori'n ystyrlon a chofiadwy. Mae digrifwch a gormodedd hefyd yn nodweddion amlwg, oherwydd os yw ei safbwynt am ennill cefnogaeth, rhaid i'r awdur sicrhau bod y darllenwyr yn cael mwynhad o'r stori.

Mae'n amlwg o'r dechrau fod Jona'n destun sbort a sarhad: dyn sydd mor dwp â chredu y gall osgoi Duw trwy hwylio i Tarsis; dyn sy'n treulio tri diwrnod a thair noson ym mol pysgodyn (dychmyger!) nes i hwnnw flino arno a'i chwydu; cennad sy'n llwyddo i gael hyd yn oed anifeiliaid i wisgo sachliain ac ymprydio; dyn croes a phigog sy'n barnu Duw am newid ei feddwl ac arbed dinas baganaidd; dyn sy'n gwyllitio am fod coeden wedi marw, ond yn malio dim bod miloedd o bobl am gael eu lladd. Gormodedd bwriadol sydd yn y disgrifiad o'r 'ddinas fawr' Ninefe. Trwy bwysleisio maint y ddinas, mae'r awdur am i lwyddiant syfrdanol y proffwyd gwrthnysig syfrdanu pawb, gan gynnwys Jona ei hun, er iddo bwdu o ganlyniad.

Ond beth yn hollol oedd bwriad yr awdur? Pa neges oedd ganddo i'w gyfoedion? Gan nad yw'r llyfr ei hun yn ateb y cwestiwn, rhoddwyd rhwydd hynt i esbonwyr ddyfalu. Sylwn ar bedair damcaniaeth boblogaidd ynglŷn â diben y llyfr yn ei gyd-destun hanesyddol: yn ôl dwy ohonynt, mae'r ddameg yn mynegi protest a barn; yn ôl un arall, y mae'n gweithredu fel stori addysgiadol sy'n rhoi cysur; ac yn ôl y llall, y mae'r awdur yn ymrafael ag un o gwestiynau diwinyddol llosg y dydd. Mae gan bob un ohonynt ei chefnogwyr.

Protestio. Ym marn llawer o esbonwyr, protest yw'r llyfr yn erbyn anoddefgarwch, yn erbyn y duedd i wadu fod Arglwydd Dduw Israel yn drugarog wrth y Cenhedloedd. Er y gallai protest o'r fath fod yn berthnasol mewn unrhyw gyfnod yn hanes Israel, damcaniaeth boblogaidd yw mai lladd ar Iddewiaeth gul ac anoddefgar y cyfnod wedi'r Gaethglud, rhywbryd rhwng 500 a 350 CC, a wna'r awdur. Gan nad oes dim sy'n angori'r stori mewn cyfnod penodol yn hanes Israel, ni ellir rhoi dim mwy nag amcan o'r dyddiad.

Yn 538 CC, caniataodd brenin Persia i'r Iddewon ddychwelyd o Fabilon i Jerwsalem. Er bod Jwda yn dal yn rhan o Ymerodraeth Persia, roedd rhyddid i'r dychweledigion ymarfer eu crefydd a'u diwylliant eu hunain. Cafwyd caniatâd i ailgodi'r Deml a muriau'r ddinas. Daeth cyfle i'r Iddewon ailgynnau fflam eu hunaniaeth grefyddol a chenedlaethol. Ond fel y tystia llyfrau Esra a Nehemeia, esgorodd hyn ar agwedd negyddol at y Cenhedloedd. Am iddynt ddioddef cymaint yn y gorffennol oddi ar law eu cymdogion, nid oedd Iddewon Jwda'n awyddus i gael unrhyw gyfathrach â'r cenhedloedd o'u cwmpas, megis y Samariaid, y Moabiaid a'r Amoniaid. Felly gorchmynnwyd i'r rhai a gymysgodd yr 'hil sanctaidd â phobloedd y gwledydd' trwy gymryd merched estron yn wragedd iddynt, ysgaru: 'Gwahanwyd oddi wrth Israel bawb o waed cymysg' (Neh. 13:3. Gweler hefyd Esr. 9:1-2; 10:2-17.) Aeth Nehemeia cyn belled â thynnu gwallt 'Iddewon oedd wedi priodi merched o Asdod, Ammon a Moab', ac yna gwneud iddynt 'gymryd llw yn enw Duw i beidio â rhoi eu merched i feibion yr estron, na chymryd eu merched hwy i'w meibion nac iddynt eu hunain' (Neh. 13:23,25). Canlyniad polisïau llym y ddau arweinydd oedd creu cymdeithas ddethol, anoddefgar.

Ond roedd carfan arall ymysg Iddewon Jerwsalem yn eangfrydig, oddefgar a chynhwysol. Ei hysbrydoliaeth oedd neges gyson y proffwyd Eseia mai Duw Israel oedd yr unig Dduw, a bod ganddo ofal am eraill yn ogystal â'i genedl ei hun. Tra oedd Nehemeia ac Esra'n ymosod ar eu cyd-Iddewon a oedd wedi priodi merched estron, roedd Eseia'n dyheu am weld y genedl etholedig yn meithrin ysbryd cynhwysfawr trwy groesawu pawb i ymuno â hi. Meddai yn enw Duw: 'A'r dieithriaid sy'n glynu wrth yr ARGLWYDD, yn ei wasanaethu ac yn caru ei enw, sy'n dod yn weision iddo ef ... dygaf y rhain i'm mynydd sanctaidd, a rhof iddynt lawenydd yn fy nhŷ gweddi ... oherwydd gelwir fy nhŷ yn dŷ gweddi i'r holl bobloedd' (Eseia 56:6–7).

Ym marn rhai esbonwyr, i'r garfan hon ac i'r cyfnod hwn y perthyn awdur Llyfr Jona. Ei neges i'w gyfoedion yw nad oes gan Israel fonopoli ar gariad Duw. Mae'r agwedd gyfyngedig a senoffobig, sy'n glynu wrth ragorfraint Israel, yn difrïo'r Cenhedloedd ac yn gwadu iddynt le yn arfaeth Duw, yn anathema iddo. Er mwyn gwrthod anoddefgarwch ei gyfnod, dywed stori am broffwyd o'r wythfed ganrif a wnaeth enw iddo'i hun trwy gefnogi safiad Israel yn erbyn ei chymdogion paganaidd. Ond am iddo wrthwynebu arbed Ninefe er iddi edifarhau, ac am iddo ddewis teyrngarwch i'w genedl yn hytrach nag ufudd-dod i'w Dduw, caiff y cenedlaetholwr pybyr ei ddisgyblu. Defnyddia'r awdur Jona i fynegi ei wrthwynebiad at agwedd ragfarnllyd ei gyd-Iddewon, ac i'w hannog i gydweithredu â llywodraeth estron brenin Persia.

Barnu. Damcaniaeth arall yw mai collfarnu rhagrith y proffwydi a wna'r awdur, yn unol â'r condemniad hallt yn Llyfr Sechareia o broffwydi gau sy'n 'llefaru twyll yn enw yr ARGLWYDD' (Sech. 13:3). I wneud ei brotest, mae'n creu'r cymeriad perffaith, proffwyd o'r enw Colomen fab Ffyddlondeb, enw sy'n awgrymu fod Duw wedi darganfod y cennad delfrydol. Ond mae pethau'n datblygu'n dra gwahanol i'r disgwyl. Yn y storm, mae'r llongwyr paganaidd yn galw ar eu duwiau i'w helpu, ond mynd i gysgu a wna'r proffwyd Iddewig.

Mae'r gwrthgyferbyniad rhwng y ddau ymateb yn fwriadol. Yn reddfol, mae'r darllenydd yn cydymdeimlo â'r llongwyr. Er i Jona orffen ei weddi ym mol y pysgodyn trwy gyhoeddi mai 'i'r ARGLWYDD y perthyn gwaredu' (2:9), pwdodd pan arbedwyd Ninefe. Gwell ganddo farw na byw i weld y ddinas yn goroesi. Pa ryfedd i'r pysgodyn daflu'r fath ragrithiwr allan? Pan glywodd brenin Ninefe am y trychineb arfaethedig, cyhoeddodd ympryd yn y gobaith y byddai'n help i osgoi'r argyfwng (3:9). Dengys ei argyhoeddiad fod modd i bagan gael gwell gafael ar ddiwinyddiaeth na chennad Duw Israel. Nid oedd y posibilrwydd y byddai Duw'n dangos trugaredd trwy newid ei feddwl yn rhan o bregeth Jona, er bod ganddo brofiad personol o'r trugaredd hwnnw.

Ym mherson Jona, mae'r awdur yn barnu cynrychiolwyr y genedl etholedig am eu hagwedd ragrithiol. Defnyddiant y geiriau cywir i ddisgrifio Duw Israel: graslon, araf i ddigio, llawn cariad a maddeuant. Dysgant mai ef yw'r unig Dduw a Duw'r holl fyd. Ond pan ddaw'n fater o groesawu cenedl-ddynion edifeiriol, aiff diwinyddiaeth i'r gwynt. Er honni iddynt gael eu galw gan Dduw, maent yn barod iawn i osod terfyn ar ei drugaredd.

Cysuro. Esboniad pellach yw mai gair o gysur i'r digalon yw craidd y stori. Gwyddai Israel mai cosb am dorri'r cyfamod oedd y Gaethglud. Ac er i'r cyfnod caethiwed ddod i ben yn 538 CC, ni allai'r genedl gredu y byddai llid Duw'n cilio. Ond neges proffwydi mawr y chweched ganrif, Eseia, Jeremeia ac Eseciel, i'r rhai a eisteddai ac wylo wrth afonydd Babilon, oedd bod Duw wedi maddau camweddau'r gorffennol ac yn addo dyfodol ffyniannus i'w genedl etholedig (gweler Eseia 40:1—5. Jer. 31:23–34; 33:14–16).

Adleisio'r neges obeithiol hon a wna awdur Llyfr Jona. Trwy ddefnyddio Ninefe fel esiampl, ceisia ddarbwyllo'i gyd-gredinwyr fod edifeirwch yn gallu arwain at berthynas newydd â Duw am fod agwedd y bobl yn newid agwedd Duw. Mewn cyfnod o anobaith, ei fwriad yw dangos i'r dychweledigion o Fabilon fod Duw'n barod iawn i atal ei law rhag cosbi, gan drugarhau wrth y sawl sy'n syrthio ar ei fai. Neges gysurlon i genedl wangalon yw stori Jona.

Diwinydda. Yn olaf, ymgais sydd yma i wyntyllu'r broblem ddiwinyddol sy'n codi wrth ystyried cyfiawnder Duw. Mae Jona'n galw am gyfiawnder, sydd yn ei olwg ef yn ddiffygiol yn ymddygiad Duw at Ninefe. Gan fod y ddinas yn haeddu'r gosb eithaf, nid yw agwedd rasol Duw tuag ati yn gwneud unrhyw synnwyr iddo. Nid y ffaith fod Duw'n newid ei feddwl sy'n ennyn ei ddicter. Fel pob proffwyd arall, gwyddai fod bodolaeth Israel yn dibynnu ar y posibilrwydd y gallai Duw benderfynu trugarhau, er iddo ddarogan cosb. Nid chwaith bwnc canolog Llyfr Job, sef dioddefaint y dieuog, sy'n ei boeni.

Y ffaith fod Duw'n barod i ddangos trugaredd at rai sydd mor amlwg yn ddrygionus yw'r maen tramgwydd i Jona.

Gellir dadlau, felly, mai bwriad yr awdur yw trafod problem ddiwinyddol a ddaw i'r brig yn y cyfnod wedi'r Gaethglud. Yn wyneb anghyfiawnder, pa wahaniaeth a wna ffydd? Pam cadw'r gorchmynion a pharchu'r cyfamod os yw'r drygionus yn llwyddo? Ceir enghraifft yn Llyfr Malachi o'r proffwyd yn dyfynnu ei gyfoedion: 'Yr ydych wedi blino'r ARGLWYDD â'ch geiriau. Gofynnwch, "Sut yr ydym wedi ei flino?" Trwy ddweud, "Y mae pawb sy'n gwneud drygioni yn dda yng ngolwg yr ARGLWYDD, ac y mae'n fodlon arnynt"; neu trwy ofyn, "Ple mae Duw cyfiawnder?" ... Dywedasoch, "Ofer yw gwasanaethu Duw. Pa ennill yw cadw ei ddeddfau neu rodio'n wyneptrist gerbron ARGLWYDD y Lluoedd? Yn awr, yr ydym ni'n ystyried mai'r trahaus sy'n hapus, ac mai'r rhai sy'n gwneud drwg sy'n llwyddo, ac yn dianc hefyd er iddynt herio Duw"' (2:17; 3:14–15). Gwneir yr un pwynt gan awdur Salm 73. Mae'r alwad am gysondeb yn y ffordd y mae Duw'n trin dynoliaeth i'w chlywed yn glir am fod ansicrwydd yn gwneud bywyd yn anodd i gredinwyr.

I ba gyfnod bynnag y perthyn y llyfr, defnyddia'r awdur stori Jona i agor trafodaeth ar un o bynciau llosg y dydd. Sylwer fod y llyfr yn gorffen gyda chwestiwn. Trwy ofyn, 'Oni thosturiaf finnau wrth Ninefe ...?' mae Duw'n amddiffyn ei benarglwyddiaeth a'i hawl i wneud fel y myn. Nid yw wedi ei gyflyru i ymateb i'w greadigaeth mewn unrhyw ffordd arbennig. Mae byrdwn y cwestiwn yn debyg i'r un a ofynnodd y perchennog i un o'i weision yn nameg y winllan: 'Onid yw'n gyfreithlon imi wneud fel rwy'n dewis â'm heiddo fy hun? Neu ai cenfigen yw dy ymateb i'm haelioni?' (Math. 20:15).

Er bod dadleuon o blaid ac yn erbyn pob un o'r damcaniaethau hyn ynglŷn â phwrpas y llyfr, y patrwm llenyddol sy'n apelio at y mwyafrif o ysgolheigion cyfoes yw dameg. Defnyddia'r awdur gymeriad hanesyddol o'r wythfed ganrif yn sail i stori sy'n amddiffyn gwirioneddau diwinyddol o bwys trwy herio a hyfforddi.

❖ Cwestiynau i'w trafod

1. A ydych yn credu bod sail i'r dadleuon yn erbyn ystyried Llyfr Jona fel adroddiad ffeithiol?

2. Os mai dameg yw'r llyfr, pa esboniad o fwriad yr awdur wrth ei lunio sy'n apelio fwyaf atoch?

9. Jona yn y Traddodiad Iddewig

Prin fod yr un esboniad o lyfr Beiblaidd yn bodoli mewn gwagle. Mae gan bob esboniwr ddiben arbennig mewn golwg wrth fynd ati i ddehongli'r testun i'w ddarllenwyr. Ceisia ddarganfod ynddo neges amserol i'w gyfnod ei hun. Yn y tair pennod nesaf, rhoddwn sylw i'r defnydd a wnaed o Lyfr Jona neu, yn fanwl, i rannau dethol ohono gan esbonwyr Iddewig a Christnogol. Dechreuwn gyda'r traddodiad Iddewig.

Eleasar yr Offeiriad (tua 220 CC)

Rhwng 200 CC ac OC 50, blagurodd math arbennig o lenyddiaeth ymysg yr Iddewon. Yr enw ysgolheigaidd arno yw Hanes Teimladol (*Pathetic History*). Hynny yw, amcan yr awdur yw adrodd hanes ei genedl trwy chwarae ar deimladau'r darllenydd. Mewn iaith ac arddull ymfflamychol, ceir disgrifiad byw o wrhydri ac erchylltra. Rhoddir sylw manwl i ofnau a gobeithion y cymeriadau. Cronicli gweithredoedd gwyrthiol Duw yn achub ei bobl rhag erledigaeth. Ond gan fod yr hanes yn ddetholus ac yn cynrychioli safbwynt cenedlaethol ac anoddefgar, rhaid ei ddarllen gyda phinsiad o halen.

Llyfr sy'n perthyn i'r categori hwn yw 3 Macabeaid, llyfr na chafodd le yn y Beibl. Credir iddo gael ei ysgrifennu yn ystod y ganrif gyntaf CC. Ond mae a wnelo'r cynnwys â'r drydedd ganrif, tua 220 CC: y cyfnod pan oedd y Groegiaid mewn grym yn y Dwyrain Canol ac yn erlid Iddewon. Yn ôl yr hanes, ceisiodd Ptolemy, brenin yr Aifft, gael mynediad i'r cysegr sancteiddiolaf yn y Deml yn Jerwsalem, ond cafodd ei atal gan lu o brotestwyr a oedd yn deyrngar i'w Duw. Aeth adref yn benderfynol o ddial ar Iddewon yr Aifft. Casglodd hwy i'r hippodrome yn Alecsandria, gan fwriadu iddynt gael eu lladd dan draed eliffantod. Methodd y cynllun ddwywaith; ymosododd yr anifeiliaid ar eu gyrwyr yn lle'r Iddewon. Cyn i'r gorchymyn gael ei roi am y trydydd tro, galwodd Eleasar, offeiriad Iddewig, ar Dduw am gymorth trwy ei atgoffa o'r ffyddloniaid yn y gorffennol a achubwyd mewn argyfwng. Un ohonynt oedd Jona. Yng ngeiriau'r weddi: 'Pan oedd Jona'n dihoeni'n dorcalonnus ym mol anghenfil y dyfnder mawr, fe wnaethost ti, O Dad, ei achub a'i ddychwelyd at ei deulu' (3 Mac. 6:8). Atebwyd y weddi; arbedwyd yr Iddewon; ac edifarhaodd y brenin.

Yr hyn sy'n berthnasol i ni yw'r defnydd a wneir gan Eleasar o un elfen benodol yn stori Jona, sef Duw'n arbed ei gennad rhag marw ym mol y pysgodyn. Defnyddia'r awdur yr hanes i atgoffa Duw iddo achub un o'i broffwydi cyn hynny, ac i erfyn arno wneud yr un peth eto. Er mai ffrwyth dychymyg yw dweud fod Jona wedi mynd adref at ei deulu, mae gwybod iddo gael ei achub, ac iddo ddychwelyd o'r dyfnder i dir y byw, yn rhoi hyder a gobaith i'r Iddewon mewn cyfnod tywyll yn eu hanes. Ond sylwer ar ba ran o'r stori y mae'r pwyslais. Y ddwy bennod gyntaf yn unig a ddefnyddir fel sylfaen i'r ymbil. Nid oes sôn am Dduw'n trugarhau wrth drigolion edifeiriol Ninefe a'u hachub hwythau rhag dinistr.

Joseffws (tua OC 90)

Cawsom eisoes gipolwg ar yrfa ac arwyddocâd yr hanesydd Iddewig enwog hwn yn y Rhagarweiniad i Lyfr Esther. Meddai yn y rhagarweiniad i'w lyfr *Hynafiaethau'r Iddewon*: 'Rwy'n bwriadu rhoi disgrifiad cywir o'r hyn a geir yn ein harchifau yn eu trefn hanesyddol. Gwnaf hyn heb ddiystyru dim o'u cynnwys, nac ychwanegu ato.' Gyda hynny o gefndir ychwanegol, trown at y pwnc sy'n berthnasol i'n trafodaeth, sef Jona yn ôl Joseffws.

Yn ei ddisgrifiad o deyrnasiad Jeroboam II (786–746 CC) yn yr *Hynafiaethau*, cyfeiria'r awdur at Jona fab Amittai a oedd, yn ôl y traddodiad Beiblaidd, yn gynghorydd i'r brenin. Mae'n ailadrodd testun 2 Brenhinoedd 14, lle mae Jona'n proffwydo y bydd Jeroboam yn ehangu terfynau Israel ac yn fuddugol dros ei elynion; proffwydoliaeth a gyflawnwyd. Yna meddai: 'Gan fy mod wedi addo rhoi adroddiad cywir o'n hanes, teimlaf ei bod yn rheidrwydd arnaf i draethu'r hyn a ddarllenais yn llyfrau'r Hebreaid am y proffwyd hwn'. Cyfeiriad anuniongyrchol at Lyfr Jona yw hwn wrth gwrs.

Ond ar waethaf yr addewid am gywirdeb ffeithiol, mae bylchau sylweddol yn adroddiad Joseffws o hynt a helynt Jona. Y rhan helaethaf ohono yw'r disgrifiad o'r storm, y profiad gyda'r pysgodyn, a gweddi Jona am drugaredd, sef cynnwys dwy bennod gyntaf y llyfr. Crynhoir cynnwys y ddwy arall mewn tair llinell: 'Yna aeth Jona i Ninefe a phregethu yng nghlyw pawb y byddai'r ymerodraeth yn dymchwel, a'i harglwyddiaeth dros y Dwyrain Canol yn darfod. Wedi rhoi'r neges hon iddynt, aeth ymaith. Rwyf fi wedi ailadrodd y stori fel y cefais i hi yn yr archifau'.

Mae'r bylchau'n amlwg. Nid oes sôn am y drygioni a ddaeth â Ninefe i sylw Duw a'i gythruddo. Bernir y ddinas o safbwynt gwleidyddol, nid o safbwynt moes. Hynny yw, gwendid milwrol yn hytrach na throsedd foesol a fydd yn peri i Asyria golli ei statws yn y byd. Ni cheir cyfeiriad at edifeirwch y trigolion. Nid oes sôn am natur bwdlyd Jona nac am y cicaion a'r pryfyn. Ni roddir unrhyw sylw chwaith i gwestiynau tyngedfennol y Duw graslon i'w broffwyd anoddefgar.

Er i'r awdur addo peidio â gwneud ychwanegiadau na gadael bylchau, mae'n amlwg fod y fersiwn o stori Jona yn *Hynafiaethau'r Iddewon* yn anghyflawn. Pam? Beth sydd i gyfrif am y bylchau? Prin y gallai Joseffws ddweud mai hyn o wybodaeth oedd ganddo, a dim mwy. Gan fod Llyfr Jona yn sgrôl y Deuddeg Proffwyd (Hosea – Malachi), yr oedd felly'n rhan gydnabyddedig o Ysgrythur yr Iddewon erbyn canol y ganrif gyntaf OC. Nid oedd yn bosibl colli llyfr, na darn o lyfr, os oedd yn gynwysedig yn y sgrôl. Fel un a oedd wedi ei drwytho yn llên a thraddodiadau ei bobl, ni fedrai Joseffws beidio â bod yn gyfarwydd â'r stori gyfan.

Beth yw arwyddocâd adroddiad mor fylchog i fwriad yr hanesydd a'i ddefnydd o'r stori? A yw'n fwriadol yn gadael allan hanner y stori? Ateb posibl yw ei fod yn ymwybodol mai ar gyfer Rhufeinwyr yr oedd yn ysgrifennu. Gydag un llygad ar ei ddarllenwyr, gwna ddefnydd detholus o'r hanes i danlinellu grym a mawredd Arglwydd Dduw Israel. Mae am iddynt ddeall fod y gallu gan y Duw hwn i wneud dau beth: achub a lladd. Rhybudd yw profiad Jona i baganiaid amldduwiol beidio â dibrisio Duw'r Iddewon. Er iddo adael ei famwlad i fyw yn Rhufain dan nawdd yr ymerawdwr, roedd teyrngarwch Joseffws i'w grefydd a'i Dduw'n parhau, fel y mae ei ddefnydd o un rhan o stori Jona yn tystio.

Isaac Abrabanel (1437–1508)

Symudwn ymlaen o'r ail ganrif OC i'r bymthegfed, ac o'r Dwyrain Canol i Orllewin Ewrop. Yn ystod yr Oesoedd Canol, ystyrid Sbaen gan yr Iddewon fel 'yr ail Jwdea' am iddi roi lloches iddynt rhag erledigaeth o du'r Moslemiaid yn y dwyrain. Oes euraid yn eu hanes o safbwynt dysg a diwylliant oedd y cyfnod y buont yn cydfyw'n heddychol â Christnogion yn Sbaen (900–1492). Am fod y rabiniaid yn awyddus i'r Iddew cyffredin fod yn hyddysg yn ei Feibl, rhoddwyd pwyslais mawr ar astudiaethau Beiblaidd yn ystod y cyfnod.

Un o esbonwyr enwocaf Iddewon Sbaen oedd Isaac Abrabanel, gweinidog cyllid y Brenin Ferdinand. Er bod ganddo swydd gyfrifol, pan ddaeth y Chwilys ar warthaf y gymuned Iddewig yn 1492 bu'n rhaid iddo ffoi i'r Eidal, lle cyhoeddodd esboniad hirfaith ar y proffwydi bychain. Wrth drafod Llyfr Jona, mae'n dilyn y traddodiad Iddewig. Nid dameg na chwedl mo'r stori iddo, ond adroddiad ffeithiol am un o broffwydi Israel yn ystod yr wythfed ganrif CC, pan oedd Asyria'n rym peryglus ac yn bygwth y gwledydd bychain o'i chwmpas. O gymryd y cefndir hanesyddol i ystyriaeth, gwêl Abrabanel yng nghenhadaeth Jona ymgais i achub cenedl a fydd yn y dyfodol agos yn loes calon i Israel a Jwda. Byddai sicrhau parhad Asyria fel grym gwleidyddol yn agor y drws led y pen i drychineb aruthrol. Mae'r esboniad hwn o'r stori fel hanes ffeithiol yn arwain yr awdur i wneud dau beth.

Yn gyntaf, *cyfiawnhau Duw.* Bwriad Duw wrth arbed Ninefe oedd defnyddio Asyria i gosbi'r Israeliaid am eu hanwadalwch yn torri'r cyfamod a dilyn duwiau eraill. 'Gwialen fy llid ... ffon fy nigofaint' yw disgrifiad Duw ei hun o Asyria (Es. 10:5). Bydd parhad Ninefe'n hyrwyddo'i gynllun ar gyfer Israel. Wrth ddilyn y trywydd hwn, mae Abrabanel yn adleisio'r cysylltiad agos a welir yn y Beibl rhwng trychineb, boed wleidyddol neu naturiol, a drygioni dynoliaeth. Mae'r naill yn gosb ddwyfol am y llall. Syniad yw hwn sy'n parhau hyd heddiw ymysg Iddewon a Christnogion. Yn ôl rhai diwinyddion Iddewig, dial Duw am i'r cyndadau gefnu arno trwy addoli llo aur (Ex. 32) yw pob trychineb a ddioddefodd yr Iddewon dros y canrifoedd, gan gynnwys yr Holocost. Pan ddinistriodd storm Katrina ran helaeth o New Orleans yn 2004, esboniad llythrenolwyr Cristnogol oedd mai barn Duw ar ddinas gyfeiliornus oedd y dymestl; cosb haeddiannol am bydredd moesol y trigolion. Syniad cwbl Feiblaidd.

Yn ail, *cefnogi Jona.* Yn ôl y stori, disgwylir i Jona gymryd rhan allweddol mewn cynllun a fydd yn y pen draw'n andwyol i'w gyd-Israeliaid. Ond nid yw'n deall sut y gall Duw gyfiawnhau dinistrio ei bobl ei hun o achos eilunaddoliaeth, ac ar yr un pryd faddau'r un pechod i drigolion paganaidd Ninefe. Gan fod hyn yn achosi penbleth foesol i Jona, mae ei anufudd-dod ar ddechrau'r stori, a'i siomiant pan edifarhaodd y ddinas, yn ddealladwy i Abrabanel. Yn ei farn ef, nid cenedlaetholdeb anoddefgar, nid casineb tuag at y cenhedloedd, nid culni crefyddol sy'n nodweddu Jona; nid llwfrgi ystyfnig mohono, ond un sydd â dyfodol, diogelwch a ffyniant ei genedl ei hun mewn golwg. Mae gwrthod galwad Duw er mwyn arbed Israel yn ymateb cwbl dderbyniol, ac yn haeddu clod.

Dyma ddehongliad Abrabanel, a rhai o athrawon blaenllaw eraill oes euraid Iddewon Ewrop, o Lyfr Jona. Yn eu barn hwy, roedd dyhead Duw am i Israel edifarhau trwy gael ei bygwth gan Asyria yn teilyngu arbed Ninefe. Ac yn achos Jona, nid marciau isel ond marciau uchel y dylai'r proffwyd eu cael gan y darllenydd. Nodweddion cwbl ganmoladwy – ei ofal am ei genedl, ei gariad ati, a'i awydd i'w hamddiffyn rhag niwed – a barodd iddo ystyfnigo. Cydymdeimlo â Jona a'i edmygu, yn hytrach na gweld bai arno am ei anufudd-dod, yw dyletswydd pob Iddew.

Dydd y Cymod

Mae'r flwyddyn newydd Iddewig yn dechrau yn yr hydref gyda deng niwrnod arbennig, sef Dyddiau Edifeirwch. Cyfle ydynt i gredinwyr gnoi cil dros y flwyddyn a aeth heibio, ac addunedu i roi gwell trefn ar bethau yn y dyfodol. Yr olaf o'r deg yw Dydd y Cymod. Edifarhau am bechodau'r gorffennol a gofyn am faddeuant yw prif nodweddion y dydd arbennig hwn. Dydd o ympryd llwyr ydyw, yn yr ystyr o ymwrthod rhag popeth sy'n rhoi mwynhad: dim bwyd, dim diod, dim ymolchi, dim coluro, dim hwyl na sbri o unrhyw fath. Treulir y dydd cyfan yn y synagog. Dyma ddydd sancteiddiaf y flwyddyn Iddewig; dydd y mae hyd yn oed yr Iddew sydd wedi pellhau oddi wrth ei grefydd yn debygol o'i gadw. Ceir cyfeiriadau mynych mewn llên Iddewig at 'Iddew Dydd y Cymod'. Ar Ddydd y Cymod yn 1973, manteisiodd yr Aifft ar ddefosiwn yr Iddewon i ymosod ar Israel. Y canlyniad fu brwydr ffyrnig a barhaodd am bron i dair wythnos.

Mae ffurf a chynnwys addoliad y synagog ar gyfer y dydd yn tarddu o'r canrifoedd cynnar OC. Fel ym mhob gwasanaeth, ceir darlleniadau penodol o'r Beibl. Un ohonynt yw Llyfr Jona. Yn ystod yr Hwyrol Weddi ar ddydd pwysicaf y calendr, darllenir stori'r cymeriad cymhleth hwn. Mae'n amlwg yr ystyrir y llyfr yn destun teilwng ar gyfer myfyrdod y gynulleidfa, er bod pawb erbyn hyn yn flinedig a newynog. Ond pam Jona? Beth yn y llyfr sy'n debygol o arwain yr addolwyr i edifarhau a gofyn am faddeuant? Nodir tri pheth gan y rabiniaid.

Yn gyntaf, *cywilydd*. Mae agwedd y paganiaid yn y stori gymaint mwy derbyniol nag agwedd y proffwyd. Cafodd Jona barch gan y llongwyr yng nghanol y storm, er nad oedd yn ei haeddu. Gwrandawodd pobl Ninefe ar air Duw ac edifarhau, ond pwdu a wnaeth Jona. Dylai'r ffaith fod y cenhedloedd yn aml yn rhagori ar y genedl etholedig godi cywilydd ar yr addolwyr, a'u hannog i edifeirwch. Yn ail, *maddeuant*. Mae bwriad trugarog y Duw sy'n barod i faddau'n amlwg iawn yn y stori, a rhoddir lle blaenllaw i hyn yn y traddodiad Iddewig. Nid o ganlyniad i wisgo sachliain ac ymprydio y maddeuodd Duw i Ninefe, ond am iddi droi oddi wrth ei drygioni (3:10). Hynny yw, byw bywyd moesol sy'n cyfrif yng ngolwg Duw, nid yr allanolion. Yr un yw neges y proffwyd Joel: 'Rhwygwch eich calon, nid eich dillad, a dychwelwch at yr ARGLWYDD eich Duw' (2:13). Mae'r gred fod Duw'n fôr o drugaredd yn un o golofnau Iddewiaeth. Trwy ddarllen Llyfr Jona ar ddiwrnod mwyaf sanctaidd y calendr, rhoddir sylw arbennig i'r nodwedd hon yn natur Duw. Yn olaf, *gobaith*. Os gall Duw faddau i ddinas ddrygionus, gall faddau i Iddewon hefyd, ond iddynt gadw Dydd y Cymod ac edifarhau. Nid oes gwell enghraifft o effaith fendithiol gwir edifeirwch na phrofiad pobl Ninefe. Mae Llyfr Jona'n destun gobeithiol. 'Pa Dduw sy'n maddau fel tydi, yn rhad ein holl bechodau ni?' yw'r neges.

Casgliad

Dewiswyd pigion o'r traddodiad Iddewig, pob un yn cynrychioli dehongliad arbennig o Lyfr Jona. Defnyddir dau hanner y llyfr i ddau wahanol ddiben am fod y ddealltwriaeth ohono'n dibynnu ar y cyfnod a'r amgylchiadau. I'r offeiriad Eleasar, prawf o natur achubol Duw oedd y gorchymyn i'r pysgodyn daflu Jona allan. I genedl mewn argyfwng, roedd y sicrwydd o ailenedigaeth yn neges amserol a pherthnasol. I Joseffws, tawelu'r storm ac arbed Jona o'r dyfnder oedd nodweddion amlycaf y stori. Tystiolaeth ydoedd o rym a gallu Duw Israel; tystiolaeth na ddylai'r Cenhedloedd ei hanwybyddu. Defnyddia Abrabanel y stori i bwysleisio cyfiawnder Duw, ond hefyd i gefnogi pob ymdrech i amddiffyn statws arbennig y genedl Iddewig. Yn flynyddol yng ngwasanaeth Dydd y Cymod, mae'r arfer o ddarllen Llyfr Jona'n atgoffa'r Iddew o rym edifeirwch i ennill maddeuant, ac yn ei gymell i ddangos trugaredd. Neges o gysur a gobaith i gredinwyr sydd mewn stori sy'n tystio i barodrwydd Duw i drugarhau wrth bechaduriaid edifeiriol.

❖ Cwestiynau i'w trafod

1. Sut mae cysoni profiad y genedl Iddewig yn yr Holocost gyda'r gred mewn Duw hollalluog a thrugarog sy'n achub ei blant mewn argyfwng, ac yn maddau i droseddwyr?

2. Beth yw arwyddocâd darllen Llyfr Jona yn ystod yr Hwyrol Weddi ar Ddydd y Cymod? Ar ba achlysur yn y calendr Cristnogol fyddai ei ddarllen yn briodol?

10. 'Arwydd Jona'
Mathew 12:38–41; 16:1–4; Luc 11:29–30

Mae dealltwriaeth y Cristion o arwyddocâd diwinyddol Llyfr Jona'n mynd â ni ar daith hir a throellog: taith sy'n dechrau gyda'r Testament Newydd. Mewn dwy o'r efengylau, mae Iesu ei hun yn cyfeirio at 'arwydd Jona'. Er na cheir yr ymadrodd hwn yn Llyfr Jona ei hun, mae'r traddodiad Iddewig yn dehongli profiad Jona fel 'arwydd'. Felly, nid yw'r gair na'r syniad o angenrheidrwydd yn tarddu'n wreiddiol o ddysgeidiaeth Iesu.

Testunau dadleuol

Y testunau sy'n cyfeirio at 'arwydd Jona' yn y Testament Newydd yw Mathew 12:38–41; 16:1–4 a Luc 11:29–30. Ond mae'n amlwg fod y ddwy ffynhonnell yn debyg i'w gilydd, er bod amrywiaeth rhyngddynt, ynghylch natur ac ystyr yr arwydd. Mae'r fath amwyster yn codi cwestiynau. Beth yn hollol oedd 'arwydd Jona', gair ynteu weithred, pregeth ynteu brofiad? Pa neges oedd Iesu am ei chyflwyno i'w gyfoedion wrth grybwyll yr arwydd? Pa wers oedd yr efengylwyr am i'w darllenwyr ddysgu trwy roi'r dywediad hwn ar gof a chadw? Cyn ymrafael â'r pwnc, purion yw nodi na chynigiodd neb esboniad o'r arwydd sy'n dderbyniol i bawb. Er gwaethaf y gwaith esboniadol a wnaed yn ystod yr ugeinfed ganrif, nid ydym ronyn yn nes i'r lan yn ôl nifer o arbenigwyr. O safbwynt y patrwm llenyddol, diffinnir y dywediad fel pos (riddle), un o'r ymadroddion astrus sy'n ymddangos yn aml rhwng cloriau'r Beibl.

Barn y mwyafrif o ysgolheigion yw bod y tair efengyl gyfolwg, Mathew, Marc a Luc, yn cynnwys pedair ffynhonnell a oedd yn wreiddiol yn annibynnol ar ei gilydd. Y ddamcaniaeth gyffredin yw mai Marc, a ysgrifennwyd tua OC 70, a gyfansoddwyd gyntaf. Gan fod Mathew a Luc yn ailadrodd rhannau helaeth ohoni, credir iddynt ddefnyddio Marc fel sail i'w fersiynau hwy o fywyd a gweinidogaeth Iesu. Ond mewn mannau eraill mae Mathew a Luc yn adrodd yr un stori bron air am air â'i gilydd *heb* ddibyniaeth ar Marc. Bernir mai'r esboniad am y tebygrwydd hwnnw yw bod Mathew a Luc wedi defnyddio ffynhonnell gynnar arall heblaw Marc, boed honno lafar neu ysgrifenedig. Am ei bod yn ddienw, fe'i galwyd yn Q, talfyriad o'r gair Almaeneg *quelle,* sy'n golygu 'ffynhonnell'. Y ddwy ffynhonnell arall yw testunau o Mathew a Luc sy'n unigryw i'r awduron, hynny yw, cyfraniad gwreiddiol gan yr efengylwyr heb ddibyniaeth ar neb arall. Enghraifft o hyn yw penodau agoriadol y ddwy efengyl, hanes y geni gwyryfol.

Perthnasedd y cefndir hwn yw bod yr adnodau yn Mathew a Luc sy'n cyfeirio at arwydd Jona'n debyg iawn i'w gilydd. Cesglir felly bod y ddau efengylydd yn dibynnu ar yr un ffynhonnell. Ond nid Marc mo'r ffynhonnell honno gan nad oes gyfeiriad at 'arwydd Jona' yn yr adran sy'n trafod 'arwyddion' yn yr efengyl honno (Mc. 8:11-12). Credir felly eu bod yn tarddu o Q. A derbyn bod y ddamcaniaeth hon yn gywir, mae Mathew a Luc yn ailadrodd y ffynhonnell gan ei dehongli yn eu ffordd eu hunain; a dyna sy'n creu penbleth i esbonwyr.

Y cyd-destun

Y cyd-destun yn efengylau Mathew a Luc yw arwyddocâd a phwysigrwydd arwyddion i'r Iddewon; pwnc a gaiff sylw gan Paul yn 1 Corinthiaid 1:22. Diben arwydd oedd dilysu swydd neu gymeriad unrhyw un a oedd yn honni ei fod yn cynrychioli Duw, a dangos ei fod yn haeddu parch ac ufudd-dod. Er enghraifft, rhoddodd Duw'r gallu i Moses wneud arwyddion er mwyn ennill ymddiriedaeth yr Israeliaid (Ex. 4:1–9). Daliodd yr Iddewon i gredu mewn arwyddion i'r ganrif gyntaf OC am fod yr awdurdodau crefyddol yn cael eu poeni gan dwyllwyr a siarlataniaid, cwacs crefyddol. Ceir sawl achos o ddyn sy'n honni bod yn broffwyd a anfonwyd gan Dduw, neu'n honni bod yr hir ddisgwyliedig Feseia. Yr unig ffordd i'r awdurdodau fedru profi dilysrwydd pobl o'r fath oedd gofyn am arwydd, megis gwyrth neu weithred anarferol (gweler In. 2:18; 6:28–30; 1 Cor. 1:22).

Er nad yw Marc yn crybwyll 'arwydd Jona', mae'n nodi achos arbennig sy'n rhoi cefndir y dywediad i ni. Teimlai'r awdurdodau Iddewig fod Iesu'n cyfeiliorni wrth iddynt weld ei ddilynwyr yn ei ystyried yn athro er iddo feiddio anghytuno â Chyfraith Moses. Roedd y ddigon rhesymol i'r rhai a'i drwgdybiai fynnu ei fod yn profi iddo gael ei anfon gan Dduw. Yn yr achos hwn, mae'r Phariseaid 'yn ceisio ganddo arwydd o'r nef, i roi prawf arno' (Mc. 8:11). Er mwyn eu bodloni ei fod yn ddilys, byddai disgwyl iddo gyflawni rhyw weithred arbennig. Mae'n amlwg nad oedd y gwyrthiau a groniclwyd eisoes gan yr efengylydd yn ddigon da iddynt. Ond yn ôl Marc, gwrthododd Iesu â rhoi arwydd pellach a daeth y drafodaeth i ben. Ac yna, er mwyn cael llonydd, camodd i'r cwch a chroesi Môr Galilea.

Mae'r cyferbyniaethau rhwng efengyl Marc a'r ddwy efengyl arall yn awgrymu mai dyma'r achlysur y soniodd Iesu am 'arwydd Jona'. Ond gan fod Mathew a Luc yn cyfeirio at yr arwydd yn yr un cyd-destun er nad yw Marc yn sôn amdano, dadleuir fod yr ymadrodd yn tarddu o Q. Beth a ddigwyddodd? Oedd yna ddau achlysur pan ofynnwyd i Iesu am arwydd, ac yntau'n ymateb mewn dwy ffordd wahanol? A ychwanegodd Q 'arwydd Jona' at y traddodiad gwreiddiol, ynteu a yw Marc wedi ei hepgor yn fwriadol? Yr ateb mwyaf tebygol gan ysgolheigion yw bod Marc, a ysgrifennai ar gyfer cenedl-ddynion, wedi dewis hepgor y dywediad am ei fod yn gwybod na fyddai cyfeiriad at stori proffwyd di-nod o'r oes o'r blaen yn golygu dim i rai nad oeddent o dras Iddewig. Gellir dadlau hefyd fod Marc eisoes wedi pwysleisio gwyrthiau Iesu fel cadarnhad neu arwydd o'i alwedigaeth ddwyfol. Er y gallai'r term 'arwydd' olygu rhywbeth heblaw gwyrth, nid oedd, yn ei farn ef, angen unrhyw gadarnhad pellach o natur a chenhadaeth Iesu.

Beth bynnag yr esboniad, mae Mathew a Luc yn defnyddio'r un ffynhonnell i ehangu ar y drafodaeth a geir yn Marc. Ond gan nad ydynt yn cytuno ynghylch ystyr yr arwydd, rhoddwn sylw i'r adnodau perthnasol yn y ddwy efengyl.

Mathew 12:39–40; 16:1–4

Yn 16:4, mae Iesu'n cyfeirio at 'arwydd Jona' heb roi unrhyw eglurhad. Efallai fod Mathew'n cymryd yn ganiataol nad oes angen ymhelaethu gan fod Iesu eisoes wedi ei esbonio yn ei ymateb i air y Phariseaid am arwydd: 'Cenhedlaeth ddrygionus ac annuwiol sy'n ceisio arwydd, eto ni roddir arwydd iddi ond arwydd y proffwyd Jona. Oherwydd fel y bu Jona ym mol y morfil am dri diwrnod a thair nos, felly y bydd Mab y Dyn yn nyfnder y ddaear am dri diwrnod a thair nos' (12:39-40). Mae'r cysylltiad rhwng profiad Jona a phrofiad Iesu'n arwain i'r casgliad fod Mathew o'r farn fod Iesu'n defnyddio stori Jona i gyfeirio at ei farwolaeth a'i atgyfodiad. Fel yr aeth Jona i'r dyfnder ym mol y pysgodyn, ac aros yno am dri diwrnod a thair noson, felly y disgynnodd Iesu i uffern wedi'r Croeshoeliad a threulio'r un cyfnod yno'n pregethu i'r ysbrydion yng ngharchar (gweler 1 Pedr 3:19). Mae'r ffaith fod Jona'n galw ar Dduw 'o ddyfnder Sheol' (Jon. 2:2) yn cryfhau'r cysylltiad. Yna, fel y cafodd Jona ei adfywio, neu o leiaf ei achub rhag marwolaeth, felly yr atgyfodwyd Iesu. Fel yn achos Jona, bydd atgyfodiad Iesu, i'r sawl sy'n credu, yn arwydd o allu Duw i fywhau. Hynny yw, gweithred arbennig a gyflawnir gan Dduw yw'r arwydd; a'r weithred honno ar yr un lefel â gwyrth.

I Mathew yn unig y perthyn yr esboniad hwn. Mae'r ffaith fod 12:40, sy'n agor gyda'r cysylltair esboniadol 'oherwydd', yn unigryw iddo ef yn awgrymu i rai esbonwyr mai eglurhad yr efengylydd ei hun o destun dyrys ydyw yn hytrach na geiriau Iesu. Ym marn yr esbonwyr hynny, yr hyn a geir yma yw ychwanegiad personol Mathew at y traddodiad a oedd ar gael iddo ef a Luc yn Q. Yn ei ddehongliad, mae'n canolbwyntio ar gynnwys hanner cyntaf Llyfr Jona sy'n adrodd hanes y pysgodyn. Mae'r dewis yn gweddu i'r dim i'w fwriad gan mai amcan Mathew, yn ei efengyl gyfan, yw profi ar sail ei atgyfodiad, sef conglfaen y ffydd Gristnogol, fod Iesu'n ddwyfol. Ond roedd tystiolaeth y disgyblion i'r atgyfodiad yn faen tramgwydd i'r awdurdodau crefyddol; a gwnaethant eu gorau glas i'w wadu (gweler Math. 28:11–15). Ond ym marn Mathew, ni ddylai fod yn broblem. Byrdwn 12:40 yw bod atgyfodiad Iesu wedi ei ddarogan ganrifoedd yn gynharach yn stori Jona. Eu drygioni a'u dallineb ysbrydol sy'n rhwystro'r Iddewon rhag adnabod yr arwydd ac amgyffred y gwirionedd. I Mathew, rhaglun o Iesu yw Jona.

Luc 11:29–32 (Cymharer Math. 12:41)

Y cyd-destun yn efengyl Luc, fel yn Marc a Mathew, yw Iesu'n ymateb i'r cyhuddiad ei fod yn gweithredu yn enw Satan, ac i'r cais am arwydd i brofi mai gwaith Duw oedd ei wyrthiau (gweler Lc. 11:14–16). Er bod Luc yn cytuno â Mathew mewn rhai manylion, mae hefyd yn gwneud ei gyfraniad ei hun at y traddodiad trwy ddyfynnu Iesu'n dweud mai arwydd i'r Asyriaid oedd stori Jona: 'Oherwydd fel y bu Jona yn arwydd i bobl Ninefe, felly y bydd Mab y Dyn yntau i'r genhedlaeth hon'. Ond arwydd o beth ydoedd i bobl Ninefe?

Mae'n amlwg mai ar ymweliad Jona â'r ddinas y mae pwyslais Luc. Nid yw'n cyfeirio at y storm na'r pysgodyn. Yn ei ddehongliad ef o'r arwydd, nid y syniad o atgyfodi, achub, a bywhau sydd dan sylw. Ac mae hyn yn gwneud peth synnwyr. Ni fyddai trigolion Ninefe o angenrheidrwydd yn gwybod dim am hanes Jona'n cael ei lyncu a'i achub; yn sicr, nid oes awgrym o hynny yn yr hanesyn gwreiddiol. Nid grym Yahweh a'i allu i wneud gwyrthiau fyddai'n gwneud stori Jona'n arwydd i'r Asyriaid. Felly, mae'r 'oherwydd', y cysylltair esboniadol yn 11:30, yn arwain at eglurhad tra gwahanol i'r un a geir yn Mathew. Gellir dadlau mai at bresenoldeb neu fodolaeth Jona, a dim arall, y mae'r testun yn cyfeirio. Yn union fel yr oedd Jona yn ei berson yn arwydd i'r Asyriaid ei fod yn gennad dilys dros Dduw Israel, felly y mae Iesu yn ei weithredoedd, ei wyrthiau a'i genhadaeth, yn arwydd i'w gyfoedion fod Duw ar waith yn eu mysg. Fel yr anfonwyd Jona at yr Asyriaid, felly yr anfonwyd Iesu at yr Iddewon.

Damcaniaeth arall, sy'n seiliedig ar gymal olaf Luc 11:32, yw mai pregeth Jona yw'r arwydd. Cafwyd ymateb parod iddi gan bobl Ninefe, 'oherwydd edifarhasant hwy dan genadwri Jona'. Galwad i edifeirwch sydd gan Iesu hefyd. Yn ôl Luc, defnyddio stori Jona i alw ar ei wrandawyr i efelychu esiampl Ninefe a wna Iesu. Cenhadaeth Jona, nid y tridiau ym mol y pysgodyn nac ymgais i brofi dilysrwydd y cennad, oedd ystyr yr arwydd i Luc. Caiff y syniad hwn gefnogaeth gan y cyfeiriad at Frenhines y De yn 11:31. Yn Llyfr Cyntaf y Brenhinoedd, adroddir i honno deithio o Sheba (Yemen heddiw) i ymweld â Solomon er mwyn rhoi prawf ar ei wybodaeth (1 Bren. 10:1-13). Ar y dechrau, roedd hi'n ddigon amheus, ond wrth wrando arno'n traethu, cafodd ei syfrdanu gan ei ddoethineb. Diflannodd ei hamheuon, ac aeth adref yn gymeriad gwahanol iawn. Yn yr un modd, edifarhaodd pobl Ninefe wedi gwrando ar bregethu ysbrydoledig y proffwyd o Israel. Fel y gwelsom, mae gwasanaeth Dydd y Cymod, gyda'i bwyslais ar edifeirwch, yn tystio fod gan y defnydd hwn o stori Jona gefndir Iddewig.

Erbyn degawdau olaf y ganrif gyntaf OC, y byd y tu hwnt i ffiniau Palestina oedd maes mwyaf ffrwythlon y genhadaeth Gristnogol. Roedd y Cenhedloedd yn gwrando ar neges yr Eglwys, ac yn ymateb iddi. Yn y testun hwn, ceir dwy enghraifft o genedl-ddynion yn ymateb i Dduw Israel, nid oherwydd gwyrth neu weithred megis atgyfodiad neu adfywiad, ond trwy wrando ar neges uniongyrchol oddi wrtho. O ganlyniad, pan ddaw Dydd y Farn, a phawb yn cael ei alw i gyfrif, bydd Brenhines Sheba a phobl Ninefe ymhell ar y blaen i'r Iddewon. Darlun sydd yma o Israel yn y doc; y genedl etholedig yn cael ei barnu gan baganiaid a gyfrifir yn gyfiawn am iddynt gredu. Datguddiodd Duw ei hun yng ngweinidogaeth Iesu, trwy ei weithredoedd a'i wyrthiau. Ond er bod un mwy na Solomon a Jona yn eu plith, annigonol iawn fu ymateb yr Iddewon. Fe ddylasai esiampl y Cenhedloedd eu hargyhoeddi mai pregethu'r cenhadon yw'r arwydd fod gras a maddeuant Duw ar gael i bawb sy'n credu ac yn edifarhau.

Casgliad

Mae'r cyfeiriadau at 'arwydd Jona' yn y Testament Newydd yn awgrymu bod yr efengylwyr yn gweld cysylltiad agos rhwng Iesu a'r proffwyd. Ond mae'r berthynas yn annisgwyl ac anarferol. Ar y naill law y mae gweinidogaeth ac arwyddocâd Iesu; ac ar y llaw arall brofiadau a phregeth proffwyd bach od a chysetlyd. Yn ôl tystiolaeth yr efengylau, mae Llyfr Jona'n rhoi inni raglun o ddau Iesu: y croeshoeliedig yn gorwedd mewn bedd am dridiau cyn cael ei atgyfodi, ond hefyd yr athro a'r pregethwr yn galw am edifeirwch. Roedd dwy wahanol ffordd o weld sut yr oedd Jona ac Iesu'n cyfateb i'w gilydd. Efallai mai natur annelwig y cysylltiad sydd i gyfrif fod y ddealltwriaeth o'r berthynas rhyngddynt yn hollti'n ddwy o'r cychwyn cyntaf.

❖ Cwestiynau i'w trafod

1. Beth sy'n arwain yr efengylwyr i weld Jona fel rhaglun o Iesu?

2. Faint o bwyslais ar roddir mewn Cristnogaeth gyfoes ar dderbyn a dehongli arwyddion?

11. Jona yn y Traddodiad Cristnogol

Yn ôl y diwinyddion Cristnogol cynnar, dim ond yng ngoleuni'r Testament Newydd y gellir dehongli'r Hen Destament. Yn eu hesboniadau Beiblaidd, mae'r Newydd yn llyncu'r Hen, neu o leiaf yn gorlifo drosto. Dau air yn unig oedd yn ofynnol i Gristion eu hyngan wrth yr Iddew er mwyn cyfiawnhau ei gred yng Nghrist ar sail yr Ysgrythurau: 'cyflawniad proffwydoliaeth'. Yn y cyd-destun hwn, ystyriai'r Tadau Eglwysig Lyfr Jona fel fersiwn cynnar o'r Efengyl am fod y stori nid yn unig yn rhagfynegi Crist, ond hefyd yn hybu hygrededd Cristnogaeth. Gwnaeth dehongliad amwys yr efengylwyr o 'arwydd Jona' hi'n bosib i esbonwyr cyfnod diweddarach ddatblygu eu syniadau eu hunain am ystyr a diben y stori. Ond fel yn achos Mathew a Luc, ni cheir dehongliad unfrydol.

Yr Eglwys Fore

Cyn ystyried cyfraniad rhai o gynrychiolwyr y Diwygiad Protestannaidd ac Oes Rheswm, rhoddwn sylw i ddau enw adnabyddus o'r cyfnod cynnar, Jerôm (t. 345-420) ac Awstin (354-430). Daw'r ddau i'r casgliad fod stori'r proffwyd yn rhagfynegi'r Efengyl, ond mewn dwy ffordd wahanol.

Jerôm

Yn ei sylwadau ar Lyfr Jona, mae Jerôm yn ystyried y proffwyd fel cynddelw, rhaglun, neu brototeip o Iesu. Yn ei farn ef, mae'r gyffelybiaeth rhyngddynt yn amlwg mewn o leiaf dair ffordd.

Yn gyntaf, *atgyfodiad.* Hwn oedd un o'r pynciau creiddiol yn y ddadl rhwng Cristnogion a phaganiaid ac Iddewon yn y cyfnod cynnar, ac yn ddiweddarach rhwng Cristnogion a Moslemiaid. Roedd profiad Jona ym mol y pysgodyn yn rhagfynegi profiad Crist yn y bedd, a'r taflu allan yn rhagfynegi'r atgyfodiad. Yn ôl Celsus, un o wrthwynebwyr cynnar Cristnogaeth, nid Crist ond Jona y dylai Cristnogion ei addoli. Onid oedd goroesiad Jona ym mol y morfil am dridiau, a'i ddyfod allan oddi yno'n fyw, yn gymaint mwy o gamp nag atgyfodiad Iesu?

Yn ail, *ymgnawdoliad.* Mae'r hanes am Jona'n ffoi o bresenoldeb Duw yn rhagfynegi Crist yn gadael y nefoedd a dod i'r byd: 'A daeth y Gair yn gnawd a phreswylio yn ein plith' (In.1:14). Tystio i'r gwirionedd hwn a wna'r fordaith o Joppa i Tarsis. Yn nehongliad Jerôm, try ffôedigaeth yn ymgnawdoliad, ac anufudd-dod yn ufudd-dod.

Yn olaf, *cenedlaetholdeb.* Ei deyrngarwch i'w genedl ei hun, a'i ofal amdani yn wyneb Asyria rymus a bygythiol, sy'n peri fod Jona'n anfodlon mynd i Ninefe. Onid oedd Iesu hefyd yn dangos y fath deyrngarwch? Er iddo newid ei feddwl, ei ymateb cyntaf i'r wraig o Syroffenicia pan ofynnodd iddo iacháu ei merch oedd: 'Nid yw'n deg cymryd bara'r plant a'i daflu i'r cŵn' (Mc. 7:27). Dro arall, meddai wrth ei ddisgyblion, 'Peidiwch â mynd i gyfeiriad y Cenhedloedd ... Ewch yn hytrach at ddefaid colledig tŷ Israel' (Math. 10:5-6). Yn ôl Jerôm, cenedlaetholwr yn ystyr gorau'r gair oedd Jona am iddo roi blaenoriaeth i'w bobl ei hun, fel y gwnaeth Iesu. Haedda glod am hynny.

Awstin

Yn yr un modd â'i gyfoeswr Jerôm, gwêl Awstin raglun o Grist yn y proffwyd, ond gwêl hefyd raglun o'r Iddew. Yn ei ddwylo ef, mae Jona'n datblygu yn gymeriad deublyg. Darlun yw'r storm a'r tonnau sy'n cau am Jona o Iesu'n dioddef casineb yr Iddewon a weiddai am ei waed a galw ar Pilat i'w groeshoelio. Darlun yw Jona'n suddo i'r dyfnder o Iesu'n cael ei wawdio a'i boenydio gan ei elynion. Nid yw Awstin yn ei feio am ei anufudd-dod. Oni phetrusodd Iesu hefyd cyn ymostwng i ewyllys Duw? Cofiwn ei weddi yn yr ardd: 'O Dad, os wyt ti'n fodlon, cymer y cwpan hwn oddi wrthyf' (Lc. 22:42). Ond yn Jona, gwêl Awstin hefyd gymeriad sy'n nodweddiadol o'r genedl Iddewig. Rhaglun perffaith yw'r proffwyd gwrthryfelgar sy'n gwrthod tosturio wrth ddinas baganaidd o'r Iddew cul, cyndyn ac anoddefgar sy'n gwrthod bedydd, yn sarhau Cristnogaeth, ac yn tybio mai Israel yn unig yw ffefryn Duw.

Unwaith y cysylltodd diwinyddion blaenllaw megis Jerôm ac Awstin stori Jona â chenadwri'r Eglwys, gwnaeth y dehongliad Cristnogol cynnar o'r stori ddefnydd pellach o alegori. Rhaglun yw'r llong o ddynoliaeth: yn union fel y mae Jona'n achub y llong trwy hunanaberth, mae Crist yn achub dynoliaeth bechadurus trwy farw yn ei lle. Rhaglun yw'r llongwyr o'r awdurdodau Rhufeinig sy'n condemnio Iesu i farwolaeth, neu o'r Iddewon sy'n benderfynol o gael gwared ohono. Y pysgodyn yw'r diafol, a'i fol yw uffern. Gwers y cicaion gwywedig yw mai ffosil ysbrydol, crefydd farw, yw Iddewiaeth a ddaeth i ben gyda chwymp y Deml yn OC 70. Mae ymateb yr Asyriaid i bregeth Jona yn ddarlun o'r rhai sy'n clywed neges yr Efengyl ac yn edifarhau a derbyn bedydd, o'u cyferbynnu â'r Iddewon. Defnyddir esiampl paganiaid Ninefe, sy'n edifarhau wedi pum munud o bregeth, i bardduo a barnu'r Iddewon am iddynt dros ganrifoedd wrthod neges y proffwydi, heb sôn am wrthod neges yr Efengyl. Roedd ystyfnigrwydd yr Iddewon a wrthodai gredu mai Iesu oedd y Meseia yn annealladwy i'r Cristnogion cynnar. Yng ngeiriau un o'r tadau eglwysig, 'Mae'r blaengroen yn credu, ond mae'r enwaediad yn parhau'n ddi-gred'.

Er mwyn troi'r dŵr i'w melin ei hun trwy ddangos perthnasedd stori Jona i'r grefydd Gristnogol, mae'r Eglwys Fore'n mynd i ddau gyfeiriad gwahanol. Erbyn tua OC 500, mae Jona'n gymeriad deublyg, rhyw fath o *Jekyll a Hyde*, sef Jona'r Cristion a Jona'r Iddew. Cymeriad cymeradwy yw Jona'r Cristion. Mantais amlwg iddo yw ei gyffelybiaeth i Grist. Trwy wneud defnydd detholus o'i stori, anwybyddir yn fwriadol ei anufudd-dod, a'r tyndra parhaus rhyngddo a Duw. Ond cymeriad negyddol yw Jona'r Iddew. Cynddelw yw'r proffwyd a'i agwedd anystywallt o ystyfnigrwydd a dallineb ysbrydol pob Iddew. Er mai Jona'r Cristion oedd y dehongliad llywodraethol o'r llyfr, daliodd y syniad o Jona'r Iddew ei dir, diolch i Awstin. Gan na ellid anwybyddu llais Awstin, daeth Jona'r Iddew i'r brig ganrifoedd yn ddiweddarach yn nysgeidiaeth yr Eglwys, gyda chanlyniadau echrydus.

Y Diwygiad Protestannaidd

Mae hyblygrwydd Llyfr Jona, o safbwynt Cristnogol, yn parhau oddi mewn i esboniadau'r diwygwyr cynnar. Sylwn ar dri dehongliad gwahanol ohono yn ystod yr unfed ganrif ar bymtheg.

Martin Luther

Roedd Luther yn edmygydd mawr o Awstin. Yn ei ddarlithoedd ar Jona (1526), dywed iddo ddibynnu arno am ran sylweddol o'r cynnwys, yn enwedig am y darlun o Jona'r Iddew. Er na chawsai'r dehongliad hwn lawer o gefnogaeth yn yr Oesoedd Canol cynnar er gwaethaf ymdrechion Awstin, yr oedd wedi ennill tir yn sylweddol ar Jona'r Cristion mewn esboniadau Cristnogol erbyn diwedd y bymthegfed ganrif. I Luther, roedd y ddelwedd hon yn gweddu i'r dim ar gyfer yr elfen wrth-Iddewig yn ei ddiwinyddiaeth. Erbyn diwedd ei oes, roedd yn casáu'r Iddewon â chas perffaith am iddynt wrthod bedydd. Aeth cyn belled â'u hystyried yn blant y diafol.

Yn ei farn ef, roedd cenedlaetholdeb cul Jona, a'i gasineb at y Cenhedloedd, yn esiampl berffaith o'r ysbryd Iddewig a geir yng ngweddi'r Salmydd: 'Tywallt dy lid ar y cenhedloedd nad ydynt yn dy adnabod, ac ar y teyrnasoedd nad ydynt yn galw ar dy enw, am iddynt ysu Jacob a difetha ei drigfan' (Sal. 79:6–7). Fel ei arwr Awstin, credai fod dyfodiad Cristnogaeth wedi dirymu Iddewiaeth, a bod cwymp Jerwsalem yn OC 70 yn arwyddo bod Duw wedi cefnu ar ei bobl. Iddo ef, roedd y ffaith fod Cristnogaeth wedi disodli Iddewiaeth yn amlwg mewn dwy ffordd yn stori Jona. Gwelai yn y cicaion a dyfodd dros nos symbol o Iddewiaeth, ac yn y pryfyn a'i dinistriodd erbyn y bore symbol o Grist. Meddai, gan ddilyn esboniad Awstin o'r pryfyn yn nychu'r planhigyn: 'Crinodd ac edwinodd Iddewiaeth trwy'r byd cyfan, a dyna a welir heddiw. Diflannodd ei glesni; nid yw'n ffynnu mwyach, ac nid oes sant na phroffwyd yn eistedd yn ei chysgod heddiw. Mae wedi darfod amdani'. Fel y gwywodd y planhigyn yn y bore bach, gwywodd Iddewiaeth ar ddyfodiad 'y Testament Newydd, pan wawriodd dydd gras ar y byd trwy'r Efengyl'.

Er mwyn pwysleisio pa mor annerbyniol yw Iddewiaeth fel crefydd, cyfyd Luther sgwarnog esboniadol sy'n seiliedig ar ei ddehongliad o'r stori, sgwarnog a fyddai'n rhedeg am ganrifoedd gan achosi cryn helynt. Mae'n tynnu sylw at y ffaith nad Jona yw awdur y llyfr; stori *am* Jona sydd yma. Trwy bardduo'r prif gymeriad, mae awdur Llyfr Jona'n beirniadu dehongliad arbennig o'r grefydd Iddewig sy'n gwbl groes i'w ddehongliad ef ei hun ohoni. Yr hyn a geir yn y llyfr, meddai Luther, yw gelyniaeth rhwng dwy garfan o Iddewon. Mae Jona'n cynrychioli Iddewiaeth senoffobig, anoddefgar, sy'n gwrthod cyfathrachu â'r byd o'i chwmpas. Ond nid dyna safbwynt yr awdur. Ei fwriad ef, trwy adrodd stori, yw dweud wrth yr wrthblaid nad yw Duw'n gyfyngedig i Israel; y mae ei drugaredd yn cyrraedd pawb, beth bynnag eu cred neu liw eu croen. Duw'r hollfyd yw Duw Israel; un nad oes terfyn ar ei gariad.

Yng ngolwg Luther, mae agwedd yr awdur at ei gyd-Iddewon yn adlewyrchiad perffaith o'i brofiad ef gydag Iddewon ei gyfnod. Cymeriad cwbl nodweddiadol o Iddewon yr unfed ganrif ar bymtheg yw Jona. Stori ddelfrydol ydyw i hybu gwrth-Iddewiaeth trwy rybuddio Cristnogion o'r gelyn yn eu mysg wrth ddatgelu rhagfarn oesol yr Iddewon ym mherson un o'u proffwydi.

John Calfin

Yn ei ddehonglid o neges Llyfr Jona, mae Calfin yn dilyn trywydd hollol wahanol i'w ragflaenwyr Cristnogol. Nid y darlun o Jona'r Cristion neu Jona'r Iddew a geir yng ngweithiau'r tadau cynnar sy'n apelio ato ef. Yn wahanol i Luther, nid y syniad fod yr awdur yn beirniadu'r prif gymeriad yn y stori, a thrwy hynny'n trosglwyddo neges wrth-Iddewig i ddarllenwyr Cristnogol, sy'n apelio at Calfin. Yr hyn a wêl ef yn y llyfr yw profiad erchyll un a drodd ei gefn ar Dduw. Tystiolaeth bersonol a brawychus un dyn, Jona fab Amittai, sydd yma. Tystiolaeth ydyw sy'n haeddu cael ei hesbonio a'i chymhwyso ar gyfer credinwyr Cristnogol. I Calfin, rhybudd yw profiad Jona i'r sawl sy'n anwybyddu gorchmynion Duw trwy geisio dianc oddi wrtho. Prawf yw'r llyfr fod pob ymgais i wneud hynny'n siŵr o fethu. Saif Jona o flaen y gynulleidfa fel math o gymorth gweledol i brofi na fedr dyn rwystro bwriad Duw.

Ym marn Calfin, mae'r stori'n tanlinellu amryw o bethau sydd o bwys yn y bywyd Cristnogol. Yn gyntaf, *ufudd-dod.* Pan yw Jona'n deisyf marw, ac fe wna hynny deirgwaith, cydnabod ei ystyfnigrwydd cywilyddus am iddo anufuddhau i Dduw a wna. Os yw Duw wedi gorchymyn, dyletswydd ei blant yw ufuddhau, oherwydd cwbl ofer yw brwydro yn erbyn Duw. Er i Jona ar y cychwyn ffoi i Tarsis, erbyn y diwedd y mae yn Ninefe. Er i'r llongwyr 'rwyfo yn galed i gyrraedd y tir' i geisio'i achub, methu a wnaethant. Gwastraff adnoddau ac amser yw ymdrechu yn erbyn y llif. Stori yw hon sy'n dadlennu grym yr ewyllys dwyfol. Nid oes gan gredinwyr ddewis ond ufuddhau.

Yn ail, *ofn.* Yn ôl Calfin, ni ddaw neb at Dduw o'i wirfodd. Rhaid i ddynoliaeth gael ei phrocio, ei hannog gan Dduw i gredu. Un ffordd o ennill credinwyr yw codi ofn. Ofn y storm sy'n arwain y llongwyr i addoli Arglwydd Dduw

Israel 'gan offrymu aberth ... a gwneud addunedau'. Ofn dinistr sy'n arwain Ninefe i edifarhau.

Yn olaf, *disgyblaeth*. Rhoddir disgrifiad graffig a manwl o boen corfforol Jona am fod yn rhaid i'r ffyddloniaid gymryd llid Duw o ddifrif. Meddylier amdano'n cael ei gloi ym mol pysgodyn am dridiau, ac yna'n dioddef haul canol dydd heb gysgod. Bwriad Duw yw dofi a disgyblu ei broffwyd anufudd trwy ddioddefaint. Ond dylid ystyried y pysgodyn fel ysbyty yn ogystal â charchar am fod Duw hefyd yn iacháu. Meddyg yn ogystal â disgyblwr yw Duw Israel. Prawf fod poen yn cael dylanwad cadarnhaol ar yr enaid yw'r gân o fol y pysgodyn. Nid llefain a phrotestio a wna Jona, ond canu mawl. I Calfin, y gân yw craidd y stori.

Neges bersonol i bob Cristion sydd yn y stori hon. Esiampl ydyw o'r ffordd y mae Duw'n ffrwyno chwantau anhydrin ei blant. Llawlyfr i ddisgyblu'r crediniwr yw Llyfr Jona yn ôl dehongliad John Calfin.

John Hooper

Esgob Anglicanaidd Caerloyw oedd Hooper, ac un o arweinwyr Protestaniaid cynnar Lloegr yn ystod hanner cyntaf yr unfed ganrif ar bymtheg. Treuliodd rai blynyddoedd ar y Cyfandir yn astudio hanfodion y Diwygiad Protestannaidd. Daethai dan ddylanwad Calfin i'r fath raddau nes iddo gael y teitl 'tad Piwritaniaeth Saesneg'. Fe'i llosgwyd gan Mari Waedlyd yn 1555 am ddiarddel Pabyddiaeth. Yn rhinwedd ei swydd fel un o esgobion blaenllaw Eglwys Loegr, traddododd Hooper gyfres o bregethau gerbron Edward VI yn ystod y Grawys 1550. Ei destun oedd Llyfr Jona. Ond roedd ei ddehongliad a'i ddefnydd ohono'n dra gwahanol i'r rhai a nodweddai Brotestaniaeth y Cyfandir. Nid arf i wrthsefyll bygythiad yr Iddew di-gred, na dull o ddisgyblu'r crediniwr Cristnogol, oedd stori Jona i Hooper. Defnyddiodd ef y llyfr i hyrwyddo'i syniadau personol.

Byrdwn ei bregethau oedd cyflwr bregus y deyrnas, yn grefyddol, yn wleidyddol ac yn gymdeithasol.

Mae'n cyfeirio at *'the storm-tossed ship of state'*. Roedd dyfodol Protestaniaeth mewn perygl am fod Pabyddiaeth, er nad yn grefydd swyddogol, yn dal mewn grym. Gyda brenin gwantan a dibrofiad ar yr orsedd, roedd yna bosibilrwydd parhaus o wrthryfel. I Hooper, roedd y ffordd i ddatrys y broblem yn amlwg yn Llyfr Jona. Byddai dehongliad addas ac amserol o'r stori'n rhoi arweiniad cadarn i'r brenin a'i gynghorwyr sut i ymdopi â'r sefyllfa, ac osgoi cyflafan. Testun creiddiol y llyfr iddo oedd: 'Yna cymerasant Jona a'i daflu i'r môr, a llonyddodd y môr o'i gynnwrf' (1:15). Achubwyd y llong ar ei thaith o Jopa i Tarsis trwy ddelio'n derfynol â'r drwgweithredwr.

A'r unig ffordd i arbed llong y wladwriaeth hefyd rhag suddo oedd gwared â phob un sy'n achosi niwed. Mae gan Hooper sawl Jona dan sylw: y Pabyddion sy'n gwrthwynebu un o egwyddorion y Diwygiad o gael y Beibl yn iaith y bobl, am y byddai hynny'n agor bocs Pandora; masnachwyr a chyfreithwyr anonest sy'n manteisio ar y tlawd a'r diamddiffyn; y werin ddiog a diegwyddor sy'n anwybyddu awdurdod a chyfraith gwlad, ac yn barod beunydd i wrthryfela. Cwestiwn y pregethwr i'r brenin a'i gabidwl yw: a fedrwch chwi fyw yn ddigynnwrf yng nghwmni cymaint o Jonas? Os na fedrwch, tafler hwy i'r môr.

O'i darllen yn y cyd-destun hwn, pwysigrwydd stori Jona yw ei bod yn tanlinellu'r peryglon sy'n wynebu'r wladwriaeth, ac yn cymell y driniaeth briodol. Mae yma wers ddeublyg: un i wrthryfelwyr, a'r llall i'r llywodraethwyr. Dyletswydd pob dinesydd yw ufuddhau i'r awdurdodau, oherwydd tystia'r Ysgrythur i dynged y sawl sydd am wneud drwg i'r deyrnas. Y wers i'r brenin a'r tywysogion yw mai eu dyletswydd hwy yw delio'n ddidrugaredd â phob un sy'n bygwth sefydlogrwydd y wladwriaeth. Mae'r Ysgrythur yn cymeradwyo ac yn cyfiawnhau'r gosb eithaf.

Yr Oes Oleuedig

O safbwynt crefydd, nodwedd yr Oes Oleuedig, neu Oes Rheswm, oedd pwyslais ar resymeg yn hytrach na ffydd. Roedd yn rhaid i gred wneud synnwyr; ni allai fod yn seiliedig ar chwedloniaeth, ofergoeliaeth, traddodiad a gwyrth. Golyga hyn sefydlu dull newydd o esbonio'r Beibl gan nad oedd dehongliad swyddogol yr Eglwys ohono o angenrheidrwydd yn gywir. Roedd llythrenoldeb yn sicr yn annerbyniol. Nid oedd lle chwaith i'r syniad o etholedigaeth, arbenigedd a ffafriaeth mewn unrhyw grefydd. Goddefgarwch oedd y cyweirnod. O gymryd y nodweddion hyn i ystyriaeth, gwelid yr Hen

Destament yn broblem: fe'i hystyrid yn llyfr a oedd yn cyfyngu cariad Duw i un genedl, ac yn casáu estroniaid; llyfr anwaraidd a oedd yn hybu trais a hil-laddiad; llyfr cyntefig a phlentynnaidd, yn llawn ofergoelion. Ond dyma'r llyfr a oedd yn sail cred a diwylliant yr Iddew; a'r canlyniad anorfod oedd crefydd gul, nawddoglyd ac anoddefgar y geto, crefydd a oedd yn gwahardd unrhyw gyfathrach rhwng Iddewon a'r cenedl-ddynion yr oeddent yn byw yn eu mysg.

Ond ar waethaf yr asesiad negyddol o'r Hen Destament gan rai o brif ysgolheigion y cyfnod megis Kant a Voltaire, roedd ynddo o leiaf un llyfr a wnâi synnwyr perffaith i esbonwyr Cristnogol Oes Rheswm, sef Llyfr Jona. Roedd pwyslais yr awdur ar oddefgarwch, a'i barodrwydd i weld rhagoriaeth y Cenhedloedd, o'u cymharu ag ysbryd anoddefgar y prif gymeriad, yn taro'r hoelen ar ei phen. Ym marn ysgolheigion blaenllaw'r cyfnod, Almaenwyr bron bob un, ymosodiad oedd y stori ar atgasedd yr Iddewon tuag at bob cenedl arall. Dameg ydoedd gyda'r diben o ddysgu Iddewon fod paganiaid yn rhagori arnynt mewn haelioni, daioni a charedigrwydd. Drama ydoedd o'r frwydr oesol rhwng dwy egwyddor - ar y naill law arbenigedd a neilltuoldeb y meddwl caeedig, ac ar y llaw arall frawdgarwch a goddefgarwch y meddwl agored.

Credinwyr oedd y rhain; ysgolheigion Cristnogol a fu'n hynod ddylanwadol ym myd astudiaeth Feiblaidd y bedwaredd ganrif ar bymtheg. Mae'n amlwg oddi wrth eu sylwadau eu bod yn derbyn dehongliad Luther o Lyfr Jona ac yn gweld ynddo ddwy garfan Iddewig yn cael eu cynrychioli; y naill gan yr awdur a'r llall gan y prif gymeriad. Yn ei berson, roedd Jona'n portreadu'r Iddewon. Jona'r Iddew, nid Jona'r Cristion yw'r esboniad sy'n apelio atynt hwy. Os cafodd Jona'r Iddew ei genhedlu gan Awstin, a dechrau cerdded yn Luther, daeth i'w lawn dwf yng Nghyfnod yr Ymoleuo (neu'r Oes Oleuedig).

❖ Cwestiynau i'w trafod

1. Beth sy'n gwneud Jona'n gymeriad deublyg ym meddwl diwinyddion yr Eglwys Fore?

2. Beth yw neges Llyfr Jona, o'i ystyried fel dameg, ym marn ysgolheigion Oes Rheswm?

12. Hir Oes Stori Fer

O astudio sylwadau ysgolheigion dros y canrifoedd, mae'n amlwg nad oes modd plesio pawb wrth ddehongli Llyfr Jona. Meddai J.M. Sasson, *'Elucidating Jonah is a goal that can never be permanently or fully realized'*. Ni fydd esbonwyr byth yn unfryd ynghylch bwriad gwreiddiol yr awdur na phatrwm llenyddol y llyfr. Ond mae'r diffyg cytundeb i'w weld hefyd yn yr ymgais i addasu neges y llyfr i gredinwyr ym mhob cenhedlaeth. Fel y dengys astudiaeth o hir oes y stori, mae'r ymwybyddiaeth o'r elfen greiddiol ynddi o safbwynt ffydd a chred yn amrywio o gyfnod i gyfnod, o grefydd i grefydd, a hyd yn oed o un esboniwr i'r llall o fewn y crefyddau.

O fewn Iddewiaeth, mae'r defnydd a wneir o'r llyfr fel y darlleniad olaf yn y gwasanaeth hwyrol ar Ddydd y Cymod yn arwyddocaol. Beth bynnag arall a wêl esbonwyr Iddewig ynddo, y dehongliad llywodraethol ohono yw ei fod yn dadlennu natur drugarog Duw. Mae'r gynulleidfa'n gadael y synagog, wedi deg diwrnod o edifeirwch, yn hyderus fod Duw'n maddau i'r edifeiriol, fel y gwnaeth yn Ninefe. Ni all grym edifeirwch ond ennyn gobaith am y flwyddyn sydd ar ddechrau. Dyna pam fod y Talmwd yn disgrifio Dydd y Cymod, er mai dydd o ympryd ydyw, fel un o ddyddiau mwyaf llawen y calendr Iddewig.

Mae'r amrywiaeth barn ynglŷn â neges y stori i Gristnogion yn drawiadol. Trwy ei defnyddio a'i chamddefnyddio i hybu ei gred, mae'r Cristion yn gwladychu'r Hen Destament, yn yr ystyr o weld neges Gristnogol amlwg ynddo doed a ddêl. Dros y canrifoedd, apeliodd yr esboniadau canlynol at un garfan neu'i gilydd o fewn yr Eglwys. Ym mhob achos, adnod neu adran benodol o'r llyfr, yn hytrach na'r llyfr yn ei grynswth, yw sail y dehongliad.

Atgyfodiad

Byrdwn y stori yw pwysleisio gwirionedd y grefydd Gristnogol trwy ragfynegi atgyfodiad Crist, gweithred rasol Duw sy'n agor y drws i fywyd tragwyddol i gredinwyr. Y testun creiddiol yw Jona'n cael ei daflu i'r lan gan y pysgodyn. Darllenir y stori gan yr Eglwys Uniongred ar y Sadwrn Sanctaidd, noswyl y Pasg.

Disgyblaeth

Y tridiau a dreuliodd Jona yn y dyfnfor yw sail y dehongliad hwn. Ofer yw tybio y gellir dianc oddi wrth Dduw a gwrthod gwneud ei ewyllys. Fel y tystia'r gân o fawl a diolch ym mol y pysgodyn, mae disgyblaeth Duw'n arwain pechaduriaid i edifarhau.

Cyngor

Gwelodd rhai esbonwyr gyngor a rhybudd yn Llyfr Jona a fyddai'n berthnasol mewn cyfnod cythryblus yn hanes unrhyw wlad. Dim ond trwy daflu i'r môr yr un a drodd ei gefn arnynt a gwrthod ymuno â'u hymgyrch y llwyddodd y llongwyr i achub y llong. Cyngor sydd yma i'r awdurdodau. Dim ond trwy gosbi gwrthryfelwyr y gellir sicrhau ffyniant y wladwriaeth. Ond mae hefyd yn rhybudd i ddrwgweithredwyr o'r dynged sy'n eu haros o dorri'r gyfraith.

Diwinyddiaeth

O'r cyfnod cynnar ymlaen, gwelodd diwinyddion Cristnogol ym mherson Jona ymgorfforiad o'r genedl Iddewig. Esiampl berffaith yw ei agwedd negyddol at Ninefe o gymeriad crintachlyd yr Iddew a'i elyniaeth barhaol at y Cenhedloedd. Defnyddir llu o ansoddeiriau negyddol gan esbonwyr i ddisgrifio'r proffwyd anhydrin. Stori ddelfrydol yw hon i bardduo'r Iddewon a meithrin gwrth-Iddewiaeth. Ceir ynddi gadarnhad o'r syniad oesol fod Cristnogaeth yn rhagori ar Iddewiaeth. Dengys anufudd-dod Jona pam fod yr Eglwys wedi disodli'r Synagog, a'r Cristion wedi cymryd lle'r Iddew yn arfaeth Duw. O ganlyniad, pobl yr ymylon fu'r Iddewon yn Ewrop Gristnogol am ganrifoedd. Eu tynged oedd byw dan orthrwm, ac erbyn diwedd yr Oesoedd Canol gael eu cyfyngu i'r geto ar gyrion cymdeithas. Rhybudd yw stori Jona i'r Cristion i osgoi'r Iddew, neu hyd yn oed anogaeth i'w erlid. Mae'r berthynas rhwng gwrth-semitiaeth y Natsïaid ac agwedd wrth-Iddewig yr Eglwys, a ganfyddir yn ei dehongliad o Lyfr Jona, yn hynod o agos.

I gloi

Daw Llyfr Jona i derfyn gyda chwestiwn olaf Duw: 'Yr wyt ti'n tosturio wrth blanhigyn na fuost yn llafurio gydag ef nac yn ei dyfu; mewn noson y daeth, ac mewn noson y darfu. Oni thosturiaf innau wrth Ninefe, y ddinas fawr, lle mae mwy na chant ac ugain o filoedd o bobl sydd heb wybod y gwahaniaeth rhwng y llaw chwith a'r llaw dde, heb sôn am lu o anifeiliaid?' (4:10–11). Ni chawn wybod beth oedd ymateb Jona, na hyd yn oed a glywodd y cwestiwn o gwbl.

Dull anghyffredin o ddod ag unrhyw lyfr i ben yw gadael y diweddglo'n benagored. Ond mae grym arbennig yn perthyn i stori sy'n gorffen gyda chwestiwn am ei fod yn herio'r darllenwyr i gynnig ateb. Yn yr achos hwn, cânt eu hannog i benderfynu drostynt eu hunain pwy sy'n iawn, Duw ynteu Jona. Ochr pwy a gymerant? Y Duw graslon a thrugarog sy'n cynnig maddeuant, ynteu'r proffwyd trist neu ddicllon sy'n galw am gyfiawnder? Yn hytrach na rhoi pen ar y mwdwl, mae'r awdur yn gwahodd trafodaeth bellach. Er bod y stori'n gorffen yn swta, nid yw'n diweddu.

❖ Cwestiynau i'w trafod

1. Pa esboniad Cristnogol o Lyfr Jona sy'n apelio atoch?

2. Am i Dduw drugarhau wrth Ninefe gwell gan Jona farw na byw. A ddylai trugaredd fod yn drech na chyfiawnder?

LLYFRYDDIAETH DDETHOL

Esther

Baldwin, J. G., **Esther: An Introduction and Commentary,** 1984, IVP: Leicester.

Bickerman, E. J., **Four Strange Books of the Bible: Jonah, Daniel, Koheleth and Esther,** 1967, Schocken: Efrog Newydd.

Bush, F.W., **Ruth, Esther: Word Biblical Commentary,** 1996, Word Books: Dallas TX.

Carruthers, J., **Esther through the Centuries,** 2008, Blackwell: Rhydychen.

Clines, D. J. A., **New Century Bible Commentary: Ezra, Nehemiah, Esther,** 1984, Marshall, Morgan & Scott: Llundain.

Friedman, R.E., **The Hidden Face of God,** 1997, Harper-Collins: Efrog Newydd.

Larkin, K. J. A., **Ruth and Esther,** 1996, Sheffield Academic Press: Sheffield.

Levenson, J. D., **Esther,** 1997, SCM:Llundain.

Moore, C. A., **Esther,** 1971, Doubleday: Garden City NY.

Paton, L. B., **A Critcal and Exegetical Commentary on the Book of Esther,** 1908, T.&T.Clark: Caeredin.

Jona

Allen, L.C., **The Books of Joel, Obadiah, Jonah and Micah,** 1976, Eerdmans, Grand Rapids.

Calvin, John, **Commentaries on the Twelve Minor Prophets,** 1847, Calvin Translation Society, Edinburgh.

Cary, P., **Jonah** (SCM Theological Commentary on the Bible), 2008, SCM, Llundain.

Fretheim, T. E., **The Message of Jonah: A Theological Commentary,** 1977, Augsburg, Minneapolis.

Lacocque, A. a P-E., **The Jonah Complex,** 1981, John Knox, Atlanta.

Limburg, James, **Jonah** (Old Testament Library), 1993, Westminster/John Knox, Louisville.

Luther, Martin, **Lectures on the Minor Prophets II** (Luther's Works Cyf.19), 1974, Concordia, Saint Louis.

Nixon, Rosemary, **The Message of Jonah** (The Bible Speaks Today Series), 2003, IVP, Nottingham.

Sasson, J.M., **Jonah** (Anchor Bible), 1990, Doubleday, Efrog Newydd.

Simon, U., **Jonah** (JPS Bible Commentary), 1999, Jewish Publication Society, Philadelphia.

Wolff, H.W., **Obadiah and Jonah,** 1977, Augsburg, Minneapolis.